JN273242

構造構成主義研究6

# 思想がひらく未来へのロードマップ

西條剛央・京極 真・池田清彦 編著

北大路書房

## 『構造構成主義研究』刊行にあたって

### 本シリーズを編纂するに至った問題意識

　洋の東西を問わず，学問は日々進歩している。本来，学問は知的好奇心の産物であったため，おもしろそうな話題があれば興味を共有する人の間で適宜交流していけばよかった。しかし，学問の進歩によって専門分化が進み，学問が細分化されるにしたがって，専門分野を少し異にするだけで，他分野の人が何をやっているのか，よくわからないという状況になった。つまり，学問の蛸壺化である。学問の蛸壺化はさらなる細分化を促し，さまざまな分野の知見を関連させて新たなアイディアを生み出していく総合的なアプローチを困難にしてしまった。

　我々の問題意識はまさにそこにある。細分化した専門分野を今一度シャッフルし，狭視化した学問をおもしろくするにはどうしたらよいか。結論からいえば，学問間を縦横無尽に行きかう必要があり，本シリーズはそれを実現するために企画された。しかし，蛸が蛸壺から脱出するのが並たいていではないように，学者が専門分化した分野間の壁を乗り越えるのもまた至難の業である。それゆえ，我々はさしあたり，さまざまな領域をつなぐために体系化された構造構成主義をツールにしようと思う。

　構造構成主義とは，特定の前提に依拠することなく構築された原理論であり，さまざまな分野に適用可能なメタ理論である。現在，この考えはさまざまな学問領域に導入されつつあり，諸分野をつなぐ横断理論として機能しはじめている。

　我々は，構造構成主義を使った個別理論・メタ理論を体系化する論考や，定性的・定量的研究などを歓迎したいと考えているが，必ずしも構造構成主義に固執するつもりはない。そもそも構造構成主義とは，現象をより上手に説明可能とし，難問を解明する構造（理論など）を構成していこうという考えに他ならず，そうしたモチーフに照らしてみれば，優れた領域横断力をもつ理論は何であれ歓迎されるのは当然だからである。

　新たな理論に基づき新しい領域を開拓するという営みは，既存の常識を多少なりとも逸脱することを意味する。つまり，ナイーブな常識的見地からすれば，どこか非常識な主張が含まれるように見えるものだ。我が国の学界ではそうしたラディカルな議論を展開する論文は掲載されにくいという事情がある。特に，それが理論論文であれば，内容を適切に評価し，掲載してくれる学術誌はほとんどない。学問界（特に人文・社会科学系）は常識的な暗黙の規範を保守しようとする傾向を不可避

に孕むため，仕方がないといえばそれまでだが，そうした態度からは新たな学問領域が育つことはないだろう．

## 本シリーズの編集方針

　こうした現状を踏まえると，構造構成主義を，ひいては学問を総合的に発展させるためには，独自のステーションとなる媒体を作る必要がある．それゆえ本シリーズでは，次のような研究を歓迎する．たとえば，質的アプローチと量的アプローチのトライアンギュレーションに基づく実証的研究，学際的なメタ理論を用いた領域横断的な論文，異なる理論を組み合わせ新たなメタ理論を構築する論文，当該領域の難問を解決する先駆性を有している論文など，他誌に掲載されにくい斬新な試みを積極的に評価する．逆にいえば，従来の学会誌に掲載されている単一アプローチによる実証的研究などは本誌では受けつけていないと考えていただきたい．もちろん，後述するように本シリーズは査読システムを導入するため，論文の質に関してはそれなりのレベルが維持されるはずだ．学問的冒険を志すさまざまな分野の人々が，我々の考えに賛同し本企画に参加して下さるようにお願いしたい．

　本シリーズは，学術「書」であり，学術「誌」であるという極めてユニークなスタンスで編集される．従来，書籍は学術書であっても，「査読」という論文の質をあらかじめチェックする学界システムを採用しないのが常であった．

　それに対し，本企画は，書籍という媒体を使っているものの，投稿された論文を査読するという学会誌のシステムを取り入れる．その点では，学術誌と同等の学問的身分を有する．それと同時に学術書でもあるため，学会員以外の人がアクセスするのが難しい学会誌と比べ，一般読者も簡単に購読することができる．さらに，学会誌では論文の掲載料を支払わなければならないケースも珍しくないが，本シリーズでは掲載された論文の著者に印税（謝礼）を支払う．

　つまり，本シリーズは，学術書と学術誌双方のメリットを兼ね備えた新たな「学術媒体」なのである．そもそも学術書と学術誌をあらかじめ分離することは，学問の細分化を促すことはあれ，分野間の交流促進の益にはならない．新しい思想には新しい媒体が必要だ．

　査読は，論文の意義を最大限評価しつつ，その理路の一貫性や妥当性を建設的に吟味するという方針で行う．しかし，論文の体裁や表現は，必ずしも従来の学術論文のように専門用語で護られた硬いものにすることを求めない．従来の学術論文は，一般人には読みにくく，学問の普及や学知の社会的還元といったことを念頭におけば，従来の形式のみが適切な方法とは必ずしもいえないからだ．たとえば，学問の普及や啓蒙といった目的の元で書かれたならば，学的な厳密さ以上に，わかりやすさ，理解しやすさといったことが重要となるため，そのような観点も加味して評価

するのが妥当であろう。

　こうした考えから，本シリーズでは，従来の論文の形式からはずれる書き方も論文の目的に応じて歓迎するつもりである。査読の際には，著者の意図（目的）を尊重したうえで，論文の質を高めるとともに，著者の多様な表現法を活かすようにしたい。もちろん，新たな理論を提示する研究や実証系の研究の場合は，従来の学術論文の形式の方が相応しいことも多いだろうから，そうした形式を排除するということではない。

　構造構成主義は，ア・プリオリに正しい方法はあり得ず，その妥当性は関心や目的と相関的に（応じて）規定されるという考え方をとる。方法が手段である以上，原理的にはそのように考えざるを得ないからだ。本シリーズの査読方針は，この考えを体現したものである。

　また，日本の人文系学術誌では，投稿してから最初の審査結果が返信されるまで半年以上かかることは珍しくなく，時には1年以上かかることもある。それはほとんどの時間放置されているということに他ならない。迅速に査読結果が返却されれば，たとえ掲載拒否（リジェクト）されたとしても他のジャーナルに掲載することも可能だが，返却されない限りはどうしようもない。これは投稿者からすれば迷惑以外の何ものでもないだろう。特に近年は，国立大学の法人化などの影響によって研究者間の競争は激しさを増しており，査読の遅延によって論文を宙吊りにされることは就職や転職，昇進といったポスト争いや，研究費の獲得競争にも関わる深刻な問題である。

　したがって本シリーズでは，論文を受理してから遅くとも1か月以内に投稿論文の審査結果（コメント）をお返しすることをお約束する。ただし，いずれも一定の学的基準を満たしているかを審査させていただくため，必要に応じて大幅な修正を求めることもあれば，掲載に至らない可能性もある点はあらかじめご了承いただきたい。

　通常の学会誌では，投稿者と査読者はお互いに名前がわからないようになっている。少なくとも査読者の名は完全にブラインドされ守られている。つまり自分の名において責任をもたずにすむ査読システムになっているのである。しかし，それでは責任ある建設的な査読は保証されない。したがって本シリーズでは，投稿者に査読者の名前を明かして，お互い名をもつ学者同士真摯にやり取りしていきたいと思う。

　また本シリーズは，従来の学会組織を母体とした学術誌ではないため，投稿論文に対して学会賞などを授与することはない。代わりに，学際性に富んでおり，学知の発展に大きく貢献すると判断した論文の著者に対しては，一冊の本を執筆して頂く機会を提供していきたいと考えている。

## 本シリーズの構成

　本シリーズはさしあたり3部構成とした。第Ⅰ部は特集である。

　第Ⅱ部では，特定の問題を解決するなど学知の発展を目指した「研究論文」はもとより，特定の論文に対する意見を提示する「コメント論文」や，理論や方法論の普及や，議論の活性化を目的として専門外の人にも理解しやすいように書かれた「啓蒙論文」，さらには，過去に他の媒体に掲載されたことのある論考を再録する「再録論文」などを掲載している。

　なお，本シリーズは副題で「構造構成主義研究」を謳っているが，構造構成主義に批判的な論文も掲載する。学知の発展のためには，批判に開かれていることは必須の条件であると考えるためである。

　第Ⅲ部は，構造構成主義に関連する書評・参加体験記を掲載するコーナーとした。書評は構造構成主義を題名に含むものや，その著書の一部に引用されている本ばかりではなく，広い意味で構造構成主義と関連すると考えられるものを掲載対象とした。

　このように本シリーズでは，次世代の学術媒体のモデルとなるべくそのあり方を模索してきた。これが新たな試みであるゆえご批判も少なくないと思われるが，本シリーズの試み中で，部分的にでも意義があると思われる箇所があったならば，遠慮なく"いいとこどり"していただければたいへん嬉しい。本書の目的はさしあたって構造構成主義や関連思想の精緻化，発展，普及といったことにあるが，我々の志は学問の発展それ自体にある。したがって本シリーズの試みがそうした資源として活用されたならば本望である。

　　　　　　　　　　　　　　　　　　　　『構造構成主義研究』編集委員会
　　　　　　　　　　　　　　　　　　　　　　西條剛央・京極　真・池田清彦

## 『思想がひらく未来へのロードマップ』目次

『構造構成主義研究』刊行にあたって

第Ⅰ部　特集　思想がひらく未来へのロードマップ

［鼎談］思想がひらく未来へのロードマップ
　　……………………………………………池田　清彦・西條　剛央・京極　真
　　はじめに：3.11以後に噴出した問題群を哲学と科学で考える　2
　1．原発問題の考え方 …………………………………… 3
　　(1) 原発はなぜ止まらないか？：「埋没コスト」と「取引コスト」から理解する　3
　　(2) 原発問題を考えるためには現状を踏まえたビジョンが必要　4
　　(3) 埋没コストを中心とした判断は過去を軸とした意思決定　5
　　(4) 「埋没コスト」から「方法の原理」へ　5
　　(5) 原発問題の信念対立を乗り越えるための考え方：契機相関性と価値の原理　6
　　(6) 信念対立解明アプローチ　8
　　(7) 火力発電の事実　9
　　(8) 電力不足のウソ　10
　　(9) エネルギーは価格が重要　11
　　(10) 温暖化防止運動の破綻　11
　　(11) クライメートゲート事件により人為的温暖化の捏造が明らかに　12
　　(12) 地球は寒冷化に向かっている!?　14
　　(13) 原発はどんなリスクを抱えているのか？　15
　　(14) 原発は経済的というのはウソ!?　16
　　(15) 「リスク回避」と「原発に依拠してきた人達の生活

　　　　　　の維持」をどう両立させるか？　18
　2．ポスト3.11の社会，どうしたらよくなるか？…………19
　　　(1) 考えるファクターの多さ　19
　　　(2) なぜ国民や政治家が「良い」構想に進めないのか？
　　　　　20
　　　(3) 一般意志を反映した世論の作り方　21
　　　(4) いかに社会の流動性を高めるか？　23
　　　(5) 「よい」構想を実現するために全国区の議員を増やす
　　　　　23
　　　(6) 格差を減らすために非正規雇用を基本にする　24
　　　(7) お金を使えば使うほど得するようにすることで雇用
　　　　　を増やす　25
　　　(8) 格差低減のために累進消費税の導入　27
　　　(9) 自分の首を絞めない「教養」　28
　3．ヘーゲル『精神現象学』からみたポスト3.11の風景…29
　　　(1) ヘーゲル『精神現象学』の概要　29
　　　(2) ふんばろう東日本は「事そのもの」だからうまくい
　　　　　った？　30
　　　(3) ボランティアは半分は趣味で半分は仕事？　31
　　　(4) 自由を求める精神が近代福祉国家を生む　34
　　　(5) 「自由」を巡る対立と調整　35
　　　(6) 行動する良心と批評する良心の対立と和解　36
　　　(7) 「ソーシャルビジネス」は資本主義の単一的な価値観
　　　　　から解放された産物!?　38
　　　(8) ワークライフバランスの必然性　39
　　　(9) ヘーゲルの欲望の本質に基づく「人間の原理」　40
　4．ポスト3.11の学問的動向………………………………42
　　　(1) 「社会的影響力こそが重要」という考えには思想的ニ
　　　　　ヒリズムが背景にある　42
　　　(2) 科学と哲学の連携　42
　おわりに：「感性モード」と「志向性モード」を状況に応じ
　　　て使い分ける　43

第II部　論文

II-1　[原著論文（研究）]「生き方」の相互承認をめざして
　　　——構造構成主義（構造構成学）における目的−情動性の相互連関規定性についての考察……………………………………………………浦田　剛
　1節　【問題】「合理」と「感情」の二重性をどのように
　　　　基礎づけるか……………………………………48
　2節　【目的】目的−情動性の相互連関規定性の定式化
　　　　………………………………………………………50
　3節　【方法】竹田青嗣現象学とウェーバー目的−価値合
　　　　理性の接続………………………………………51
　4節　【論証】………………………………………………51
　5節　【結論】本論の意義（有効性）と課題（限界）……60

II-2　[再録論文]芸術解釈の妥当性をわかちあうために
　　　——構造構成的芸術解釈論………………………………………桐田　敬介
　1節　問題提起……………………………………………65
　2節　方法…………………………………………………67
　3節　芸術解釈の信念対立とは何か……………………69
　4節　信念対立を超克する可能性………………………78
　5節　芸術解釈の妥当性をわかちあうために…………81
　6節　新たな芸術解釈の地平へ…………………………86

II-3　[原著論文（研究）]音楽療法研究における音楽のとらえ方をめぐる信念対立の構造の解明
　　　——契機−志向相関的音楽論の定式化を通して……………………大寺　雅子
　1節　本稿執筆にあたっての問題意識…………………92
　2節　問題提起……………………………………………93
　3節　音楽療法研究をめぐる信念対立の構造…………95
　4節　方法…………………………………………………102
　5節　結果…………………………………………………102
　6節　本研究の限界と意義………………………………110

Ⅱ-4 ［原著論文（研究）］構造構成的言語障害児事例研究法モデルの定式化
　　　──北海道言語障害児教育研究協議会「子どもをとらえる視点」の吟味
　　　　検討を通して……………………………………………………瀧澤　聡
　　1節　問題提議 ……………………………………114
　　2節　方法 ……………………………………………116
　　3節　北海道言語障害児教育研究協議会の「子どもをとら
　　　　える視点」の成立背景とメリット ……………116
　　4節　道言協の「言語障害児事例研究法モデル」が直面し
　　　　ている問題 ……………………………………118
　　5節　問題解明の方向性 …………………………120
　　6節　「言語障害児事例研究法モデル」の科学性の基礎づ
　　　　け ………………………………………………122
　　7節　「言語障害児事例研究法」の価値の基礎づけ ……128
　　8節　「構造構成的言語障害児事例研究法モデル」の提唱
　　　　　…………………………………………………130
　　9節　本稿における意義と限界 …………………131

Ⅱ-5 ［原著論文（研究）］終末期理学療法教育における構造構成的協同臨床教育法
　　の可能性
　　　──理学療法臨床実習による教育実践を通して……………池田　耕二
　　1節　問題設定 ……………………………………135
　　2節　終末期理学療法教育における構造構成的協同臨床教
　　　　育法の実践報告 ………………………………138
　　3節　考察 ……………………………………………148
　　4節　本研究の限界と今後の展開 ………………152

Ⅱ-6 ［原著論文（啓蒙）］「構造構成主義」を手短に紹介するのは難しい？
　　　──エンジニアによる構造構成主義の解説図………………白川　健一
　　1節　問題と目的 …………………………………154
　　2節　構造構成主義の絵的な紹介 ………………155
　　3節　絵的にまとめる方法 ………………………158
　　4節　図による表現の効果と限界 ………………159
　　5節　執筆の背景 …………………………………160
　　6節　おわりに（謝辞に代えて）…………………161

Ⅱ-7 ［再録論文］構造構成主義による人間科学の基礎づけ
　　　　──科学哲学の難問解明を通して……………………西條　剛央
　　1節　問題と目的 …………………………163
　　2節　科学哲学史を通した科学哲学の難問の同定 ……165
　　3節　構造構成主義による科学哲学の難問の解消と人間科学の基礎づけ …………………………169
　　4節　構造構成主義による科学性の基礎づけの射程と応用 ……………………………………183
　　5節　科学哲学上の難問群に対する従来の取り組みとの比較 ……………………………………187
　　6節　構造構成主義の批判的検討法と今後の課題 ……192

Ⅱ-8 ［再録論文］日本最大級となった「ふんばろう東日本支援プロジェクト」は、どのような支援をどのように実現したのか？
　　　　──構造構成主義を基軸としたボランティアリテラシーの射程
　　　　……………………………………西條　剛央
　　1節　ふんばろう東日本支援プロジェクトはどのような支援を実現したか？ …………………199
　　2節　変化する被災地のニーズにどのように対応し，多数のプロジェクトの運営を可能としたのか？ ……206
　　3節　ボランティア同士の信念対立をどのように解消していくか？ ……………………………214
　　4節　ボランティアの未来 ……………………218

## 第Ⅲ部　参加体験記・書籍紹介

Ⅲ-1 ［参加体験記］やらなきゃゼロだった。
　　　　──「冬物家電プロジェクト」リーダーが見た「ふんばろう東日本支援プロジェクト」………222

Ⅲ-2 ［参加体験記］2500人のボランティアがたった1つのゴールを目指す
　　　　──ふんばろう東日本支援プロジェクトの舞台裏 …234

Ⅲ-3　［参加体験記］マネジメント／ボランティア
　　　　──多様な個性を生かす組織づくりのために ……244

Ⅲ-4　［書籍紹介］『人を助けるすんごい仕組み』…………250

Ⅲ-5　［書籍紹介］『チーム医療・多職種連携の可能性をひらく』
　　　　………………………………………………254

　　編集後記 ……………………………257

# 第Ⅰ部

特集

## 思想がひらく未来へのロードマップ

鼎談

# I 思想がひらく未来へのロードマップ

池田 清彦・西條 剛央・京極 真

**はじめに：3.11以後に噴出した問題群を哲学と科学で考える**

**池田** 3.11前までは日本で一番の問題は巨大な赤字をどうするかということと，世代間格差，年金問題，それからTPPやるかどうかとかね，そういうことが最大の関心事だったわけ．3.11の後は原発どうするか，復興をどうするかということがそれにプラスされたわけ．

　復興の金だって，すごくかかるわけで，それを抜きには，巨大赤字のことも考えられない．政府はひたすらただ消費税を上げることしか考えてなくて，それを一体何に使うかもよくわからないし，ほんのちょっと上げたって，景気が回復してないような段階で，よく言われてることだけど，税収がほんとに増えるのかどうかも定かでないし，その辺のシミュレーションも何もない．

　その割りにはすごい無駄遣いを今でもしているわけ．田舎へ行くと，ほんとに5分とか3分とか短縮させるために新しい道路とか，新しい橋とか，作らなくていいトンネルとか作ってるわけだよ，沖縄とか典型だけどね．そういうの，とりあえずやめて，その金を福島の復興にまわすとかすればいいと思うんだけどね，そういうこと考えないで消費税増税してもだめだ．脱原発どうするのか明確なビジョンもないし，なし崩しで再稼働ありきみたいな感じで．だから日本全体がなんかもう，負け戦やってる，やけくそみたいになってるっていう感じもあるし．

**京極** もともと少子高齢化，人口減少，縮小経済，格差社会，赤字国債，政治不信といった難題があったのに加えて，東

日本大震災でさらに復興，エネルギー問題などの難題が生じましたからね。希望ある未来に向けて展望が見えないと感じている人は少なくないんじゃないかと思いますよ。

池田　ちょっと困った状況だなと思って。起死回生の大ヒットなんてなるわけないんだけど，国民の多くが神風を望んでいるような雰囲気はあると思う。多分橋下が流行ったのもそういうのと関係あるよ。たまたま今日読んでいた『日本の原爆』（新潮社）に書いてあったんだけど，マンハッタン計画ってアメリカの国民，実はほとんどだれも知らなかったけど，日本ではマッチ箱1本でロンドンとかサンフランシスコを壊滅させるような新型爆弾ができるかもしれないみたいな噂が国民の間でかなり流行ったっていうんだよね。それは国民がもう，戦争は負けるのわかってるから，起死回生の一発逆転の大ホームランを狙うような心理になっていたんじゃないかというわけ。現在もそういう一発逆転待望心理みたいな所にはまっているんじゃないかと推論していて，それはなかなか当たりかもしれないなと思ってね。

京極　確かに現状は八方ふさがりの様相を呈しているので，一気に流れを変えたいという心理が働きやすい条件が整っているように思いますね。

西條　3.11以後，日本はどうなってしまうのだろうと思っている人も多いと思うので，今回の鼎談では，今後こういう方向に進めばいいという見取り図になる展望を描いていければと思います。ただ

そのときに，個人的な思いつきレベルの議論にならないように，基本的には哲学と科学の両輪で議論を進めてきたいと考えてます。

## 1．原発問題の考え方

### (1) 原発はなぜ止まらないか？：「埋没コスト」と「取引コスト」から理解する

京極　西條さんは，3.11以後，わりとすぐに「ふんばろう東日本支援プロジェクト」[1]（以下「ふんばろう」）を立ち上げて，大規模なボランティアプロジェクトを展開したけど，今，福島とかはどんな感じなの。

西條　福島は，津波の他にも原発事故があったからやっぱり悲惨だよね。希望がみえない悲惨さというか。でも，へたに原発問題について言及すると信念対立に足を取られて支援活動の妨げになるから，「ふんばろう」の代表としてはやるべきことだけやってその是非については意識的に言及してこなかったんだ。

京極　原発は信念対立すごいもんね。

西條　うん，誰も経験したことないことだから，直観補強型議論になりやすいところもあるんだと思う。僕らは正しい計測方法を教えた上で無料で性能のよい放射線測定器を貸し出すプロジェクトをやってたし，あと東京にも避難してきている人もたくさんいるから，福島支部が中心になって早稲田大学で避難者の集いを定期的に開催したりと粛々とやれることをやっているという感じかな。

でも，3.11といえばやはり原発問題

は象徴的な事故として取り上げないわけにはいかないですね。原発問題をみていて、なぜ変わらないのだろうと思っている人は少なくないと思うので、まずそのことについて、ある概念を置いて説明していきたいと思います。

**京極** いいですね。この場合の概念というと？

**西條** うん、組織の経済学[2]の「埋没コスト」と「取引コスト」という概念を置くと理解しやすくなるんだよね。「埋没コスト」というのは方針を変更することによって、それまでつぎ込んだ労力、時間、経費などがすべて埋没してしまうと考える心理的なコストのこと。「取引コスト」というのは周りの人を説得するためのコストのこと。

この埋没コストと取引コストからみると、なぜ原発をやめられないかということも一定理解できるようになるんだよね。つまり、原発全部やめますってなると、これまでかけてきたコストが100%埋没してしまう。それに対して数十年なら原発続けても、巨大地震は起きないかもしれないし、原発も大丈夫かもしれない。確率論的に、ここ数十年でみれば起きない可能性に賭けたいということで、再稼働させたりしているとこなんだと思う。

また原発関連会社の人でも個人的には反対という人もいると思うのだけど、上司や周囲を説得するのには膨大な取引コストがかかってしまうだろうし、異論を唱えれば左遷させられるかもしれない。だから、これだけの取り返しのつかない事故が起きたにもかかわらず、現状維持の力学が働いてしまう。こうして、致命的な失敗をしたにもかかわらず改善されずに同じ不条理を繰り返してしまうという構造はあるんだろうなと、洞察することができるようになる。

**京極** 埋没コストと取引コストという視点は面白いなぁ。

**西條** 組織で起きる不合理な出来事を理解しやすくなるよね。

## (2) 原発問題を考えるためには現状を踏まえたビジョンが必要

**京極** その話にちょっと関連するけど、現状では原発って動かしたら危険、止めたら安全というわけではないじゃないですか。例えば、原子炉内の核分裂反応が止まるだけで、放射性物質から放射線が出続けるんですから。そう考えると、原発を止めることイコール安全というわけではなく、原発を止めてもなおリスクが続くという話になってくる。

それでも思いきって原発を止めたら、そうでないときに比べて相対的にリスクを減らすことができるのかと考えると、おそらくそうでもない。原発を停止した後も冷温停止状態で保ち続ける必要があるし、核のゴミを何百年もどう管理するのかという問題もあるし、別の問題として化石燃料に大幅に依存することによるリスクもでてくるし、輸入代にめちゃくちゃ金がかかってくる。原発問題は止めたから安全というわけではなく、いろんなリスクと連動しているから、止めても止めなくてもとりあえず危ないわけで、一概に止めたから正しい判断で止めなか

ったから間違った判断だとは言えない，と僕は思うわけです。

どちらの判断にもリスクがともなう。だからと言って，正しい答えがないと思考停止しているわけにもいかない。どちらか一方を選べというゲームから抜けるには，原発を止める止めない以前に，これからどういう方向で進んでいくのかといった国家のビジョンを定めていく必要がある。

そのためにもまずできるだけ大勢からコンセンサスが得られるような観点を定める必要があると思うわけです。そしてそのビジョンに照らし合わせながら，時間軸にそって原発に代表されるリスクの対応を考えていく，と。

ビジョンが定まれば緊急に対策しなきゃいけないリスク，しばらく放っておいても大丈夫そうなリスクも判断しやすくなるからね。現状，とにかく原発を動かさなきゃ駄目だと固執する人と，原発以外の化石燃料でやっていく他ないと固執する人が信念対立しているけども，そうじゃなくて，原発は止めても止めなくてもリスクがあるわけだからそこで争ってるんじゃなくて，順を追ってみんなが共有できるビジョンを詰めていこうよと思うわけです。

### (3) 埋没コストを中心とした判断は過去を軸とした意思決定

**池田** さっき西條君が言った「埋没コスト」というのは，株で負ける人のパターンだよね。要するに損切りができないんだよね。今まで投資して，例えば，1000万円投資したのがもう500万円になっちゃったと。今売れば少なくとも500万絶対損するわけだけど，放っておけばもしかしたら上がるかもしれないと思っているわけ。でもそのうち250万円に下がってヤケになって売るとかね。

人間ってやっぱり，自分のやったことに対して，自信がある人は特にそうだけれども，なかなか間違ってたって認めたくないよね。だから原発を一生懸命やってた連中は，これでやめようっていうのは，自分たちの一生の努力が水の泡になると当然思うわな。

だから，やめるためには，専門家ではない政治的な判断が必要だ。国が決めてしまえば，その人たちも仕方がないから別のことを始めるしかないけれども，原発の専門家たちに任せておくと，原発をやめるという話にはならない。だから原子力委員会にしても何にしても，なんだかんだって言って，原発完全撤退という話にはならない。

### (4)「埋没コスト」から「方法の原理」へ

**西條** 埋没コストを中心とした判断って，過去を基軸とした意思決定なんですよね。それに対して「方法の原理」による判断は，現在と未来を中心とした意思決定なんです。

**京極** ほう，そこは少し詳しく説明してもらったほうがいいかもね。

**西條** 方法の原理というのは，すべての方法に共通する本質からなる理路のことで，その本質を僕なりにいえば，「方法とは特定の状況において，何らかの目的

を達成する手段である」となる。実際，どのような状況で何をしたいかということ抜きに「絶対に正しい方法」といったものは成立しえないよね。

地面を掘りたければスコップを使ったほうがよいし，今この場で天井の蛍光灯を取り換えようとしたら机や椅子に乗ったほうがよいだろうし，どんな「状況」で何をしたいか（目的）によって，どうしたらよいかは決まってくる。

おそらくそのことに例外はない。だとすれば，この定義はあらゆる「方法」と呼ばれるものに共通する「方法の原理」ということができる。そしてこの「方法の原理」に照らせば，方法の有効性は(1)状況と (2)目的から規定される，ということになる。このときに「状況」には過去の経緯が織り込まれた「現在」であって，「目的」というのは言ってみれば，こうなりたいという「ありたい未来」のことだよね。

**京極** うんうん。

**西條** だから埋没コストは過去に偏っているのに対して，方法の原理を軸とした意思決定というのは，「過去を織り込んだ現在」と「ありたい未来」を軸とした意思決定の方法ということできる。

### (5) 原発問題の信念対立を乗り越えるための考え方：契機相関性と価値の原理

**西條** 各メディアも，原発の信念対立で溢れているよね。ネットなんかは特に双方が絶対に相手が間違ってるといった極端な意見がほとんどですよね。

**池田** そうだね。

**京極** ほんと信念対立の最たるものやな。

**西條** 建設的に議論を進めるためには，まずは自分の立ち位置を客観視することが重要になります。原発を巡る信念対立は，構造構成主義の観点からかなり整理できるので，講演とかで使っている図をもとに説明してみたいと思います。そのまえに価値判断の根拠を問うための考え方として「関心相関性」と「契機相関性」という2つの原理を説明しておきます。

まず「それはよい」とか「そんなの間違っている」というとき，すべて「価値」について言及している。「よい」「わるい」っていうのは，全部価値判断ですから，当然そうですよね。では，価値とは何に照らして見出されるのか。これに答えるのが「関心相関性」を基軸とした「価値の原理」です。これは「すべての価値は，欲望や関心，目的といったことと相関的に（応じて）立ち現れる」という観点です[3]。

よくいうのは，普段は何の価値もなく目にも入らない水たまりも，震災のときとか，あるいは広大な砂漠で死にそうなほど喉が渇いていたならば，貴重な存在として立ち現れ，代え難いほど高い価値を帯びることになる。こう考えてみればわかるように，「価値がある／ない」「よい／わるい」「賛成／反対」といった価値判断は，すべて当人の関心や目的に応じて（相関的に）立ち現れている，ということを自覚的に認識できるようになる。

では，その「関心」は何によって生じるのか。それを説明するのが「契機相関性」[4]です。平たくいえば，「契機」，す

なわち何らかの「きっかけ」があって「関心」を持つようになる、あるいは「関心」が変化するという考え方ですね。

この関心相関性と契機相関性は循環的な関係にあるとされるわけですが、単純に組み合わせていえば、何らかの「きっかけ（契機）」によって何らかの「関心」を持つようになり、その「関心」に応じて、物事の「価値判断」をするようになる、ということがわかります。

つまり、信念対立というのは価値のフェイズだけで「賛成／反対」と言い合っている状態ですが、賛成と反対は反対概念ですから、このフェイズだけでいくら主張していても、わかりあえる可能性がないわけです。そういうときはまず賛成（反対）と確信している人は、どういう関心に照らしてそう判断するのか、またどういう契機（きっかけ）があってそういう関心を持つようになったのかと遡って考えていくわけです。これは「確信成立の条件を問う」という現象学の思考方法の応用ですね。それをまとめたのがこの図です（図Ⅰ-1）。

「価値」→「関心」→「契機」といったようにフェイズを遡りながら洞察していき、そこから「契機」→「関心」→「価値」と物語を組み立てながらどのようなプロセスを経て特定の価値判断に至ったのかを考えていくわけです。

詳しくは図を見てほしいんだけど、たとえば、電力が足りないという報道に接したことを契機に、電力の安定受給に関心を持ち、その関心に照らして再稼働したほうがよいと思うようになったと理解することができるようになる（図：黒矢印）。他方、ツイッター等で福島のまったく前に進めていない現状を知ることで（契機）、取り返しのつかないリスクは回避しなければという関心が生まれて、再稼働には反対と思うようになったという人もいるでしょう（図：白矢印）。

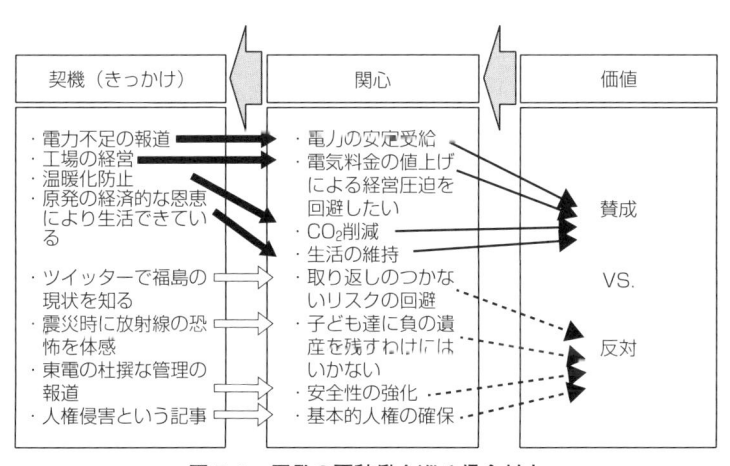

図Ⅰ-1　原発の再稼働を巡る信念対立

自分の価値判断（確信）を自覚もなく絶対化している状態をフッサールは「自然的態度」と言ったわけだけど，そうした態度だと，双方にとって相手がありえない意見になるため，頭がおかしいんじゃないかと思ってしまい，そういう独断的な言い方になってしまう。そうすると信念対立は先鋭化してしまう。

### (6) 信念対立解明アプローチ

**京極**　本当そうだよ。「信念対立解明アプローチ」[5][6]は，この理屈を現実に接続させるために，人間と実践の原理や解明論などの新しい理路を開発して，そのうえでいろんな技法を提案しています。たいていの人は「理屈ではわかるけど，実際にどうすればいいの？」ってところで行き詰まりますからね。

信念対立解明アプローチの基本的技法は契機，関心，価値の３セットで介入していくんだよね。その点は，西條さんがさっき行った説明とほとんど同型です。だけど，その内実が信念対立の実態によって変わってくる。

例えば，原発の信念対立を題材にすると，僕の知り合いが，原発再稼働にもっそい反対の立場だったわけ。「地震大国の日本で原発を再稼働するなんて自殺行為だ」と。何だったら「再稼働するぐらいなら死んだ方がマシだ」ぐらいの勢いなわけ（笑）。

で，最初は相手の関心の所在を確かめたり，そう思うようになった契機を探っていくわけだけど，ここまで信念対立が先鋭化すると関心と契機の交通整理を行っても対話の余地がなかなか生まれなかったんだよね。

それで，信念対立解明アプローチで何やったかというと，価値観の根拠をそぎ落とすように仕掛けていったわけです。具体的には，「危ないのはわかるけど，それは何情報？」と確かめていったんです。すると，出てくるソース（情報源）はネットやテレビなんだよね。だから，僕は「ネットやテレビってたまに間違うんだけど，情報の真偽はどうやって確かめたの？」と聞いていくと，その辺はうやむやな答えが返ってくる（笑）。

そんな感じで価値観の底に穴を開けるようなやりとりを重ねていくと，だいたい行き詰まるんですよ。信念って原理的に考えると最終根拠がないものだから。ここまでくると最後の方には，相手の主張もだいぶマイルドになって「原発が危ないのは間違いないけど，再稼働するぐらいなら死んだ方がマシだってのは本末転倒だよね」なんて言いながら笑ってたりするんだよ。

このように信念対立解明アプローチは，信念対立の実態に応じてあの手この手を使って解き明かしていく，というスタイルになりますね。そこには多くのアプローチがありますが，契機，関心，価値の３点セットで基本的に組み立てているので，実際にはとてもシンプルになっています。まあ西條さんが示したように整理して考えられるようになるだけで，自分の価値判断をナイーブに絶対化することはなくなるよね。

**西條**　うん，自他の価値判断の根拠を相

対化して捉える分だけ隙間が生まれるからね。
**京極** けど，相対化だけで終わってしまうと，いろいろな考えがあっていいじゃんという価値の多様性を帰着点とするポストモダン的な価値相対主義と何ら選ぶところがなくなるよね。
　そこで終わらないのが構造構成主義の優位性なわけで。
**西條** そうだね。いろいろな意見が等しく価値があるという価値相対主義は，結局のところ，理論的には何がよいか（わるいか）その内実を判断できないということになるから，声の大きさ，数の多さ，といったパワーの原理で決めることになってしまう。
**京極** 医療の現場でいえば，偉い医師の意見がどんな内容でも通る，ということになるね。
**西條** 構造構成主義の場合，きちんと相対化した上で意思決定していかなきゃいけないときは，その営みのそもそもの目的を踏まえた上で，じゃあどちらの関心がその目的に照らして妥当なのか，と問うこともできるわけだよね。それにやはり重要なのは，賛成と反対はまさに反対概念だから両立しえないけど，関心なら両立させられる可能性も出てくるという点だよね。だからこの契機－関心－価値のスリーステップは他の様々な信念対立に応用することができる。
　あと，さっき京極君が言っていたように，現実にどういう「方法」がよいかという話になれば，コストといった現実的制約を抜きに，是非を論じることはでき

ない。「方法の原理」によると，方法の有効性は，何をしたいか（目的）と同時に，現状つまり現実的制約によって変わってくるわけですから。
　そうすると実際どうなっているのか事実をきちんと把握したり科学的データを踏まえた上で，電力の問題とかリスクの問題とかひとつひとつ吟味していく必要があります。次にそのあたりのことを検討していきましょう。

### (7) 火力発電の事実
**西條** 池田先生は以前から様々な書籍[7]で環境問題の本質を捉えた議論をされていますが，原発についてはいかがでしょうか。
**池田** まず火力発電のコストの問題は，ほとんどインチキね。石油は確かに高いけれど，メインは石炭と天然ガスなんだから。電力会社は，非常に単純にいうと，原価を安く買うという努力をしてないよね。例えば，シェールガスはアメリカでものすごく見つかって，もうほんとに一時期に比べて取引単価が非常に安くなってるんだよね。液化LNG(Liquid Natural Gas)は100万BTUっていう単位で取引するんだけど（1 BTUっていうのは，British Thermal Unitといって，1000ジュールぐらいなんだ。250カロリーぐらいかな），それがアメリカの市場の取引価格で今2ドル前後なんだよ。日本はいくらで買ってるかっていうと，16ドルで買ってるんだよ。
**京極** 何でそんな高いんですか。
**池田** それは，アメリカが売ってくれな

いからなんだよ。日本が買ってるのは、主に中東とそれから東南アジアからなんだ。昔はアメリカも買ってたんだよ、シェールガス出るまで。だけどシェールガスが出たんで、アメリカは買う必要がなくなって、それで、世界的には下落傾向にあるんだけど、日本はLNGの価格が石油価格と連動するという長期契約で取引してるんで、その16ドルっていうのがしばらく変わらないような構図なんだよ。だからそれが安くなれば、全然問題ない。

韓国はアメリカと二国間協定やってるでしょ、経済の。それで、4ドルで、あと向こう20年買う約束を取り付けたって言ってるから韓国はガスタービンを動かせば安い電力を作れる。日本も16ドルじゃなくて、例えば4ドルとか5ドルでやれば、電力は安くなる。アメリカの実勢価格で買えば6分の1になる。だから原発よりはるかに安くなる。

以前、野田がオバマのところに行って、シェールガス売ってくれとか言ったんだけど、まあ、「日本は特別だから考えよう」みたいな話になっているけれど、TPPとも絡んでて、なかなかややこしい問題だ。でもシェールガスを使えば、少なくとも、単価は下がるよね。火力発電のほうが、原発よりも単価がもともと安かったっていう試算もあるし。

実際、東電は2012年の夏に鹿島でガスタービンを動かし始めた。建設を始めて1年でできるんだよ、ガスタービンって。東電は、電力足らないのわかってたから、鹿島と、さらに別のところにガスタービン作って、鹿島は80万キロワット作れるんだよ。

1年で作っちゃったんだから、関西電力もそうすれば問題はなかった。こういうちゃんとした情報というのは、国民の間に全く出てないわけだよ。
**京極** そんな話は、普通にニュースを追ってるだけじゃなかなか聞かないですね。
**池田** 聞かないでしょう、そんな話。

### (8) 電力不足のウソ
**西條** 『人を助けるすんごい仕組み』（ダイヤモンド社）を書き終えたのが2012年1月で、それにもちょっと書いたんですが、結局原発54基中1基も再稼働させずにその冬乗りきっちゃったんですよね。特に寒い冬でもあったので、やっぱり原発は必要ないんだなこのまま再稼働しないで止まっていくんだろうなと思っていたら、2012年の夏を前にして関西電力が電力が足りないからといって、大飯原発を再稼働させましたが、それでも54基中1基のみで夏を超えてしまったわけです。

原発をダムとか浄水場に置き換えればわかりますが、0／54とか、1／54しか使っていないということは、電力や飲料水の確保といった建前の目的以外の何かのために作ったと考えるのが自然ですよね。この時点で原発がなければ電気が足りなくなるということに関してはウソだなと確信しましたね。
**池田** そうそう。もっといえば、関西電力は、電力不足を理由に再稼働したけど、その後も供給量は全然増えなかったんだよ。再稼働させた後に、一部の火力発電所をこっそり停止してたんだ。

京極　えげつないことしますねえ（笑）。

池田　原発を動かしたいばかりに，需給予測をわざと高く見積もっておいて，このままだと電気が足りなくなると脅しをかけたけど，本当は必要なかった。

京極　関西の方では，いろんなメディアで電力足りなくなるっていわれてましたから，仕方がないところもあるのかなと思っていた人も多かったと思いますが。

池田　今，日本で原発を動かしているのは，電力が足りなくなるからではないということは確かだよ。

### (9) エネルギーは価格が重要

池田　それで代替エネルギーをやるのもいいんだけど，やるとなれば皆，太陽光か風力かなんていう話でしょう。太陽光なんて，孫正義が自分たちの利権のために売りつけようっていう話で，1キロワット時作るのに40円以上かかる。だいたい原発が8円〜10円ぐらい。火力発電所も同じくらいなんだよね，水力発電所も似たようなもんだな。地熱はちょっと高くて14円ぐらいだけど，風力も15円ぐらいかな。太陽光だけダントツ高くて，42円とかいうんだよ。だから要するに太陽光でやれやれっていってたけど，太陽光だけで発電すると電気料金が3倍〜4倍ぐらいになる（笑）。

京極　それは高くついてしゃあないですわ。ドイツなんかは，太陽光で失敗して手を引きましたから，まだ完全に開発途上の技術ですよね。僕は大阪人ですから，そんな高いとどうにもかないません（笑）。

池田　もうどうにもならない。そしたら日本の企業は，製造業全部外国に移転しちゃって，完全にアウトになっちゃうから。だから安い燃料をアメリカから買うためには，TPPをやったらいいとなるわけだけど，そのTPPをやることによって，別のところのダメージがどのぐらいあるかとか，そういう大きなコスト計算みたいなのをきちんとやっていかないとだめなんだよ。

　実際には，社会の主要なエネルギーになれるかどうかは，価格が安いかどうかで決まる。だからエネルギー問題にしても原発をやめるのはいいけど，電気料金がむちゃくちゃ高くなると，今度は日本が立ち行かなくなって困る，だから原発でやれって言ってるわけでしょう，関西の経済界は。でも，世界的に天然ガスの価格低下が進んでいるから，ガスタービンでまかなえるようになればそっちのほうが安い。

　そのためには環境省説得して，$CO_2$何％下げるとかくだらないことやめさせるとかね，そういうこともやらなくちゃいけない。

### (10) 温暖化防止運動の破綻

西條　$CO_2$に関していえば，$CO_2$削減運動は下火になってきたとはいえ，依然として信じている人も少なくないんですよね。僕らは震災前の年に公刊した『持続可能な社会をどう構想するか』（北大路書房）で，まさにこうした問題を論じていたわけで。

京極　あの鼎談はもともと2009年に行ったものだから，そう考えるとそれなりに

先見的だったよね。

**西條** 竹田青嗣先生と池田先生と僕との鼎談だったんだけど，そこでは，世界レベルでの合意システムの構築は必要だけど，それを$CO_2$削減による温暖化防止キャンペーンを通して構築しようというのは，あまりにリスクが大きいというのが池田先生の主張でしたよね。

池田先生が以前から再三論じているように，仮に$CO_2$温暖化仮説が妥当だったとして日本が京都議定書を完全に遵守しても，1年に1兆円，100年で100兆円かけても，100年後の到達温度を0.004度しか下げられない，焼け石に水にもならないと。

そもそも地中に埋まっている化石燃料を掘り起こして燃やすから$CO_2$が増加するわけで，$CO_2$の問題の根本は，いくら燃やしたかではなくて，いくら掘ったかだと。石油がなくなったら困るとみんなが言っていることからわかるように，地下にある石油はすべて使うというのが前提なわけで，$CO_2$を本気で削減しようとしてないのは明らかです。

だから$CO_2$排出権取引やそれに基づく炭素会計は，環境問題という形をとった経済の問題であって，根本的な環境問題の解決にはまったくなっていない。これに対して，「始まった以上それは止められないのだから，それに乗って経済的な利益をあげていったほうがよい」と主張する学者もいますが，$CO_2$排出量取引というEUの戦略に乗ることで日本は何兆という経済的な損失が生じるから，国益という観点からも何もよいことがない。そのときの池田先生の主張をまとめるとこんな感じかと思います。

で，そのときの僕の主張を加えると，そもそも天気や気候のような複雑なシステムは長期予測不可能なんですね。20世紀の複雑系科学，特にその中のカオス理論で明らかになったことは，気候の長期予測不可能性。バタフライ効果といって蝶の羽ばたきのようなわずかな変化が，1週間後，遠く大陸を隔てた場所の上空の気流を大きく変えてしまうということが明らかになった。

もし，確実に予測できる現象ならば，予防原則が役立ちますが，気候に関しては長期予測不可能という前提に立つ必要がある。前提自体を問い直すことに1つの哲学の役割がありますから，予防原則が成立する前提が成り立たない以上，温暖化と寒冷化どちらに転んでも対応できるようにするために，新エネルギーの開発を基軸として合意システムを構築していき，その過程でノウハウを蓄積していったほうがはるかに有効ではないかと提言して，竹田先生の合意も得られたというのがそのときの流れだったように思います。

**池田** うん，あのときはそんな流れだったね。

### (11) クライメートゲート事件により人為的温暖化の捏造が明らかに

**京極** そもそも人為的地球温暖化説って何が根拠になってるんでしたっけ？

**池田** 1988年に，アメリカの上院公聴会で，NASAのハンセン博士が最近の異常

気象は地球温暖化と関連していて、その主な原因は人間の活動による温室効果ガスだといったことが発端だね。

　それが大々的に報道されて、その頃、チェルノブイリ原発事故により欧州は反原発の流れになっていたんだけど、イギリスのサッチャーとかは化石燃料が枯渇した後に原発を促進したいと思っていたから、これに目を付けた。で、そのサッチャーのバックアップがあったらしいのだけど、その年中にWMO（世界気象機関）とUNEP（国連環境計画）が協力してIPCC（気象変動に関する政府間パネル）が設立された。それでIPCCは$CO_2$温暖化説を利用して、$CO_2$を排出し続ける火力発電を使い続けると異常気象になって取り返しのつかないことになると洗脳して、原発を推進しようとしたんだよね。

**京極**　科学というより、政治やないですか。

**池田**　完全に政治だよ。その運動の科学的根拠を与え続けたのがIPCCだけど、クライメートゲート事件によって、データを捏造していたことが明らかになってしまった。

**西條**　結局、温暖化による異常気象で大変なことになるということには科学的根拠はなかったわけですよね。

**池田**　うん、そうだよ。クライメートゲート事件で、IPCCのローデータを作成したイギリスのCRU（気象研究ユニット）のプログラマーのメモがハッカーによって盗まれて、何百と登録されている気温測定地点が同じステーションのものをコピー・ペーストしていることとか、20世紀の気温上昇の証拠とされていた有名ないわゆるホッケースティックグラフがインチキだったことが世界中に広まってしまった。それに専門誌の編集長に反対派の論文を掲載しないようにとか、自分達に有利な論文は掲載させるようにと査読者にも圧力かけた証拠のメールも広まってしまった。

　結局、温暖化によりアマゾンの熱帯雨林の40％が失われる、2020年までにアフリカ諸国の農業生産が半減する、オランダの国土の55％が海面より低くなる、ヒマラヤの氷河が2035年には消滅するとかいってたのは全部ウソだったんだよ。

**京極**　アル・ゴアさんが『不都合な真実』にそういうこと書いて、人類に警告をならして、ノーベル平和賞とったけど、あれってなんだったんでしょうね（笑）。科学の条件の1つは「反証可能性」ですから、地球温暖化が間違っているという議論になること自体は科学の営みとして問題ないと思うんです。だけど、それが特定の立場の人たちの恣意によって作られたものだったとすると、話は違ってくる。科学と政治は切り離せないけど、それは科学的知識が政治的な仮構の産物であってもよいという話にはなりませんよ。

**西條**　僕もそのニュースを聞いたときはノーベル平和賞もしょうもないなとおもったけど（笑）、池田先生の本とか読んでなかったらそうなのかなと思ってしまってたと思います。NHKも含むあらゆるマスコミで温暖化で大変なことになると声高に叫んでいたしね。どれだけ多く

の人が騙されたのかということですよね。

　京極君のいうように，間違うこと自体は科学の営みに不可分に組み込まれていることだけど（可謬主義），彼らはホッケースティックグラフを作ったローデータを開示しろと言われても拒否し続けて，あげくの果てに削除したわけで，むしろ「反証可能性」を無くしたんだよね。最終的にはそれが全部明るみに出てしまったわけだけど，クライメートゲート事件は科学史に残る大スキャンダルとして後世まで汚名が残るでしょうね。この事件が少しでも今後の科学の政治利用の抑止力になればいいんですが。

## (12) 地球は寒冷化に向かっている!?

**池田**　あれで気候学の信頼は失墜したよな。結局，IPCCは第4次報告では太陽の影響はわずか7パーセントで，9割以上が二酸化炭素やメタンといった人為的なものだと言っていたけど，それも全部根拠を失った。

**西條**　京都議定書も今のエコブームも全部そうした流れの上に成り立っていたわけですもんね。

**池田**　もともと1988年までは寒冷化すると言われていたんだよ。で，ここ数年，アメリカ国立太陽観測所（NSO）という機関が，太陽が休止期に入りつつあるという発表をして，2012年に入ってからは日本でも理化学研究所と国立天文台の研究者達を中心とした国際研究チームが，太陽の磁場の観測データから太陽が休止期に入る可能性が発表したんだよね。

**西條**　新聞でも報道されてましたよね。

**池田**　以前から，地球の気候変動が太陽の黒点の量と密接に関係しているってことはよく知られてて，最近だと1645年から1715年までと，その100年ぐらい後黒点がほとんど消失した極小期があって，その前後では小氷期と呼ばれて，大規模な飢饉が起きたりした。そのときの黒点の出方が今とそっくりだということを根拠に太陽が休止期に入って寒冷化するといわれてるんだよね。

**京極**　その極みがスノーボールアースですね。赤道直下も含めて，地球全体が凍結したという。そうなると人為的にできるなら温暖化させた方がいいってことになりますよね。

**池田**　そうそう（笑）。少なくとも二酸化炭素削減にかけていた膨大な予算は浮くことになるから，それを効率のよい新エネルギーの開発費に廻したほうがいい。

　生物の大量絶滅がおこるときっていうのは，寒冷化したときなんだよ。魚でも鳥でも赤道直下のほうがものすごくいろんな種類がいるでしょ。それはなんでかっていったら，氷河期になったときにうんと北とか南は氷に覆われて生物が死滅してしまうからなんだよ。

**京極**　なるほど。でも，たしかに北極とか南極とかにいくほどヴァリエーションが少なく，赤道直下のあたりは生態系がめっちゃ豊かになっていますね。

**池田**　逆に温暖化すると耕地面積が増える。人類が怖れなきゃいけないのは温暖化じゃなくて寒冷化なんだよな。

**西條**　池田先生は2006年に出した『環境問題のウソ』や2008年の『ほんとうの環

境問題』でも，すでに今おっしゃっているような指摘をされてましたよね。

**京極** なるほどねぇ。でも，環境問題は長期的なデータが必要だし，もしかしたら未知の因子もあるかもだから，念のために人為的温暖化を主張していたまともな科学者の反論も聞いてみたい気もするなぁ。

**西條** うん，ぜひ聞いてみたいね。言い分やそれを根拠づけるデータもあるかもしれないし，オープンに議論しないと科学じゃないからね。

**京極** それにしても，真面目に人為的温暖化を信じていた科学者もいると思うのだけど，もし経済的な理由でウソついていた科学者がいたとしたら，それはもう終わりよな。

**西條** だいぶ前だけど，僕がとあるシンポジウムで一緒になった某環境戦略系の機関の研究者に「温暖化の反例になるようなデータもたくさん出ていますよね？それには一切触れずに人為的温暖化に都合の良いデータばかり提示してますよね」といったら，その人小さな声で「それはそうです」って言ったんだよね。でも良心の呵責もあったのか「自分の家では冬でも暖房もあまりつけないようにして家族みんなで我慢しています」とか言っていた。いい人なんだろうなとは思ったけど（笑），そんなの科学と関係ないんだよね。

　国からそのための資金をもらっていて，家族を養っている身としてはそういうしかなかったのかもしれない。今のように科学者の良心に依存しているような仕組み自体に限界があるのかもしれないね。科学者も人間であり，家族もいる以上どうしても経済に取り込まれてしまうというのが実情だから，そうなりにくいような仕組みを整備しないと。

　あと，クライメートゲート事件や今回の東電のことでも思ったのは，やっぱりウソをついて短期的に得することはあっても，長期的には破綻するね（笑）。でも，クライメートゲート事件後，世界的には$CO_2$削減を本気で考えている人は激減したけど，日本はきちんとそういう報道されていない。もう少なくとも$CO_2$削減のためにお金を使うのはやめて，その分を本当に必要なところに廻して欲しいですね。

**京極** この議論がもし妥当だとすれば，$CO_2$削減という関心に基づく原発促進は成立しない，とはいえそうだよね。

## （13）原発はどんなリスクを抱えているのか？

**西條** さっきもいったけど関心の置き方によって価値判断がかわるから，安全性に関心がある人は今すぐ止めたほうがいいと言って，経済を回すことに関心がある人は再稼働したほうがいいってなるわけだけど，こういうややこしい状況のときに，優先順位をつけるためには，確実なことから考えることが有効だよね。

　今回の震災で僕らが実感として学んだことは，想定外のことは起こる，ということ。だから原発は壊れるということを想定した上で議論しなきゃいけない。これはけっこう重要で，同じ「原発」につ

いて議論しているようでも，多くの場合「壊れる原発」と「壊れない原発」というまったく異なる原発について話しているから，議論が噛み合うわけはないんだよね。

それで，確実なのは，どこでもいいんだけど，どこかの原発がもう1発ドカンといっちゃうと，これはもう日本全体が沈んでしまうということ。だから優先順位からいって，「リスク回避」を最優先にするしかない。だってもう輸出とかできなくなると思うよ。

**京極** 実際問題，原発の安全性ってどうなんでしょうか。核廃棄物の処理方法とかどうなっているんですか。

**池田** 原発を軽水炉で動かすとなると，廃棄物がどんどん貯まっていくから，ガラス固化体ってものにしていくんだけど，これ1本に広島型原爆の30発分ぐらいの放射能が含まれてる。このまま原発を動かし続けてすべてガラス固化体にしたと考えると，これが2030年までに6万本から7万本になる。

どうしようもないから地下深くに埋めようという話になっているけど，日本みたいな地震大国で，大きな地殻変動でも起きて，ガラス固化体が壊れる可能性もあるわけだ。なんせ放射能レベルを下げるためには最低でも50年冷やし続けて，さらに10万年保管してやっと人体にとって安全なレベルになるといわれているんだから，その間安全に保管できる保証なんてどこにもないわけだよ。

**京極** そんな処理方法しかないんですか。もっと安全な処理方法が開発されればよいけど，いまおっしゃられた内容だとリスクがでかすぎるように感じますね。

**西條** うん，それはまずいよ。いってみれば，子ども達のお腹の中にいつ爆発するかわからない廃棄物を埋め込むようなものだと思う。どうにかする方法はないんですか。

**池田** 核廃棄物を増やさないために，使用済み燃料を再利用しようといって作られたのが高速増殖炉・もんじゅなんだけど，トラブル続きで核燃料サイクルが全然うまくいかなくて，高レベル放射性廃棄物がひたすらたまって，ここだけで2020年にはガラス固化体が4万本になるといわれているよ。

世界でも，高速増殖炉がうまくいっている国はまったくなくて，コストが膨大で安全面に不安があるということで，開発中止している国が多い。少なくとも今の技術では無理ということだよね。

### （14）原発は経済的というのはウソ!?

**京極** 経済的な観点から原発存続を訴える人は多いですよね。

**西條** うん，これは一番無視できないファクターのように思うな。ただ，不思議なのは，経済的効果を根拠に原発を促進しようという人で，事故が起きた場合を想定した上でも経済的効果があるといっている人をみたことがないんですよね。

**池田** それに原発の単価コストには，政府が予算投入した立地対策の費用や補助金，研究開発費といった莫大な費用は一切含まれてないんだよな。たとえば「もんじゅ」には維持費だけで1日5500万円，

これまで2兆4000億円かかってる。それとさっき話した廃棄物処理に40兆円かかり，今回の原発事故の後始末で最低でも140兆円かかると言われているから，そういうことをひっくるめたら，原発ほど非経済的な発電はあんまりないだろうな（笑）。

**京極** 国の借金も増える一方ですね。

**池田** そうだよ。国民の負担も増えるよな。さっきもちょっと話したけど，そういう莫大な費用を抜きにしたとしても原発が安価なエネルギーだというのにはカラクリがあって，火力発電所の稼働率が5割もいっていないからコストが割高になっているだけで，稼働率を原発と同じ8割ぐらいで計算すると，火力のほうが安くなるんだよ。

**京極** そうなんですか。そうすると，経済的な観点からも有効な発電方法とはいえないと。

**西條** 実際，各政党の主張なんかみてても，中長期的に止めるということはおおむねコンセンサスは得られているように感じるのは，大勢からみると原発を積極的に促進する理由は見つけられなくなってきているからなんだろうね。ただ，京極君が現実の生活者をみないと絵に描いた餅になるといったことを言っているように，原発の経済的恩恵によりなんとか生活できている人達にとって「生活の維持」は，家族を守るという意味でも，死活問題になってくるから，そうした関心に配慮する必要はあるよね。

ここで，さっき示した図（図Ⅰ-2）を使うことで「関心の両立」という新たな方法がみえてくる。つまり賛成と反対は両立できないけど，「関心」なら両立できる可能性があるわけです。ここで「リスク回避」と「原発に依拠してきた人達の生活の維持」という双方の関心を両立

関心を両立させることはできないか？

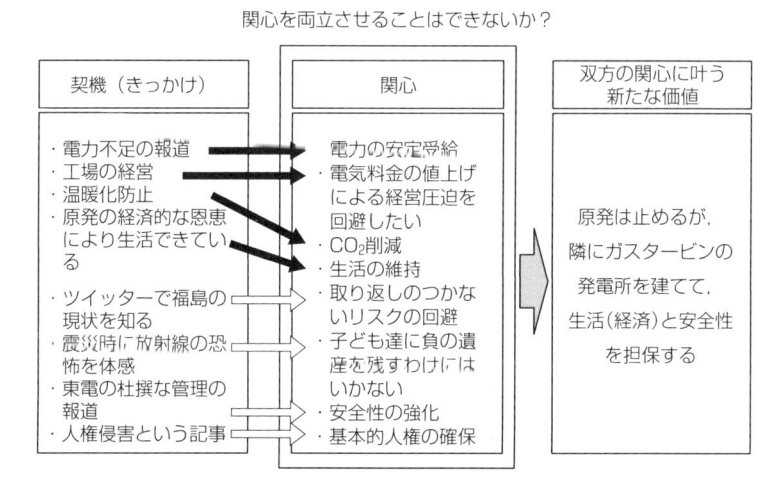

| 契機（きっかけ） | 関心 | 双方の関心に叶う新たな価値 |
|---|---|---|
| ・電力不足の報道<br>・工場の経営<br>・温暖化防止<br>・原発の経済的な恩恵により生活できている<br>・ツイッターで福島の現状を知る<br>・震災時に放射線の恐怖を体感<br>・東電の杜撰な管理の報道<br>・人権侵害という記事 | ・電力の安定供給<br>・電気料金の値上げによる経営圧迫を回避したい<br>・$CO_2$削減<br>・生活の維持<br>・取り返しのつかないリスクの回避<br>・子ども達に負の遺産を残すわけにはいかない<br>・安全性の強化<br>・基本的人権の確保 | 原発は止めるが，隣にガスタービンの発電所を建てて，生活（経済）と安全性を担保する |

図Ⅰ-2 原発の再稼働を巡る信念対立

## (15)「リスク回避」と「原発に依拠してきた人達の生活の維持」をどう両立させるか?

池田　たとえば、福井でも何でも、廃炉にする予定の原発のわきにガスタービン建てちゃえば、送電線全部使えるし、基本的な仕組みって発電所はそんなに変わらないから、まあ、原子核の技術者はいらなくなっちゃうけど、普通の一般労働者は別に働けるわけだから、雇用も確保できるし、それで補助金もとりあえず段階的に少しずつ減らすにしても、とりあえず原発やってるのとそれほど変わらないぐらい上げれば、反対するやついなくなると思うんだよね。

雇用が確保できるわけだから、それで安全だといえば、金の面で少々損しても、こっちのほうがマクロには得だって思えるよね。原発全部やめたらほんとにいきなり食うに困る。民宿なんか、労働者でもってるようなものでしょう。だけど、例えばガスタービン建てれば、労働者来るからね、しばらくそれでもつ。

最終的にどうするのかっていうのを、まず決めてしまえばね、原発はもう日本としては、例えば20年か30年後には全廃するって目標を最初に立てて、それを国民に納得させるためにはどういう政策を取ればいいかと考えればいい。割りに話はたてやすいんだよね。ただ、あれでもこれでもとかいって、いろいろ考えるとさ、結局踏ん切りがつかないわけで。

だから、西條君が言ったように、一番大事なことを先に決めて、そのために一番合理的なロードマップをどう組むかと言うことを考えれば、割りに話は単純なんだよな。だから話の作り方の問題というか、一番大事なものは何かっていって、日本でやっぱり一番大事なのは次に原発がぶっ飛んだら、もう終わりだよっていうことが、だれでもわかってるはずだよ。今だって東日本はかなりまずいけど、西日本で放射能汚染が起きたら、日本はもう売れるものないもん。

京極　そうですね。内需の拡大も人口減で期待できないうえに、輸出もアウトになったら、もうどうにもなりません。

池田　原発が爆発する半年前に山形に行って、TPPやっても平気だよって話をした。連中はみんな農業だから、TPPなんてやったら自分たちはアウトになるっていう話をしてたんだけど、俺は、日本は土地も狭いし、アメリカと同じような感じの大規模農業なんかやったってもつわけないから、有機栽培やって、ものすごく農薬も減らして、安全性もアピールして、高品質の作物を作ってインドとか中国とか、アメリカの金持ちに高値で売って儲けたらいい。だからTPPは平気だ。そういうふうにしなきゃ、生き残れないよなんてことを言ってたんだけれども。世界の金持ちを相手にするようなやり方でやんないと、日本の農業ももたないよっていう話をしてたわけですよ。肉だってそうだよな、日本の牛肉は品質がいい。高いけどね。

僕は昔，よくタイに行ってたけど，タイのバンコクに日本産の食品だけ売ってる店があるんだよ。それがすごい繁盛してて，タイの金持ち連中が，そこにきて，タイに比べてだいぶ高いけどね，何倍もするようなものを，やっぱりおいしいし，安全だからって買ってた。ところが，原発があった後，売り上げが1割になったって言ってたから，もうほとんどつぶれるよな。放射能が入ってるかもしれないってみんな思ったわけね。

で，俺は原発が起こった後，TPPとりあえず今やるのはまずいとその話を聞いて思ったってわけよ。だから，そういうこともあって，やっぱり原発をこれ以上ぶっ飛ばさないというのが一番大事となると，まあ，どこかの時点で，最終的にやめるっていう判断を先にしとけば，それでやるしかないわけだから，実際ドイツもイタリアもそうしたわけだ。そういうふうにしないと，いつまでたっても，経済的に大事だとかさ，この5年間で安全性を高くするとかさ，そういうのを言い出しかねない。だけど100年っていうスパンで見たらね，絶対事故起こすよな。

**西條・京極** っんうん。

**池田** それはもう，確率の問題で，絶対安全な車がないのと同じように，絶対安全な原発なんて実はないわけで，車はまあ乗ってても大丈夫だろうってみんな思って乗ってるけど，だけどマクロに見れば，毎年5000人死んでるわけだから。それと同じように，マクロに見れば，原発がどこかで事故を起こしてぶっ飛ぶってことは考えなきゃいけないよね。

そのときのリスクというのは大変なもんで，車は事故を起こせば，確かに何人か死ぬかもしれないけれども，社会や経済が崩壊したりするってことはないわけでしょう。火力発電所だってそりゃ，何かの加減で大事故を起こせば，そこで働いてる人の30人や40人ぐらい死ぬようなことがあるかもしれないけど，すぐに立ち直るわけですよ。そういう点じゃ，普通の災害だけどね，原発の災害って，普通の災害じゃないもん。

中長期にはやめるといいながら新しく原発作るとかいっているけど，原発はやめるっていう判断からはぶれないようにして，その前提で最適な戦略をたてるというのが合理的な判断だよな。

**京極** いまのところ中長期でやめるという判断がいいでしょうね。あとはその中長期という期間が10年なのか30年なのかそれ以上なのか，ということでしょう。

## 2．ポスト3.11の社会，どうしたらよくなるか？

### (1) 考えるファクターの多さ

**池田** 原発問題だけでもこれだけややこしいように，3.11のあとファクターがものすごく増えて，考える筋道が複雑になった。よっぽどちゃんとした人が日本の経済と国民の安全と，それから国自体の防衛的な安全などを見比べながら，選択をしていかなきゃならない時期なのに，だれもそれに対してまともな青写真を見せてないっていうのが最大の欠点で，それだからこのまま，ドツボにどんどん

んどんはまっていきそうな感じがあるよね。大丈夫かなって（笑）。あまりドツボにはまると、まともな人は日本を逃げ出しちゃうからね。

**京極** 日本の最大リスクは政治ですから（笑）。ここが何とかならないと、優秀で恵まれた一部の人からどんどん日本を脱出してしまい、大半の普通の人だけが残ってしまう。逃げられる人って恵まれている人ですから。

**池田** それで、公務員とか、一般企業に就職してる人はだめだけど、ほんとに一番金持ちのやつは、もう日本を引き揚げて、香港に移っちゃったりする。そうすると、所得税も取れない、だから税金上げたって、所得税上げたって、金持ちがいなくなっちゃうとどうしようもない。

　もちろんみんな、自分の身は安全に保ちたいから、原発はやるなとは言ってるけど、さっきも話したように自分の雇用はどうするかと考えると簡単には原発やめろとは言えない人もいる。だから、福井の人たちは、雇用のほうが大事だからとりあえずやってくれとか言ってるわけでしょう。だけどその周りのやつは自分の身の安全のほうが大事だから、やめろって言ってるし。

　ほとんどの人は自分の非常に狭い関心のところだけで、世界を判断しようとしているわけで、だから話はややこしい。その辺をどうやってこう、うまく整理して優先順序を決めるかという能力が政治家には全くないね。それがやっぱり今の日本の最大の問題だよね。

### (2) なぜ国民や政治家が「良い」構想に進めないのか？

**京極** 多くの人が自分の視野狭窄した状態で考えざるをえない理由には、普通の人は仕事がなくなったらやり直しがきかないっていう感覚があるからだと思うんですよね。これは3.11以前から言われていますけど、日本は1度失敗したらやり直しが極めて難しい社会構造になっていますから。そういった条件が背景にあるから、福井の人たちだって、原発が危ないことは百も承知だと思うのですが、だけどもそれを止めて仕事がなくなったら生きるための次の手段がもうないっていう状況を感じていると思うわけです。おそらく多くの人は脱原発には賛成でしょうけど、それを実質化するためには生きていくために必要な仕事があることが前提でしょう。

**池田** ああ、そうだね。

**京極** だからたとえば、転職がしやすくなるような労働環境を整備したりとか、ひとつの仕事が駄目になっても次の仕事で食っていけるように、雇用の流動性の確保と雇用創出を阻害する規制の仕分けといったように普通の人たちが長期展望から考えられるような条件を整えながら、エネルギー政策の転換を進めることが重要じゃないかなぁと思いました。

**西條** やっぱり、そういったビッグピクチャーをちゃんと描いて、構想を立てて、誰もがこれでいくしかないって納得できるような合理的なマップを描くのが、国の指導者の役割だと思う。でも、実際は、個別の利権を守るのが政治家みたいにな

っちゃってるから，なんかもう，にっちもさっちもいかないというか，前に進まないような感じになっているよね．復興とかもそうだけど．

**京極** それはほとんどの政治家はわかってると思う．僕たちよりももっている情報は多いわけだし，天下国家について考える機会も多いわけだからね．そう考えると問題は，彼らをどういう条件が取り巻いているから，大勢が一番必要だと思うことに向かって進むのではなく，利権の確保などといった不合理な行動をとらざるをえないのか，と考えた方がよいと思う．僕は政治家が大勢の国民を幸福にするような構想に向かってなかなか進めない「条件」がやっぱり気になる．

**西條** なるほどね．正論ではなく，阻害している「条件」をひっくり返して，結果として望ましいことが実現するための「条件」を整えていくと．

**京極** そうそう．その理由のひとつとして，下種の勘繰りかもしれないけど，もしかしたら普通の政治家は貧乏だというのがあるのかもしれない（笑）．もちろん鳩山さんのような超金持ちも中にはいるけど，基本的な政治活動に必要な資金に困るような政治家も少なくなくて，そうなるとどうしたって利権の確保に目が向いてしまう．

もうひとつは，これから必要とされるビッグピクチャーってさ，どう描いても社会保障費の削減などが含まれるだろうから，高齢者に厳しい内容になってくる．そうすると高齢者は若者に比べて数が多いだけでなく投票率も倍近くあるので，本当に必要なことやろうとすると選挙で落ちてしまうかもしれない，ということがあるように思います．

### (3) 一般意志を反映した世論の作り方

**京極** 西條さんは「ふんばろう」を立ち上げてから政治家と交流もあるじゃない．だから彼らの，こちら側から見ていてすごい不合理だなと思う行動が，どういう条件があるから出てきてるのか何か感じるものはある？

**西條** うーん，現地まで足を運んで復興支援活動に本気で取り組んでくれる政治家しか交流がないから，そういう政治家が増えるといいなと思うけど，傍流なんだろうね（笑）．

たぶん国会議員の人も忸怩たる思いをしてると思う．この前，参議院の憲法審査会に出てきたけど，そういう場では国会議員の皆さんも結構ぼくの本を読んでくれてて，「構造構成主義は立法過程に応用できるんじゃないか」とか，「自治体に導入するとしたらどういうように導入すればいいのか」とか，いろんな意見が出てたんだよね．

国会中継でかいまみられるようなみっともない姿じゃなくて，みんなちゃんと勉強して，それこそ政党とかを越えて「よい」方向になるように考えている．そこで何となく感じたのは，国会議員自身が「何やってんのかなあ」とか，「何をやっても変えられないんじゃないか」とか，「どうしたらいいんだろう」みたいに無力感に苛まれているような感じはしたんだよね．

あと労働組合とかの連合の人たちと話したりする機会もあって，すごく動きもよくて，支援活動とか頑張ってやってるんだけど，原発の話になると，途端に切れ味が悪くなったりするんだよね。

それは労働組合的な組織には，原発を全廃されたら困る人達もいるから当然なんだけど，中長期的にはやめるっていう合意ができたことはすごい大きな進歩だけど，短期的にはまっぷたつに割れてるみたいだね。かたや利権にからんでるとこは，今すぐやめないでくれっていうけど，利権のない人達はやめてくれって。

だから政治家，たとえば枝野さんとかも，あれだけ原発で自分も酷い目にあってても，再稼働するしないと，二転三転してたじゃない。それをみて何でなのかなって思ったんだけど，自分を支持する人たちもまっぷたつに割れてるから，政治家の腰の定まらなさみたいなのにつながっているってことなんだなと。まあ結局のところ利権にとらわれてしまう構造になっている，ということが問題なんだろうね。

**京極** なるほどね。

**西條** それで3.11以降，大きく変わったと思うのは，ツイッターとかフェイスブックがコミュニケーションのためのツールだったのが，社会を変えるインフラとして機能し始めたのが大きな点だよね。「ふんばろう」もそうしたインフラに支えられて日本最大級のプロジェクトとして機能した。その前に起きた中東とか北アフリカとかの革命も，そういう2つの媒体があったから起きたんだよね。

原発についても，原発は危ない，止めるべきだといったツイッターやフェイスブックの多くの声に後押しされて，多くのメディア，新聞，特に今まで原発のことを全然報道できなかったテレビ局が報道しはじめた。1局だけ報道したら電力会社から圧力かけられるんだけど，テレビ局に関してはどこも報道するようになっちゃったから，東電も一切放送しないようにと圧力かけることはできなくなってしまった。もっとも今でも電力会社に不利になるような報道はしにくいような空気は依然としてあるという話だけどね。

要するに，ツイッターやフェイスブックを通して，国民の「一般意志」みたいなものが世論を作り始めて，それに後押しされるように，大きな企業とか，テレビ局といったメディアも動き始めて，政治家もその世論を無視するわけにはいかなくなった。そんな形でよりボトムアップに一般意志を反映した世論が形成されて，それがメディアにより増幅されて，不十分とはいえ，少なくとも3.11以前よりは一般意志を反映した政治が展開されるようになったと思う。

原発もなんだかんだいって未だに1基しか再稼働していないのは，多くの人が反対の声をあげていて，政治家もそうした一般意志を考慮した政治的判断をせざるをえないからだよね。じゃなければ54基の多くが再稼働しているはず。

今まではテレビや大手新聞を通して間接的にしか世論が作れなくて，その時点で政治的な圧力がかかった「世論」になっていたのだけど，ツイッター，フェイ

スブックの出現によって一人ひとりの声が直接あげられるようになった。それはすごく大きなことだと思う。

今までは声をあげるという方法が有効ではなかった。でも「状況」が変わったから，一人ひとりが声をあげるという無効だった方法が有効になってきている。だから希望はあると思ってて，それはやっぱり今回の震災で変わった部分なんだよね。もしかすると，このまま何も起きないでいたほうが沈没していったかもしれない。

そうした流れがより強くなって，政治家も，一部の利権を守るよりも，一般意志を反映した政治を行う方が得すると思えば，自然にそのような政治を展開すると思うんだよね。

**(4) いかに社会の流動性を高めるか？**
西條　でも，その一般意志を形成する源泉となる市民が，自分が今得するかどうかで政治家を選ぶとか，目先のことだけをみている限りは，政治家もその関心を汲み取るから，自ずとそういう政治のあり方になるよね。

京極　生活にそれほど余裕があるわけではない普通の人は，いつ達成できるかわからない目標に向かっていくことよりも，今日，明日の生活が一番の関心事だと思う。となってくると，やっぱりこの国で暮らしていかざるをえない普通の人が，将来の心配をしないで食っていける条件を作ることが必要になると思うんだよね。それは普通の人でもちゃんと食っていけること，何かの弾みで生活苦に陥っても

固定化されないこと。たぶんそこだと思うんだよね。

池田　アメリカなんかはね，日本もそうだけれども，活力があった時っていうのは社会の中で階層が固定化しないで移動性が高かったんだよね。だからサクセスストーリー，ものすごく貧乏に生まれたけど一発当てて，すごい大金持ちになったっていう話を夢見てたのね。自分は今200万しか年収はないけれども，もしかしたらね，事と次第によっちゃあ5000万も1億も年収がある人になれるかもしれないってね。だけど今はそういう希望がないんだよね。だから本当に1回ひっくり返っちゃった人はもういつまでたっても500万，600万稼げる人には到達しないという，そういう社会システムを変えなきゃいけないというのは確かにあるんだよ。

**(5)「よい」構想を実現するために全国区の議員を増やす**
池田　僕も昔いろんなこと考えたけれどもね。それから政治家も考えていないわけじゃないんだよ。だけど自分が落っこちちゃったらただの人だから，どうしたって選挙区，自分の支援者の意向っていうのを無視できないわけだよね。民主党は連合が支持母体だけど，連合はいろんな利権の集合体で，当然なかには原発がらみの電力会社の社員なんかもいるわけでしょう。そうすると歯切れは悪くなる。福井の西川知事もやっぱりあんまりいろんなことは言いたがらないんだよね。自分の支援者にもいろいろいるわけでしょ。

表向き原発絶対賛成とか，絶対反対とか言いづらい．みんなが「これだ」っていうようになって，自分もそれに乗らなければ選挙は落ちるっていう状況になればそうするけれども，小選挙区制というのは結局議員が地方の利権代表みたいになっちゃうんだな．

ぼくは選挙制度を変えるとしたら，全国区の議員を増やすべきだと思う．地盤がなければ地元に縛られないから，全体を考えられるから，そういう人が3分の1とかいるとだいぶ違うと思うんだよ．昔は参議院は全国区というのがあったけど，いまはしょうもなくなってきたでしょう．

### (6) 格差を減らすために非正規雇用を基本にする

**池田** 次に雇用の形態を変えることもすごく重要で．結局今は何が問題かというと，正規職員と非正規の雇用者の格差があまりにもひどいんだよな．そこを何とかしたいっていうのがあって．ただパイは限られていることになればこっちにあげたら，こっちは削られるっていうわけでしょう．だからそこをどうするかっていう問題があるわけだよね．そのへんはむずかしいよね．

ぼくは昔，もう正規なんていうのはやめちゃって，全部アルバイトにしちゃえばいいんじゃないかっていう話をしたことがある．で，アルバイトの最低時給をすごく上げるんだよ．今，たとえば沖縄辺りだと650円ぐらいだよ．よく知らないけど，最低の時給って決まってると思うんだけど，そのおそらく最低だと思うんだよ．だからぼく，沖縄に行っていちばんびっくりしたのは，いろんなスーパーなんかに，「店員募集」とか書いてあるでしょう．そうすると，アルバイト，時給600いくらとか書いてあって，まずそれがびっくりしたね．東京じゃ650円じゃ人来ねえよと．学生だって1000円ぐらい出さなきゃさあ，バイト来ないですよ．そうだな，時給3000円とかにすると，1日働きゃあ2万4000円，5日働けば12万だろう．そうすると4週間働けば40万とか，少しさぼっても30万ぐらいにはなるわけで，基本的に全部バイトにしちゃうとさあ，何が起こるかっていうとさあ，流動性が高くなるんだよ．どこいたって3000円なら，首になっても別のところに行って，自分の性に合った所で働く．企業も使い勝手がよくなるわけだよな．

だけどいまのままだと企業は正職員に高い給料を払う分，バイトをすごく安くしている．すべてバイトだけにして，時間給にするとその人の都合によって，たとえば私は週3回しか働けないけれど，それは週3回という雇用形態でとにかく1年間だけやって，その次はまた決めましょうという感じになる．週5日働ける人にもうれしいし，週2日だって週3日だっていい．その人のライフスタイルに合わせればいい．そのためには最低時給を上げて，ほとんどの職員を基本的にバイトにして，それが正統な雇用形態だとなればいいわけ．そういうのも1つの方法だよ．

みんな正社員雇えっていうけど，何が

起こるかって，正社員雇ったのはいいけど今度は正社員自身の給料がどんどん減る。最近おもしろい話があってさ，正社員なんだけどどんどんどんどん給料を下げられていって，これ以上働けないから辞めるっていったら，辞めさせないって。要するに徹底的に安い給料で働かせようってわけで。

**京極** 現代の奴隷ですね。

**池田** 辞めるっていっても辞めさせないという。会社が退職証明書みたいなのを出さないから失業保険も貰えないとか，無茶苦茶な話がある。

**京極** 池田先生がおっしゃったようなアイデアってけっこういけると思っていて，みんな正社員でやると雇い止めがおこってかえって生活が不安定になるからバイトをマジョリティーの働き方にして雇用形態に流動性を持たせるようにする。それによって，たとえここが首になっても違うとこで飯食っていける，自分で仕事を見つけてやっていけると思えるような条件を作っていく。

そのためにはたぶん正規雇用というのをできるだけ減らしていくことが必要だと思うんだよね。今は大半は正社員の人件費に経費が持ってかれていて，正社員を保護する法律が厳しくて，それ以外の多くの人の生活が苦しくなるという問題があるから，さっきの話を実質化するには法的なシステムから変えていく必要があるのは間違いないと思う。

**西條** なるほど，根本的に法的環境を整備する必要があると。

**京極** そうそう。

**西條** そうなると，正規雇用者がその利権を手放すことを期待するのは難しいから，正規雇用者も納得できる内容であることが，現実にその環境を整備するためには求められる条件になるだろうね。

**京極** うん，そうやって，この国で生まれた普通の人がそれなりに生きていける条件を整えていきつつ，ここで言っているような構想を示していく。個々人が目先の利益に追われて全体が沈み込む事態を回避しつつ，ビッグピクチャーの現実化にむかって前に進むには異なる次元にあるこの２つの問題を同時に撃つ必要があると思います。

**西條** なるほど，その２つの関心を同時並行で見すえながら進めるというのが基本的な方法になるだろうね。

**京極** うん，そこをどう整備していくかだね。さっき議論した原発問題に関する見取り図なんかそうした１つのモデルになっているかもしれないよね。

## (7) お金を使えば使うほど得するようにすることで雇用を増やす

**池田** それからやっぱりその，日本の企業というか，製造業なんかとくにそうだけれども，空洞化があるんだよね。だから人はいらないわけですよ。で，いらない割には人がいるからどうしたって雇うほうがものすごく有利な状況でね。昔，金の卵なんていわれてた時は，とにかく人はいなかったんでだれでもほしい状況だった。今の日本てそうじゃないから。いろんなめんどくさい問題が起きる。

ぼくの昔の教え子が聾学校の先生なん

だよ。今は法律である程度以上の企業は身体障害者を何人か雇わないといけないというのがあるでしょう。そうすると目が見えない人はなかなか雇うったって，特殊なことしかできないじゃないですか。だけど耳が聞こえない人っていうのは字が読めるし，身体障害者用の特別な設備もいらないし，だからすごい就職率がいいっていうんだよね。これはもう完全に需給関係の話なんだよな。

だから日本全体がもうちょっと仕事が増えればさあ，さっきみたいな話ができるようになる。いかにして日本国内での仕事を作るかっていうことが大事なんだよ。$CO_2$の排出規制が厳しくなれば新日鐵はブラジルに行ってしまうわけでしょう。

そんなことをすれば，どうしたって雇用が少なくなる。そのあたりのメリットとデメリットをどう考えるかということだ。社会全体の景気をどうやって上げるかっていうことが問題なんだよね。金も，持ってる人は持ってるけど，持ってない人は持ってないから，だから金持ちにどうやって金を使わせてぐるぐる回すかってことを考える必要がある。

金が回れば雇用も増えるからね。消費税率上げても消費が増えなければ税収は上がらない。変な話だけどたとえば相続税率を上げてそれで死ぬ前の10年間で使ったら，使った半分は相続財産から控除できるというようにすれば，使えば使うほど相続税が安くなる。死にそうなやつはどんどん金を使うでしょうという話をしてんだ。そうすると金も回るし，結果的に流動性も高くなるし，それから資産固定化も避けられる。結局再分配したのと同じになるから，そういうのもいい方法でしょう。

サラリーマンでもさあ，買ったものの半分は何でもいいから必要経費にできるとか，それでその分消費税率を少し上げればいいとか，なんかいろんなこと考えるわけだよ。それで，まあにっちもさっちもいかない人は保護しなくちゃいけないけれども，そういうふうにして景気をあおってやればにっちもさっちもいかない人も減ってくる。

**西條** その法律，使ったほうは得するような仕組みでやるっていうのは本当にいいと思いますね。

**池田** 今だってさあ，所得税と法人税と消費税と同じぐらいしか税収がないんだから。10兆円ずつぐらいしかないんだよ。それ以外の税収と合わせて全部で40兆円ぐらい。ということはさあ，所得税ってあんまりとれないんだよね。要するに。金持ちんといるたって，たとえば4割払ってるやつなんてさあ，ほとんどいないわけだよ。累進課税の最高税率を上げたところであんまり意味がないんだよな。それよりも使ったら，収める税金減りますよといったほうがいいわけ。

**西條** そのほうがいいですよ。

**池田** そのほうがいいわけで。最高税率を上げたって，大金持ちは日本を逃げ出すことばかり考える。あるいは税金でいっぱいとられちゃうから，もうよけい使わなくなる。3000万も4000万も収入あるようなやつはさあ半分ぐらい使ってくれ

たらさあ，税率をうんと下げて，そうしたら実質的には使ったほうが得だと思えば使うじゃんなあ。そうすれば景気もよくなるし，波及効果も大きい。国に金あげるとくだらないことにしか使わないと俺なんか思うわけだね。民間に金あげたらよっぽどいいわけで。そのうえで消費税をちょっと上げて，消費税として取ればいい。

### (8) 格差低減のために累進消費税の導入

**池田** 消費税は半分ぐらいしか回収できていないはずですよ。もちろん大企業からはかなり回収されてるけど，だから消費税もちゃんと回収するような仕組みを作ったらいいという。たとえばぼくが雑所得で1000万稼ぐとするだろ。そうすると消費税は5パーセントだから50万円それは国に返さなきゃいけない金だ，本当は。

だけど実際は国はなんだか知らないけど，ぼくみたいな文筆業の消費税は半分だけ払えばいいっていうから，25万円しか払ってない。そうすると25万円ねこばばなんだよ，わかる？ 俺なんかそれでもたくさん払ってるほうなんだよ。なかにはさ7割は見なしだから3割しか払わないでいいですよなんて職種もあるわけだよ。

**西條** そうなんですか。

**池田** 消費税はそんないい加減な税金になってるわけ。脱税って全部所得税に絡んでるでしょう。消費税払ってないから脱税なんてあんまり聞かない。税務署は消費税に関して甘いんだよ。消費税を導入する時に政治的な配慮があったんだと思う。

単純にいえば，ねこばばできないようなシステム作るだけでおそらく3兆円や5兆円余計に上がりが出てくると思うんだよ。僕も人様から預かった金は，もちろんおれの金じゃないから，そのまま国に収めることはやぶさかじゃないけど，国が収めないでいいって言ってるものを収めるのもへんだよな。だからいろんなへんな制度がいっぱいあって，サラリーマンだけが全部源泉で取られちゃうの。サラリーマンが圧倒的に実質税率は高いよな。

**京極** 今の話だとそういうことになりますね。

**池田** 消費税は貧乏人に不利というけどやり方次第だよ。イギリスなんか消費税すごく高いけど，ただ生活必需品にはかかってないからね。日本も累進消費税にするとかね。単価が例えば何円以下のやつは消費税が3％で，高級品については高くすりゃいいとかさ，そんなのさ簡単にできるわけだから，車だって200万円の車は5％でもいいけど，1000万円の車は15％とってもいい。

**京極** そんな車を買える人は金を持ってますからね（笑）。多少，消費税が高くても買えるわけで。

**池田** そうそう。1700万円のレクサスなんか30％とったって別にいいやろ実際。それがステータスなんだから。払えばいいわけでしょ？ そういうふうにすればヤクザからでも税金取れる。ただあんまりややこしいやり方すると，今度は税務

処理がすごく大変になり，それもそれで問題で，経費もかかる。難しいんだよね。あんまり複雑な法律作ると金かかるし。
京極　複雑にするとシステムを運用するコストがかさむでしょう。
池田　うん，なるべく単純明快がいいね。

## (9) 自分の首を絞めない「教養」
池田　赤字国債だって1000兆円あって，日本の個人金融資産が1400兆〜1500兆円ぐらいしかないから，あと400兆円ぐらいしか余裕がない。それ突破するともうそこが危険水域。900兆円の借金はもうどうせ返せないから，増やさないだけでいいんだ。どうせ返せないんだったらどんどん増やしちゃえっていうのが一番いけないわけで。1000兆円だったら1000兆円の赤字をただひたすら抱えていくというぐらいの感覚でもってやっていけば，日本はとりあえずそういう構造の中で安定するわけで。そういうふうな話でやんないとどうしようもないんだよね。
京極　僕はもっと余裕がないと思っているんです。何でかって言うと，経済ってだいぶ先回りして動きますから，かりに5年後に400兆円を使い込んでしまう見込みがたったとしたら，経済の大混乱はそれよりも手前でやってくる。
西條　で，一気に崩壊すると。
京極　そうなる可能性があるだろうね。
西條　やはりマクロに見ると民度というか，教養の水準が上がっていくということが根本的に重要な気がしてます。以前池田先生がおっしゃっていたけど，明治維新の頃の日本で民主主義が機能して，アフリカで民主主義が機能しなかったというのは，民主主義を運用する人の民度が違うわけで，民主主義は，それを運用する人間の「教養」の力に依存している。

アフリカでは選挙自体で不正を行ったり，1度大統領になると大臣を身内で固めて，反対派を粛正したりとかするから，民主主義が機能しない。なんだかんだいって民主主義を使うのは人間だから，その国の民度次第でどこまで機能を十全に発揮するかが決まってくると思うんだよね。

たとえば「子ども手当て」といって，全国家公務員の給料以上のものをばらまくことを民主党はやったわけで，そんな形でどんどん赤字が増えていったらそれこそ一気に日本がつぶれることもあるわけだから，それって自滅への道じゃない。

それこそ今，実質的な上流階級の人たちは何とかなるかもしれないけど，しわ寄せどこに行くかっていったら，下の人たちで，直撃してもうほんとに食えなくなりますよ。

確かに困ってる人は目の前のお金をもらったほうがいい。けど，絶対やったらだめなことってあるよね。単なるばらまきをやったら全員で沈んで行くことになるんだから。目先の利益だけ考えて借金重ねていったら家計は破綻するのは誰だってわかる。国会財政だって基本的には同じだよね。

だから，それこそ「方法の原理」を視点として，状況と目的を考えれば，今この状況でこれだけのばらまきをやると，

このまま借金増えて，ギリシャみたいなって，本当にとんでもないことになるということを認識しやすくなる。つまり，目的はよいけど，現実的制約（状況）を踏まえたら，その方法はダメだとか，もっとこういう方法の方がよいといったように，状況と目的を踏まえて，政策の内容を吟味したり，議論することができるようになる。それも教養の力だよね。

あとさっきの池田先生の案のように，とにかく使った方が得するような仕組みを作ろうというと，たぶんお金を持っていない人が反対すると思う。使うお金がないんだから「そんな金持ちが得するようなのはおかしい」とか言い出すと思う。でも，そうじゃなくて，お金を持っている人が使うことによって自分たちが得するんだよ，ということはわかっておく必要がある。金持ちには得させたくない，といったことにとらわれると，結局自分の首絞めることになっちゃうから。

**池田** やっぱりさぁ，貧乏でどつぼにはまってる人はさぁ，「俺も不幸なんだからみんな不幸になれ」みたいなさ。「そりゃあんたいま不幸だけれど，みんな不幸になって，あんたどうだ」っていうと，あんた餓死するよ」って。もっと不幸になるわけ。

しかし，自分で自分の首を絞めるような政策に賛成する人が，多いわけだよね。だから民主主義の悪いところってのはそういうところでなかなかまぁ難しいよね。目先のお金をもらってるほうがいいというふうに考えてるうちはかわいいけど，そうじゃなくてもう死なばもろともみたいな政策に賛成する話になっていくと，とってもまずいでしょう？　大金持ちは逃げちゃうわけだから。別に日本に頼らなくても生きていける人は逃げてしまうから，そしたらますます日本はどつぼにはまっていくわけでしょ。

**西條** だから，ほんとに繰り返しテレビとか新聞とかでも，その政策の本質的な意味は何なのか，みんなが幸せになるためにはもうお金回すしかないから，こうするしかないんだっていうのを伝え続けることも必要で，多くの人がそういう教養を身につけるためには，どんどん広めてことはやはり大事ですよね。

## 3．ヘーゲル『精神現象学』からみたポスト3.11の風景

### (1) ヘーゲル『精神現象学』の概要

**京極** ところで，西條さんは「ふんばろう」を立ち上げて，これは今後の検証を耐え抜けば，もしかしたら市民社会史に残るかもしれないと思うんだけど，その活動していてみえてきたものって他にある？

**西條** いろいろあるんだけど，むしろ活動が少し落ち着いてきてから，最近公刊された竹田青嗣・西研著のヘーゲルの解読本[8][9]と併読する形で『精神現象学』[10]を読んでみると，支援活動をしてきた中で，ああ，こういうことだったんだなと腑に落ちることがたくさんあって，ヘーゲル哲学の射程の広さがあらためてわかったという感じです。

まずヘーゲル哲学の自分なりの受け取

り方を話してみるね。ヘーゲルによれば，人間の精神の本質は「自由」にあるとされる。ここでいう「自由」とは何か。自分なりに中身がみえるように概念化すると「充関心－生」と置くことができる。要するに，人間は，他でもないこの自分の関心を充たしながら自分の人生を生きたい，と思っている。それが自由に生きたいということ。

何らかの契機に応じて関心を持つようになる（契機相関性）。その関心に照らして価値を見出す（価値の原理）。その価値を見出したことを何らかの形で充足させたいと思う，というのは構造構成主義の原理を置いていけばごく必然的な成り行きなのは理解できるよね。つまりこのあたりの理路は構造構成主義の立場からも説明することができる。

でも，僕らが社会で生きている以上，自分の関心を充たしながら生きていくためには他者の承認を必要とする，とヘーゲルは言う。特に自分の「自立性」を確保するためには，他者に自分の優位性を認めてもらう必要がある。そこから承認を巡る争いが起こる。それが社会の普遍闘争へと発展すると。

**京極** ヘーゲルの議論はちょうど人間の発達を言い表したかたちになっているんだよね。まずヘーゲルは精神の本質は「自由」だと考えるわけです。で，「精神」はこの自由を実質化するために，挫折を繰り返して成長していくと。例えば，ストア主義の場合，他人から「あんたおかしいよね」と言われても，「そんなことはない。私はまともだ」と自分のなかで納得してしまうような状態です。ちょっと乱暴に言うと，自己満足している状態です（笑）。でも，それではうまくいかないという失敗体験を通して成長していく，という展開になっているわけです。

**西條** うん，読んでいると自分でも思い当たる節がけっこうあるよね（笑）。

### (2) ふんばろう東日本は「事そのもの」だからうまくいった？

**西條** あと竹田先生や西先生は，同時に現代社会では，共同体の価値観から切り離された個人が「自由」をどのように社会の中で実現していくかという課題を避けて通れない，という状況にあるというわけだよね。個人が，こうすればよいという単一的な価値観から切り離されたとき，何もない平原に放り出されたかのように，どのように生きれば良いかわからなくなってしまう。そうした中でどのように生きていけば良いかを見つけるのは，そう簡単なことではない。

で，人間には「自由」を欲する本性がある。つまり，関心を充たしながら自分なりの人生を生きたいと欲してしまう（充関心－生）。そうすると共同体の単一的な価値観から切り離されたとき，必然的に，様々な契機を介して，関心は多様化していくことになる。そして，絶対的な価値観がないとわかっている個人は，それぞれの関心に基づき"よりよいもの""これぞほんとうの○○"といったものを目がけて多様な開かれた営み（ゲーム）を開始する。

またその営みを支える制度が生まれて

きて、関心を共有する人達がその営み（ゲーム）に参加し、多様な表現、実践、批評をオープンな形で交換しながら、「着実により優れた○○になっている」「これぞほんとうの○○だ」といったよりよいものを皆で作り上げていく。

これが近代社会において、自由を求める本性を持つ人間の精神が収斂していく「事そのもの」と呼ばれる境地というわけだよね。すなわち、「事そのもの」とは、"多様な関心に基づく「ほんとう」を目がける共同参画型のオープンゲーム"ということができる。

それでこうしてあらためてみてみると、人間の本性は、「自由（充関心－生）」にあるという原理の置き方は、人類（人間）の進み行きをうまく説明しているという点で、本質的なものだと思うんだよね。

「ふんばろう」になぜこれほど多くの人が参加して、活動が継続できているのかというと、ふつうは意識が高いとか、他人のために無償で活動して偉いという話になるのかもしれないけど、たぶんそうじゃなくて、本性として持っている「自由」をその人達なりに実現しているだけなのかもしれない。

つまり、東日本大震災という大きな契機が起きて、困っている人を助けたいという関心を持った人たちが動き始めた。そこで僕がフェイスブックやツイッターを使って世界中のどこからでも誰でも物資を直送したりできる仕組みとして「ふんばろう」を作ったのをみて、たくさんの人達が参加してくれた。

そこではさらに「物資支援プロジェクト」「家電プロジェクト」「重機免許取得プロジェクト」「おたよりプロジェクト」「ハンドメイドプロジェクト」「学習支援プロジェクト」「ミシンでお仕事プロジェクト」「エンターテイメントプロジェクト」といった形で、多様な関心に基づくプロジェクトを展開したから、それぞれ関心－価値を見出したプロジェクトに参加して、実践したり、フェイスブックやリアルミーティングで建設的に議論を重ねて、オープンな形で意見交換しながら、「ほんとうの復興支援」と思えるものをみんなで作り上げていった。

これって、少なくとも参加者にとっては、ヘーゲルでいうところの"多様な関心に基づく「ほんとう」を目がける共同参画型のオープンゲーム"、つまり「事そのもの」の1つだったのかもしれないと思うんだよね。これはやや自分に引き寄せた解釈かもしれないけども、少なくともそういった人間の本性に沿う活動だったからこそ、うまくいったところは大きいんだろうなと思ったんだよね。

## (3) ボランティアは半分は趣味で半分は仕事？

**京極** なるほどねえ。僕は池田先生が以前、ボランティアは趣味であると書いているのを読んで、あれは本当にその通りだなと思っているんだ。つまりボランティアは正義の問題ではなく趣味の問題で、実はみんな好きでやってるんだよね。趣味に良し悪しはなくて、例えば虫取りしている奴は正義で、エロ本を読んでいる奴は悪だとかそんなことはない（笑）。

ボランティアの場合は，人に役立つことがうれしいからやる。これを正義の問題だと捉え違えるとおかしな話になると思う。

**西條** ほんとそうだね。ヘーゲルの「事そのもの」という原理をおくと，そのことがより深くわかる感じがあるよね。

**京極** うんうん。あとボランティアと人助けという点で似ている営みに医療があると思うんだけど，医療者とボランティアをやってる人の違いは何かというのを考えたときに，医療者が生活支援するときはできるだけ余計なことはしないんだよね。

つまり，困ってる人がいるから，こちらで無償で一生懸命奉仕しようっていうスタンスじゃなくて，医療者はできるだけ介入せずに，本人たちの自立を促していこうとする。要は，余計なことはできるだけしない。たとえば，わかってても本人に考えてもらったほう良いと思ったら言わないってこともあるぐらいなんだよね。

僕も医療者として現場に入ったときに，ボランティアの人と一緒に仕事することがあるんだけど，へたすると過干渉になっちゃってることが多いんだよね。

**西條** うん，わかる気がするよ。だから僕は「ふんばろう」を立ち上げた時に，「『ふんばろう』の目的は，被災者が生活者に戻るためのサポートをすることです。だから，みんなが生活者に戻れたらなくなります。最終的には『ふんばろう』自体なくなるのが目的です」と宣言した。

つまり，支援活動すればするほどよいということではないですよ，ということだよね。支援し過ぎて自立する気持ちを奪ったらそれは本末転倒なんだ。過剰な支援は，支援を受けるのが当たり前みたいな感覚を生んでしまって，「何でやってくれないんですか」みたいに，やらないことに対して不平を言い始めたりとか変なことが起こってしまう。

ボランティアはやっぱりやりがいもあるんだよね。ふつうに仕事していて，相手が泣いて喜んでくれるなんてことなかなかないからね。でも支援活動しているとそういうこともままある。そうするとやっぱりやってよかったと思えるし，それ自体は無償で活動を続けるモチベーションでもあるから，いいことなんだけど，支援活動に依存してしまって，被災者が居なくなったら困るとなってしまったら，これは完全な本末転倒だからそうならないようにする必要がある。

医療者の中にもそういう依存的になる人もいるのかもしれないけど，そのあたりのことは訓練されていて，有償でやっているからこそ，境界線は引きやすいんだろうね。

ボランティアの場合，僕の場合はたまたまそういうことを知ってたから，「ふんばろう」の目的は被災された方々が前を向けるようにする条件を整えることだと，最初から過剰支援を防ぐような理念を置いたけど，この辺の教養も大事になってくるよね。

それにちょっとブレーキかけられなくなっているなっていう人は止めるしね。

**京極** そんな人おったん？

西條　うん，まあごくまれにだけど中にはそういう人も出てくるね。

京極　気をつけてないと，支援者が支援に依存しちゃうんだろうね。

西條　それに単に止まれなくなっちゃうということもある（笑）。だから，ミーティングとかで，一生懸命にやることはいいことだし，やりがいを感じるのもいいことだけど，よかれと思って自立を防げることにはならないよう十分認識しておく必要があるっていうことは言ってるんだけど。

京極　この前，読んだ論文で，ボランティアが個人の幸福感を高めるって論じてあったけども，ボランティア活動でウェルビーングが高まる経験をすると止められないということもあるかもね。特にそれまで幸せじゃなかったりすると，ブレーキが効きにくくなると思う。西條さんたちがやっている「ふんばろう」は理論的な軸がハッキリしているぶん，そういう問題が起こりにくいのかもしれないけど。

池田　そうだよな。難しいんだよ，組織は立ち上げたり始めたりするのは簡単なんだけど，やめるのは難しいんだよ。だからどんな組織も解散する組織ってすごく偉いと思うんだけど，あんまりないんだよね。僕の自宅の近くの山を崩して開発するという計画があって，反対運動したんだよね。運動は成功して開発は止まった。俺なんかもその段階でその組織は不要だから解散だと考えたけど，それにディペンドして一生懸命やってたやつは，なくなると生き甲斐がなくなるから，やめられないんだよな。組織の延命のために別の目的を考えるわけだよな。

難しいよな，そういうのってな。俺はほかの仕事があって忙しいし，俺は抜けるよって言って抜けちゃったけれども，やっぱりなかなか，俺にはあんまり言わないけどさ，なんでお前はやめるんだみたいなこと言うよね。みんなで一生懸命やってきたのに，俺らの今までの成果がなくなっちゃうとか，必ず言うんだよ。そういうことをね。もう成果上がったんだからいいじゃないかとかさ，そういうふうなことは言いづらいというのがあってさ。だから難しいよね。

京極　自分のためにやっている人が多いと，やめにくいというのはありそうですね。

西條　今回の震災の場合，まだまだ先が見えないのも現状だから，みんなが一斉にやめてしまったら困ると思うのだけど（笑），個人がやめる自由を認め合うというのは大事だよね。そのためにはやっぱり，お互いが迷惑かけない限りにおいて自由に生きていいということを承認しあいましょうという「自由の相互承認」という考えを共有しているかどうかは大きいと思う。じゃないとすぐに「なんでやめるんだ」とかボランティアをやめる自由を認めずに押し付ける人が出てくるから。

もっとも，途中でいきなり放り出すのは迷惑をかけることになるから，やめるにしても支援活動に支障が出ないよう最低限の引き継ぎは必要なんだよね。そういう意味では，ボランティアは半分は趣

味なんだけど，社会的な責任も出てくるから，半分は仕事という意識も必要なのかもと思う。そこに「正義」は必要ないんだけどね。

「ふんばろう」では「そろそろ辞めますね」という人に「なんで辞めるのか！」と怒るような人もいなかったし，価値観を押しつけるということにならないようにと配慮している人が多い気がする。従来の市民活動のように，自分の価値観こそ広く共有されるべきだという『精神現象学』でいうところの「徳の騎士」はほとんど見かけたことなくて，絶対的に正しいことはないとわかっていながらも，それぞれのその都度「よい」と確信したことを行動していく「良心」の人が多かったのかもしれない。その辺は，何らかの超越した善を前提とした「道徳」的な精神に基づく，従来型の市民活動とはあり方が違っているように思う。

## (4) 自由を求める精神が近代福祉国家を生む

**西條** それと人間の本性は自由である，という原理を置くことで，なぜボランティア社会や，近代福祉国家が現れるのか，その必然性が以前より理解できるようになった気がするんだよね。

今回，これだけのボランティアが動いた背後には，「自由の相互補完」みたいな考えがなんとなく共有されてきている，といえると思う。「自由の相互補完」というのは，僕の造語なんだけど，「生きたいように生きれない人達の自由を補完しあう世の中の方がお互いの自由が担保できますよね」という考え方のこと。

もちろんその前提として「他人に迷惑をかけなければ自由に生きる権利があるということをお互いに認め合いましょう」という「自由の相互承認」の考え方がないと，「ボランティアをやらない人はおかしい」とボランティアをしない自由を認めずに押し付ける人が出てくる。だから「自由の相互承認」を前提とした上での「自由の相互補完」でなければおかしなことになる。

今回の大震災は，いつ誰にどんな壊滅的な破壊がふりかかるかわからない，ということは多くの人は認識したと思うんだよね。そういう契機になった。たとえば，突然車が突っ込んできて障害を負うかもしれないし，重病で動けなくなることだってあるだろうし，人間はどんなに優れた能力があったとしても，そういう災いが降ってきたら自分ではどうしようもないということはあるわけだよね。そうなると自由は奪われてしまう。

そのときは誰かに助けてもらうしかない。つまり自由を「補完」してもらうしかない。震災とかでどうにもならない状況に陥ったときに助けてくれる社会，つまり「自由の相互補完」が共有されている社会の方が各人の「自由」を安定して実現しやすい。

そして，そういう考えは「自由の相互承認」と同じように，歴史における「自由の拡大」の流れに沿って，次第に広まっていく。だから，ある程度の競争（戦争状態）の緩和という現実的な条件もクリアする必要はあるにせよ，近代国家の

次には近代福祉国家が必然的に現れることになる。これは倫理観のレベルがあがったからとか、そういうことじゃなくて、一定の条件下で、自由を求める人間の本性が必然的に行き着く先なんだということが、腑に落ちるように理解できたんだよね。

**京極** そうだよね。僕のもうひとつの専門の作業療法は、心身の障害によって制約された人間の自由を再構築するための技術なんだよ。なので「自由の相互補完」という発想はすごくしっくりくる。うまい言い当て方だと思う。

　人間の本質は自由をめがけるというのは、要するに息を吸ったり、飯を食ったり、排泄したりするのと同じレベルの基本ニーズに自由への欲望があるということだと理解できると思う。それが、何らかの契機で大幅にしかも長い間制約されたら、人間の人間性が危機に瀕することになりかねない。だからそこは、お互いに補完しあう必要がある。

### (5)「自由」を巡る対立と調整

**京極** その一方で、自分の自由と他人の自由は鋭く対立することもある、という点も忘れちゃいけないと思う。西條さんはさっき、自由とは「関心を充たしながら生きたいと欲してしまう」ことだと言ったけども、それを素直に受け取れば、他人に迷惑をかける自由もそこに含まれるはずなんだよね。例えば、ボランティアしたいという人とボランティアは迷惑だからやめてくれという人がいたら、そう思うこと自体はお互いの自由だけど、根っこの部分でお互いの自由が鋭く対立してしまっているわけです。つまり自由は、そのままだと自分にとって都合の悪いものが必ず含まれていて、それがときに鋭く対立する。それがわかっていないと、自由の相互承認にしても、自由の相互補完にしても、いざ現実の世界で実現しようとすると「なんだこれは!?」ってことになってしまう（笑）。

**西條** うん、ヘーゲルはだからこそ、「自由」を本性とする精神（個人ー社会）が、様々な契機（挫折）を経て、「自由の相互承認」、つまり、お互いが自分の関心を充たしながら生きたいと思っているということを認め合い、相互調整しながら生きていくという感度が大事だという考えに行き着くようになる、と考えたわけだからね。

**京極** そう考えると、やはり自由には自他にとって都合の悪いこともいっぱい含まれているから、だからこそ必要に応じて一定の範囲で制限をかけましょうね、という考え方も大事じゃないかなぁと思うんだよね。その場合、ある自由が必要に応じるかどうかをどうやって決めるのか、という別の問題がでてくる。そこは一般意志に照らして決めるという話になっちゃうのかもしれないけど、やっぱどっかである程度は恣意的に決められることになる。歴史における自由の拡大は、たゆまない折衝の歴史でもあると思う。

**西條** なるほどね。「理念」として「一般意志」とか「自由の相互承認」「自由の相互補完」という感度が広がっても、実際にはそれを実質化して、調整するた

## (6) 行動する良心と批評する良心の対立と和解

**西條** そもそも「相互承認」って言うのは簡単だし、誰もがそんなの知っているよというわけだけど、自戒を込めて言うとまさに"言うは易し行うは難し"の典型だよね。その意味では、『精神現象学』の「良心」のところで、「行動する良心」と「批評する良心」が対立する下りがすごく興味深かった。

たとえば、物資を届けるために奔走していた自分を「行動する良心」に置くと、ツイッターなどで支援の実情を踏まえずに正論を振りかざして批判してくる人は「批評する良心」として受け取ることができる。逆に、当初物資が届かないことに対して自分も現地の行政を批判するようなこともツイッターで書いたこともあるんだけど、あとから思えばあまりに甚大な被害を受けた状況で既存のシステムが機能してなくて、現地行政も必死にがんばっていたわけだから、この観点からみれば現地の行政が「行動する良心」で、僕の方が「批評する良心」とみることもできる。

ヘーゲルの「良心」の下りは見事にこうした対立を言い当てているところがあって、これは竹田先生の『超解読』[11]の言い当ての力もあるから、直接引用したいぐらいなんだけど、長くなるので自分なりにそのエッセンスをまとめてみるね。

まず「行動する良心」は、絶対的な正しさはないとわかっているから、自分は自分の信念に従ってその都度「よい」と確信したことを行動する。自分を「行動する良心」と置いた場合こんな風にいうことができる。「ふんばろう」は震災から3週間経った時点でも物資が現地に行き渡っていない現状を打開するために全国から直送する仕組みを作ったんだけど、このとき特に初期は衣食もままならないような状況だったから、許可をもらって受取人の住所や名前も掲載したんだよね。緊急期が過ぎてからはスタッフが間に入るようにしたけどね。それで全国の何かしたいと思っていた人達が3000箇所以上の避難所、個人避難宅、仮設住宅に、3万5000回、15万5000品目もの物資を送ってくれて、十何万人という人が助かった。

それに対して「受取人の住所や名前を掲載したのは個人情報保護法に反している」と批判をする人達もいたんだよね。これが「批評する良心」。そうした人が出ることは想定できていたから、「ふんばろう」で特に初期に採用した「5％の批判や失敗は無視して進もう」という方法はすごく機能したのだけど、批評する良心にとっては、そうして邁進する姿は、自己の「正しさ」の吟味を怠って自分の信念に固執しているようにみえたのかもしれない。

自分も批判ばかりしてくる人に対しては「せめて黙っている勇気ぐらい持とう」と言ってたからね。このときに自分の中に、間違ったことはしていないのだから誰も否定すべきではないだろう、といった欺瞞が暗黙のうちに入り込んでいたと

思う。

で，逆に「批評する良心」は，行動しないことで自分の精神の高潔を守りながら，「行動する良心」を批判するんだよね。たとえば，当初「ふんばろう」はツイッター上で立ち上がって，組織としての体も為していない状況で，スタッフが寝ないで作業しても間に合わないぐらいだった。だからできるだけシンプルに物資を送れる仕組みにしたことで助かった人達がたくさんいたんだけど，批評する良心は「いくら被災者のためになったとはいえ，個人情報保護法を破るような悪事が正当化されるわけではない！」というわけだよね。実際には北海道大学で開かれた学会のシンポジウムに登壇したときに法律の専門家達に聞いたら「法的には問題ない」というのが共通見解だったからその批判も当たらないものだったけど。

ともあれ，ヘーゲルにいわせれば「批評する良心」は，そうした批判も1つの「行動」として受け取って欲しいという心意を持っている。つまり，「批評する良心」が「行動する良心」を普遍的な考えを欠いた「偽善」や「悪」と批判するときに，自分の「正しさ」を求める「卓越した心情」を認めて欲しい，という本音が隠れている，というわけなんだよね。

また，行動する良心は，具体的な行動を通して社会に「善」を実現しようとする素朴な良心であり，そこには自己吟味に欠けたところはあるものの，その行動がもたらす結果を全面的に否定することはできない。でも，どんな自己犠牲的な行為や献身的な行為も純粋な利他行動なんてことはありえなくて，そこに自己満足，自負，名誉欲といった契機がまったくないとはいえない。そこで，批評する良心は，その私的動機の部分を拡大して，そうした行動のすべては利己的な動機に基づくものであり，欺瞞に過ぎないと批判する，というわけだ。

そうこうしているうちに，「行動する良心」は自分の偽善を批判する「批評する良心」にも自分と同じく暗黙の欺瞞があることに気づく。そこでまずは自分の矛盾を相手に告白して，自分もそのことを認めたのだから相手もまた自らの矛盾を認めて，互いに承認しあい，和解しあうことを求める。しかし，批評する良心はこの申し出を固く拒否して，受け入れようとしない。

行動する良心は，相手のこの態度をみて，不正であるのは自らの矛盾を自覚しようとせず自身の「美しい魂」に固執して，あくまでも相手を非難するという態度を取り続ける相手の方であることを知る。すると「行動する良心」が最後に「精神の本質」の最も重要な自覚者となる。そこでもし批評する精神が，自らの非も認めて，相手の立場を認めるなら，そこに和解が成立する。そのときに「自由」な精神の間の「相互承認」が実現する，というんだ。

立場を変えれば，「行動する良心」と「批評する良心」が入れ替わることもありうるわけだけど，こうした現代社会の対立を見ていたかのように言い当てるヘーゲルの洞察は凄いなとあらためて思

ったんだよね。そうした対立のプロセスを言い当てることで，相対化させ弁証法的に止揚するという意味では「弁証法的対立止揚アプローチ」といえると思うんだけど，その威力をまざまざと感じたんだよね。

**京極** なるほどね。

### (7)「ソーシャルビジネス」は資本主義の単一的な価値観から解放された産物!?

**京極** 多かれ少なかれ震災を経て変わった人は多いんだろうね。

**西條** MBAでも「ソーシャルビジネス特論」という授業はかなりの割合の学生が受講してたからね。なんでMBAで，これだけ多くの人がNPOとかボランティアを含む社会的事業に関心を持つのかどこか不思議に思っていたのだけど，これも「事そのもの」という原理を置くことでうまく理解できるようになった。

結局，これまで資本主義社会という大きな共同体において「お金儲け」という単一の価値観に縛られていたんだけど，リーマンショックとか東日本大震災とかを契機に，どうもお金儲けに軸足をおいていても幸せにはならないらしいと多くの人が気づいた。要するに，「お金儲け」という単一的価値観の束縛から解き放たれたわけだよね。

西先生は「＜共同体から切り離された自由な個人となったときに，人は，他者・社会・自己に対してどのような態度をとっていけばよいか＞——これこそが『精神現象学』のなかで問われている最大の問いなのだ。」と言っているように，資本主義的な価値観から解き放たれた個人が，じゃあ自分はどういう行き方をしたらいいんだろうと思ったと思うんだよね。

そのときに「他人の役に立つ」「社会に役立つ」という関心も「お金儲け」と同じ地平にあることに気づいたんだと思う。ソーシャルビジネスが今台頭してきているのは，そういう多様な関心に基づく，「ほんとうの仕事」を目指すオープンなゲームに多くの人が参加するようになったと考えることもできる。こんなふうに「人間は自由を求める」という原理を置くと，ソーシャルビジネスは一過性の流行とかではなく，必然的な流れであることが理解できるようになる。

**京極** なるほどねえ。ソーシャルビジネスもやっぱり好きだからやっているってことだよね。

**西條** 他人を助けることが好きなことで，それをしてもいいんだと気づいた人達が増えてきている，ということでもあるんだと思う。

**京極** それってMBAにくるぐらいの社会で成功している人だからっていうのもないかな。さっきも話したけど，自分のことで精一杯の人は，なかなか他人を助けようとか，社会のためとかならないと思うんだよね。

**西條** うん，それもあると思う。自分の自由が確保できていないのに，他人の自由に関心を持つのは難しいからね。今の日本の社会は，ソーシャルビジネスに関心を持てる条件が揃ってきたということなのかもね。加えていうなら，「近代福祉国家」も「過度な競争の緩和」が発現

条件になるというようなことを竹田先生も言っているように，自由が新たな形で実質化する「条件」という観点からみるとおもしろいよね．

## (8) ワークライフバランスの必然性

**西條** そういえば，『歴史と哲学の対話』[12]の中で，東大の歴史学の本郷和人先生が竹田青嗣先生との対談の中で，「自由とは所有である」というヘーゲルの原理を竹田先生から聞いて，ああ，日本の中世の進展とは「所有権の成熟する過程」[13]と言う意味で「自由の成長」そのものなんだ，といったように歴史を一貫性のある形で理解できるようになったと言っていて，この本も今ここで語ってきたことを洞察する上で，すごくためになった．

**京極** 人間の自由への欲望は「所有」のかたちをとる，という議論だよね．所有の承認は，さっき言った自由の承認という感度を最初からふくんでいるという．それがどうためになったの？

**西條** 「所有」概念が出てくる元々の「法」の文脈からは外れるのだけど，「自由とは所有である」という考えを置くと，何を所有することに関心を持つか，ということになる．たとえば，お金を所有すること，より多くのお金を得ることに関心があれば，ビジネスというゲームに専念して，「ほんとうのビジネス」を追求していくことになる．でも，さっきもいったように，バブルもはじけて，リーマンショックや東日本大震災などをきっかけに，お金に軸足をおいても，それほど幸せになるわけじゃないということに多くの人が気付き始めた．

要するに，お金は生きていくために必要だけども，ある意味で食べ物と同じで，ある程度の量があるならば，いきなり何十倍になったところでさほど意味はないわけだよね．

**京極** まだお金があればあるほど幸福になれると思っている人も少なくないと思うのだけど，どうもそれは違うという研究は以前から複数あるよね．例えば，年収が500万以上になってくると年収と満足感に関係がなくなってくるとか，億万長者の幸福感は平均年収の人たちとたいして差がないとか，いろんな研究が報告されている．

ナイーブな感覚だと，お金があればあるほど幸福になれるというものだと思うけど，両者の相関は0.1程度だったりしてほとんど関係がないという研究結果が多いんだよね．

**西條** うん，そういう感度が一般に広がって，金融危機やら震災やらを契機として，いわばお金は自由を確保するため，関心を充たすためのひとつのツールにすぎないと強く相対化できるようになったんだと思う．

で，「自由とは所有すること」と置くと，お金よりも積極的に「時間」を所有しようとする人が出てきたと考えることもできると思う．お金と時間は，たとえるなら，種と土地みたいなもので，種だけいくらあっても土地がまったくなければ育てたいものは育てられないんだよね．それと同じようにいくらお金があっても

時間がなければ，自分のしたいことはできない。つまり自分の関心を充たしながら生きるという自由（充関心－生）を実現することができない。

そう考えると「ワークライフバランス」という概念も，自由を求める人間の本性から必然的に生まれてくる概念として受けとることができる。

**京極** なるほど。ただ，時間とお金を比べて，時間を所有したいと願う人はけっこう恵まれた人だと思うけどね。

**西條** それがそうでもなくて，東北の沿岸部には限らないと思うんだけど，田舎のほうにいくとふつうにいるんだよね（笑）。だからいかに僕らが資本主義の「お金儲け至上主義」という価値観に縛られているか，ということなんだと思う。

**池田** お金がないと生活できないのは，端的にいえば，都市のサラリーマンの感性なんだよ。自給自足やそれに近い人は基本的にお金がなくても生きていけるから，時間を犠牲にしてお金を稼ぐというパトスが少ない。少し前に養老さんたちとラオスの田舎に虫採り行くことがあってそこには水道も電気もない田舎でトイレもない。人間の糞は放し飼いの豚が食べるから別にそれほど不潔ではないんだ。田圃でイネを作って，集落の周りで豚をはじめ，ニワトリ，ウシ，七面鳥，イヌなどを放し飼いにしている。時々，潰して食べているようだよ。米を1年に1回しか収穫しないというので，この気候なら，二毛作でも，三毛作でもできるだろうにといったら，一毛作だけで，充分食っていけるので，それ以上働く必要がないって言ってたよ。現金収入がいらないので，働くより，遊んでいるほうがいいんだよね。

それが電気が来ると，テレビや冷蔵庫が使えるようになる。人々はこれらの電化製品を買うために現金収入が必要になり，たくさん働かざるをえなくなる。娘を都会に働きに行かせたりして一家は離散，結局は以前より不幸になっちゃう。実際，電気のない集落と，電気がある集落の両方を訪問してみると，前者の集落の人々のほうがゆったりとして，幸せそうな顔をしているんだよ。自給自足が不可能な都会人は，ある程度お金がないと生きていけないけど，本心では暮らしていければ，自由なほうがいいと思っている人も多いと思うよ。

**西條** はい，僕もそう思ってます（笑）。

### (9) ヘーゲルの欲望の本質に基づく「人間の原理」

**京極** 他に震災後の哲学的な気づきとしてはどんなことがあります？

**西條** 震災後に「ふんばろう」を運営するようになってから，「人間の本質」のようなものに関心を持つようになったことかな。ちなみにこれは京極君の信念対立解明アプローチにおける相互承認に支えられた「契機－志向相関者」としての「人間の原理」とは違ってて，人間の欲望の本質に焦点化したもので，「すべての人間は自らを肯定したい／肯定されたいと欲してしまう」というものなんだ[14]。

それで，ここでも議論してきたようにヘーゲルは人間精神の本質は自由への欲

望だといっていて，それはその通りなんだけど，震災後に改めて読んでみたら，「他者を否定することで，他でもないこの自分こそが価値ある自分であると確信したい」という「自立性」が自己意識の欲望の本質だという部分が，自分が経験的に見出した「構造」と重なってかなり響いてきたんだよね。

そのことについて竹田先生はヘーゲルが「人間の欲望は『自己価値』への欲望であり，これが人間の「自由」への欲望の原型である，という大胆な原理的仮説から出発している」ことに「注意すべき」と言っている[15]。僕なりに言えば，これは「人間の欲望の本質論」に基づく「自己肯定の原理」といえる。「ふんばろう」を実践するにあたって，この「誰もが肯定されたいと欲してしまう」という原理がかなり役立ったんだよね。たとえば，「ふんばろう」はふだんフェイスブックやサイボウズライブといったネット上で運営されていて，日本中，世界中の人が運営に参加できるという意味で距離をゼロにできるネットの意義を最大限に活かした活動でもある。

それでフェイスブックは対話の記録が残っているからすごくわかりやすいんだけど，喧嘩やもめごとになるときには一定のパターンがある。「疑問があります」とか「なぜこんなことをするんですか」とか「賛成できません」といった書き込みから始まるとまずトラブルになる。そうした台詞は相手にとって否定的なものにみえるから，肯定されたいという欲望に反するため「敵」としてみなしてしま

う。すると「なんですか，あなたは！」と反撃がはじまり，いわば「自己承認を巡る争い」になって中身の話にならない。

だから僕はこの自己肯定の原理に基づいて，精神科医の神田橋先生の「抱えてから揺さぶる」という原則とか，「批判は慎重に」とか，「まずは感謝を伝える」ということを方法論としてメンバー間で共有するようにしてきたんだよね[16]。そうして多くの経験を積むことで「ふんばろう」のメンバーの教養みたいなものがあがってきて，トラブルが起きる頻度はかなり減ってきた。

自分の感じだとこうした感度をうまく共有できれば，人間関係やコミュニケーションはかなりうまくいく。これは常に相手を肯定しましょう，ということじゃないよ。もちろん，ボランティアだってよかれと思って現地に迷惑をかけるようなことだってあるわけだから，会社とかの組織と同じように叱らなきゃいけないときだってある。

それでも，どんな人でも自分を価値あるものと思いたい，他者に価値あるものとして肯定されたいと思っているということをきちんと押さえた上で叱るかどうかで，叱り方が全然違ってくるはずなんだ。相手の存在も否定するような叱り方になるか，存在は肯定してやってくれたことに関しては感謝を伝えた上で，行動として改善して欲しい点を伝えるかでは，相手の反応は全然違ってくる。

構造構成主義を応用した諸理論や，京極君の「信念対立解明アプローチ」，竹田ー西先生によって一般の人への読解可

能性が開かれたヘーゲルの「弁証法的対立止揚アプローチ」,「自己肯定の原理」といったように,ここで取り上げただけでも対立解消のためのツールは増えているよね。

**京極** いろいろな理路が提案されることは自分の状況にあったツールを選択できるという意味で実践者にはよいことですよね。

**西條** うん,まさに関心や立場によってどの原理に価値を見出すかは変わるわけだからね。

## 4．ポスト3.11の学問的動向

### (1)「社会的影響力こそが重要」という考えには思想的ニヒリズムが背景にある

**西條** 震災後に東浩紀さんが「哲学なんて役に立たない」といったような発言をされていたのは象徴的だよね。確かに震災直後は,圧倒的な現実の前で,現代思想のような机上の言説がいかに役に立たないのかと思い知らされた思想家がたくさんいたんだと思う。これは思想や哲学が「本物かどうか」を験されたってことなのかもしれない。レトリカルな言い回しによって深遠な装いをしている「現代思想」の多くが役に立たないということが誰の目にも明らかになってしまった。

そこで「思想じゃダメだ」となって多くの思想家が活動家に転身したように思うんだよね。それぞれが「よい」と思う方向に動くということ自体はよいと思うのだけど,思想や哲学の内実に意味はない,社会的影響力にこそ意味がある,といった風潮は,思想的にはニヒリズムであって,これは結局のところ政治的な暴力に行き着く他ないんだよね。

もちろん原発問題とか,資本主義の暴走と欺瞞がこれほどまでに広がっている状況を目の当たりにして,ツイッターやフェイスブックで数を動員した「運動」として世論を形成しようとしはじめたのは,民主主義社会においてメルクマールとなる出来事なんだと思う。

でも哲学や思想の世界で,理路の内容は本質的なことじゃなく,すべて数で決まるんだ,社会的影響力こそ重要だというニヒリズムにおちいってしまうのは問題だと思う。哲学者や思想家といわれるひとが,より本質的な原理や理路を追究することをやめてしまったら,誰がそれをするのっていうことになるからね。

こういう時代だからこそ,「原理」の力が必要なんだと思う。僕の考えは,社会的影響力こそ重要だというものでも,机上で原理だけ鍛えていけば良いというものでもなくて,原理的な考えに基づく社会的実践がもっと増えていくことで,より豊かな社会になっていくと思うんだよね。

### (2) 科学と哲学の連携

**京極** そう,だから今後,哲学と科学の連携も,ますます重要になってくると思う。社会的実践は人々の生活に直結する問題だから,科学的に詰めるべき点は詰めたほうがいいからね。その際,目的と状況によっては調査用紙や評価尺度の開発,社会的実践のプロトコールの作成と

効果測定などの作業も有効になってくる。その点，構造構成主義は元々，人間科学の原理として体系化されているわけだから，哲学と科学の連携を促進するところでアドバンテージがあると思う。実際，今，哲学の方法を使って「信念対立解明アプローチ」や質的評価に関する「4条件メソッド」[17]を開発したり，科学の方法を使って「信念対立評価システム」などの開発に取り組んでいるんだ。ポスト3.11の学問的動向としてはそうした哲学と科学の実質的な連携が求められるようになると思う。その意味で哲学者と科学者の共同研究が増えていくといいよね。

**西條** うん，そうだね。この鼎談の前半の原発問題の信念対立の議論も，まず哲学的観点から交通整理を行っていてそれによって自他の価値判断の根拠を相対化できるようになったり，異なる関心の両立可能性といったものが出てくるわけだけど，その後は池田先生が様々なエビデンスとなる知見を知っているからこそそれを活かして科学的観点から吟味していくことができたわけだからね。科学と原理的な哲学が車の両輪のように連動させていくことでかなり多くの問題を解決，前進させることができると思う。

その時には科学的データ，エビデンスを盲信しないように，現象をより上手に予測，制御するための構造の追究が科学であるといった池田先生の「構造主義科学論」の洞察や，その構造化に至る諸条件を批判的に吟味しながら科学の力を使っていくことも大事になるよね[18]。

**池田** 科学と，社会あるいは政治との関係における最大の問題は，政策は科学的なエビデンスに基づいて行われるというのが建前なんだけれど，政策が立ち上がってその政策にディペンドしている人がたくさん出現すると，後で科学的なエビデンスが間違っていることがわかっても政策がなかなか変更にならないんだよ。典型例は健康診断と，$CO_2$の増大による人為的温暖化。健康診断は役に立たないというエビデンスがでても，これで食べている医療関係者がいっぱいいるのでこの話は杳として公にならないんだ。人為的温暖化も同じで，$CO_2$のコントリビューションが小さいということがわかっても$CO_2$削減エコで食っている人や，原発推進論者や炭素税を正当化している政府は，そうなると困るので，かたくなにその話を無いことにしようとしているわけ。これは結構面倒な問題だと思うな。

## おわりに：「感性モード」と「志向性モード」を状況に応じて使い分ける

**西條** あと今みたいに不安定な社会のときは先のことを考えないっていうのも手だね。未来は原理的にわからないっていう「原理」を使う。

**京極** そうそう。

**池田** そうだよ，わからないこと考えてもしょうがない。

**京極** 例えば将来的に経済破綻するんだっていうのも，1つの確信構造に過ぎないわけでそうならない可能性だってあるわけですよ。

**池田** あるあるある。

京極　原理的には同等にあるわけですから，だから原理的に理解するっていうのは実は希望に気づけることと関連してるかなと思います。

池田　そう，それから，今日1日の楽しみというのを見出すということが大事だよね。今日を犠牲にして頑張っても，将来なんかあるかないかわかんないだからさ。今はとにかく，今日の楽しみと，それから1週間後にこんな楽しみがあるとか。1か月後の楽しみとか。それからもうちょっと先の楽しみとか。そうやって楽しみを何段階かに担保しておくっていうのは，人間が生きるエネルギーになるからさ。なんだって，楽しいことが少しでもあればさ。生きられるよ。特に，もう本当にひどい状況の人っていうのは，先のこと考えたってしょうがないから，今日，楽しければいいんだよね。がんの末期なんかでさ，結構元気で生きてる人って，みんな話聞くとそうだよね。明日はどうかわかんない，とにかく今日はいいことがあったからよかったとかいうふうに考えていくわけでしょう。

京極　そうそうそう。実際，ポジティブに考えてる人のほうが死亡率や再発率も低かったりしますし。結局，明るく楽しく生きてる状態っていうのは，人間にとったら多分すごく適応的だと考えられると思います。

池田　そうそう，NK細胞増えるしね。免疫的にもプラスになるしね。

西條　動物は欲望存在で，時間的にも空間的にも刹那的に生きていくから，将来に対する不安なんてものはないんだけど，人間は欲望存在であると同時に関心存在でもあり，未来に関心を向けて将来に配慮するところが動物と違っていて，だからこそ将来に備えることができる。

でも，未来志向ばかり強いと，特に未来に希望が持ちにくいときには不安になってかえって視野も狭くなるから，そういうときは今の喜びを享受する「感性モード」のほうが生きやすいですよね。

かといって，目の前の欲望だけに囚われて借金重ねても将来幸せに生きていける可能性は低くなる（笑）。だから，今の幸せを積極的に享受する「感性モード」と，未来に関心を馳せる「未来志向モード」を状況に応じて使い分けて，バランスをとりながら生きていけるといいですよね。

【文献】

［1］西條剛央　2013　日本最大級となった「ふんばろう東日本支援プロジェクト」は，どのような支援をどのように実現したのか？―構造構成主義を基軸としたボランティアリテラシーの射程　ボランタリズム研究，2，15-28.

［2］菊澤研宗　2009　組織は合理的に失敗する　日本経済新聞出版社

［3］西條剛央　2011　構造構成的組織論の構想―人はなぜ不合理な行動をするのか？　早稲田大学国際経営研究，42，99-113.

［4］桐田敬介　2009　契機相関性の定式化へ向けて―構造構成主義におけるその都度性の基礎づけ　構造構成主義研究，3，159-182.

［5］京極　真　2011　医療関係者のための信念対立解明アプローチ―コミュニケーション・スキル入門　誠信書房

［6］京極　真　2012　信念対立解明アプローチ入門―チーム医療・多職種連携の可能性をひらく　中央法規出版

[7] 池田清彦　2006　環境問題のウソ　筑摩書房
　　池田清彦・養老孟司　2008　本当の環境問題　新潮社
　　池田清彦　2010　新しい環境問題の教科書　新潮社
　　池田清彦　2011　激変する核エネルギー環境　ベストセラーズ
　　池田清彦　2013　本末転倒には騙されるな―「ウソの構造」を見抜く法　創英社／三省堂書店
[8] 竹田青嗣・西　研　2010　超解読！　はじめてのヘーゲル『精神現象学』　講談社
[9] 竹田青嗣・西　研　2007　完全解読ヘーゲル『精神現象学』　講談社
[10] ヘーゲル／金子武蔵（訳）2002　精神の現象学（上／下）岩波書店
[11] [8] に同じ。
[12] 本郷和人・竹田青嗣・西　研　2013　歴史と哲学の対話　講談社
[13] [8] の p.117
[14] [1] に同じ。
[15] [8] の p.56
[16] 西條剛央　2012　人を助けるすんごい仕組み―ボランティア経験のない僕が，日本最大級の支援組織をどうつくったのか　ダイヤモンド社　p.224.
[17] 京極　真　2010　作業療法士のための非構成的評価トレーニングブック―4条件メソッド　誠信書房
[18] 西條剛央　2013　構造構成主義による人間科学の基礎づけ―科学哲学の難問解明を通して　科学基礎論研究, 40 (2), 37-58.

# 第Ⅱ部

## 論文

原著論文（研究）

# Ⅱ-1 「生き方」の相互承認をめざして
## ——構造構成主義（構造構成学）における目的-情動性の相互連関規定性についての考察

浦田 剛

### 1節
【問題】「合理」と「感情」の二重性をどのように基礎づけるか

　構造構成主義（構造構成学）の中核概念である「志向相関性」（身体・欲望・関心相関性）は、「存在・意味・価値は主体の身体・欲望・関心と相関的に規定される」と定式化されている[1]。この原理は、異なる価値や意味のあいだで生じた信念対立を相互主体にそれぞれ立ち現われた確信として取り出し、関心や欲望に応じて交通整理することにより、それを解明に至らしめる（＝対立構図そのものをときほぐしてしまう）という意義がある。

　さてしかし、それでは仮に、欲望・関心・目的がある主体（＝個人）の内部に複数成立し、それらが互いに葛藤を起こした場合には、どのようにして選択すればよいのだろうか。——こうした事例は、日常的な感覚（＝自然的態度）においても実感されうるだろう。より厳密にいえば、選択の主体である自己を実体的な存在としてではなく、リアルタイムな経験における「根元的—他者」の立ち現れを通して「見越しえない可能性の解除」というかたちで編成される概念として措定するならば[2]、その主体の身体性、実際に抱きうる欲望、関心、あるいは目的でさえ、いわゆる多数性をもって立ち現れることは充分にあり得るし、それらがたがいに衝突しあい、（内的な）葛藤を引き起こす原因となりうる事態は容易に想定される。そのような場合、それらの欲望・関心・目的のあいだに序列をつけること、すなわち、何らか

の価値判断を下す必要性が（主体の意識下に）生じうるのではないだろうか。

具体例として，2011年3月11日に起こった東日本大震災，および，それにともなう津波によって引き起こされた福島第一原子力発電所の事故に関連する事例について取り上げることとする。——なお，この事例については，すでに西條による論考がインターネット記事として発表されている[3]。——ある主体（個人）の生存可能性を高めるという関心においては，「故郷を離れ，安全な場所へ疎開する」という選択肢の妥当性が導きだされる一方で，実際には，「たとえ危険だとしても，故郷で生きていきたい」という関心も生じうるし，実際に，一部の被災地の人々はそのように考えているようである。こうした事例からは，生存可能性の担保という合理的な発想と，故郷で生きたいという感情に基づく発想という，異なる関心——あるいは，関心と欲望の葛藤——によって立ち現れた「生き方の問題」[4]が顕在化する。——さしあたり，以上のように整理できる。

このような事例について，西條はさらに，原理論や，経済発展，リスク回避といった「合理的側面」だけでなく「こころ」の部分も考慮して考える必要があると述べている。

> 良かれ悪しかれ多くの日本人はいわゆる「損得」を中心とした合理だけではなく，「感性」で判断しているところが大きいのです。[5]

ここで，「損得」を中心とした合理性，および，「感性」といったコトバで言い当てられている「こころ」にかんする事柄について，より簡潔に定式化する必要があると思われたことが，本論の執筆に至った根本的な動機である。というのも，この記述からは，「目的」「合理」といった側面と「感情」「こころ」といった側面による二項対立図式がふたたび顕在化しているように読みとられかねず，また，「こころ」といったモノを実体化した観念論であるという批判を受けてしまうことも懸念される。

こうした（一見すると対立しているかにみえる二項からなる）図式は，学的・客観的な側面がおのずと強調される自然科学・社会科学といった領域よりは，とりわけ人文学のような学問領域，あるいは，（復興地域の方々に限らず）生活者のまなざしのなかでこそ顕在化するものであると考えられる。これまでの構造構成主義の展開は，どちらかといえば，心理学をはじめとして，医療，教育といった学的側面の強い領域においてめざましく，そうした領域においては，目的合理性を強調したあり方でこそ有効性を発揮していたのだと思われる。

しかしながら，たとえば医療の現場であっても，患者の生死を左右しうる緊迫した局面における「上手くいかないこと」「意のままにならないこと」の立ち現れ[6]

によって，ほかならぬ医療関係者本人の"生の問題"が顕在化する事態（ここでは，主体的な価値判断を強いられるような局面のこと）は容易に起こりうると考えられる。——構造構成主義（構造構成学）における「構造」概念の継承元であるハインリッヒ・ロムバッハ（Rombach, H.）は，「構造がシステムよりも基礎的で広範囲に及ぶものとして自己主張するということは，特に病気，崩壊，事故，失敗，破砕などの現象から明らかになる」と述べており，まさに，根元的—他者の立ち現われとしての未曽有の災害，——構造の首尾一貫性を変貌させる「立ち現れ」によって，「忘却していた根拠が現われ出」たのだといえる[7]。

また，この図式は，本論において詳述するように，現象学的思考における「客観的な視点」と「実存の視点」の二重性[8]にほぼ対応していると考えられることから，構造構成主義と現象学とのあいだでの比較検討作業を行う必要があると考えられる。こうした比較研究的なアプローチは，すでに丹野や苫野，京極によって試みられており[9][10][11]，また，『構造構成主義研究5』の編集後記における丹野論文へのコメントには，「構造構成主義は現象学の方法によって体系化されたが，両者の関係については実のところほとんど検討が進んでいない」[12]と記されていることから，竹田青嗣の現象学的思考と西條の構造構成主義を比較検討するアプローチには，その理路を精緻化する関心において，意義があるものと考えられる。

こうした「目的」「合理的側面」と「感情」「こころ」を理論的に整理することによって，学術研究のような目的探索的な営為のうちに作用している価値判断のあり方や，ひいては，究極的な価値を実体化した結果としての真理（という根本仮説）への妄信によって引き起こされる信念対立を克服ないし回避するための理路を（より明瞭なかたちで）構造化することが可能であると考えられる——（ここで「克服ないし回避」というかたちで併記したのは，共通了解が可能であると確信されたならば，それは「克服」されるであろうし，共通了解は不可能であるものの相互承認しあうことの必要性が相互的に確証なされたならば，それは「回避」されるであろうからである）。そこから導き出された成果は，学術研究はもとより，日常生活の営為や，ひいては，社会構想の現場にも援用されることが期待できる。

## ◆◆◆ 2節 ◆◆◆
## 【目的】目的－情動性の相互連関規定性の定式化

本論は，「合理」「目的」と「感情」「こころ」の相互連関規定性について取り上げ，対象化意識と情動性の関係形式に基づいて定式化することにより，構造構成主義（構造構成学）の理路を拡張する新たな視点（＝仮説）を提起することを目的とする。

## 3節
### 【方法】竹田青嗣現象学とウェーバー目的－価値合理性の接続

　前項の目的を達するため，本論で採用する方法としては，まず，震災直後に公表された西條の発言のなかから目的合理性を重視するものと感情を重視するものとを抽出する。インターネット上の言説を取り上げることは，既存の学問的な慣例——とりわけ日本におけるそれ——を少しく逸脱する行為であるかもしれないが，本論では，未曾有の災害にあたって直感的に構築された視点を理論的に整理し，定式化するという関心から，あえて，インターネット上に発信された西條の言説をテクストとして取り上げることとする[13]。つづいて，その理論的な底板となっている構造構成主義に基づくかたちでの定式化を試みるため，西條の主著である『構造構成主義とは何か』の言説や，その理論的な継承元である竹田青嗣現象学のあいだの理論的な照合作業を行う。そして，そこから導き出された論点について，マックス・ヴェーバー（Weber, M.）の定式化した目的合理性－価値合理性という視点を導入することが有効であると考えられたため，ヴェーバーの『社会学の根本概念』[14]（本論における引用では，清水幾太郎による翻訳を採用する）の議論を援用することにより，究極的な価値＝真理（という根本仮説）をめがけていく人間の思考・行為について，（その根拠を起源遡及的に求めるのではなく）「究極的な価値を目指す行為の過程」[15]に還元する方法によって，そうした確信が成立する条件を明示化するための理論（＝仮説）を構築することを試みる。

　なお，参照元である竹田青嗣の著作においては，感情，気分，欲望，情緒といった対象化意識より先験的に到来する確信を言い当てるコトバとして「情動（性）」と「情状性」という表記が併用されており，本論では，さしあたり引用箇所にしたがうかたちで併用することとする。

## 4節
### 【論証】

#### 1．根本仮説によって動機づけられた判断をどう捉えるか

　先に引用した箇所につづいて，西條は，人間＝経済人は客観的にみて「得」する行動を選択するとされてきた古典経済学の人間像が，現在では崩れつつあること，——とりわけ，そうした人間像では大多数の「日本人」（と総称されるような行動様式を内面化している主体）の行動については理解できないことを述べ，以下のように論じている。

> リスク回避という観点からみると，相対的にリスクが高くライフラインが絶たれていて何もできないにもかかわらず，そこに居続けるというのは不合理な行動にみえます。
> しかし，両親や親戚や地域の人々とともに生きるという関心が強ければ，それは妥当な選択ということになります。[16]

　ここで述べられているように，「リスク回避」という目的合理的な選択と，「両親や親戚や地域の人々とともに生きる」という感情・欲望とのあいだで引き起こされるような葛藤は，日常生活においてはしばしば実感的に意識されるものと思われる。これについて，本論では，より的確に整理しなおすことを試みる。
　まず確認しておくと，家族愛，故郷への愛着心，あるいは，特定の宗教に根ざした信仰といった「こころ」の問題に関するものは，各個人の内面に生起する固有の観念である。したがって，すべての主体に妥当するようなかたちで「感情」の内実を言い当てることなど不可能であり，また，すべての主体に適用可能なかたちで一般化して語ることもできない（特定の主体にのみ妥当するはずの「感情」を他者に適用しようとすれば，それは他者の自由＝恣意性の原理を侵害する行為ともなる）。
　しかしながら，現に家族や故郷に対する愛着の念を抱いている人々の内面においては，それらは，しばしば強固な信念を形成しており，人生におけるさまざまな価値判断の局面において，決定的な影響を及ぼしうる。また，いわゆる感情移入といった方法によって，相互主体のあいだで共同的な確信として成立することもある。こうした感情には論理的な根拠はなく，したがって，あえて問いただしたとしても，最終的には，「故郷で生きたい。なぜなら，故郷で生きたいから」といったトートロジーしか引きだすことはできない。つまり，故郷で生きたいという感情は，（他の可能性を知らないがゆえに）偶然そこに生まれたにすぎない周辺状況を（内的に）必然としてとらえなおした結果として生じた確信にほかならず，論理的にいえば，そうした確信を共有する主体のあいだでしか共通了解が成立しない根本仮説にほかならない。
　以下の引用は，西條剛央による根本仮説についての記述である。

> たとえば，根本仮説とは一神教における「神」のようなものだ。それを「絶対的に正しいもの」として，その上にさまざまな宗教的営みが成り立つわけだが，その宗教的営みによりどれほどの実績を積上げたとしても，それによって他の神を掲げる一神教を否定したり，どちらが優れているか判定することは原理的に不可能なのである。[17]

この記述は，構造構成主義の理論的な継承元である池田清彦の構造主義科学論[18]，および，竹田青嗣の現象学的な思考[19]によって整理することができる。まず，池田は，「我々が経験する様々な出来事や現象や感覚」について，科学理論のばあいは，「必ず二つあるいはそれ以上のさしあたって異なって記述されたこれらの間の関係についての記述」を含むのに対して，宗教の教義は「個々の出来事や個物の関係についてではなく，神と個々の現象，出来事，個物などの間の関係記述」になっている，と整理している。つまり，科学理論をもってすれば，「個々の現象や出来事や個物の間の何らかの関係についての記述」から「未来の出来事をある程度予測」することが可能である一方，宗教の教義では，「個々の現象や出来事や個物の間の関係についての満足な記述を欠いている」ために，「未来の出来事を予測することは凡人にはでき」ない。竹田もまた，デカルトの発議した主観－客観問題によって，多様な世界像のあいだで「正しさ」についての解きえない矛盾，すなわち，「信念対立」という解決不可能な問題がつくりだされたことを指摘したうえで，「真理」や「客観」をカッコに入れ（＝判断中止），どのようにそのような信念が成立したのか，という「確信成立の条件」を問う方法（＝現象学的還元）によって，共通了解を可能とする地平を提起している。それらを理論的に継承（＝導入）した構造構成主義の体系においては，こうした根本仮説をカッコに入れることによって信念対立を克服することが主な目的とされていた。――その一例として，第一回構造構成主義シンポジウムの鼎談においては，根本仮説に依拠した「宗教の営み」から「絶対性を抜く」ことにより，異なる宗教（という根本仮説）のあいだで相互承認を可能とすることが示唆されていた[20]。

　しかしながら，本論では，こうした「感情」や「こころ」の問題にかかわる根本仮説こそが，主体の目的意識を根源的に動機づけている事例がありうることについて扱いたい（とはいえ，ここでいう「感情」「こころ」といったコトバで指示される事柄を観念論・実体論的に措定されるモノとして扱うのではなく，以下の論述では，それらを概念的に把握することを試みている）。ここで検証の土台となるのは，おもに哲学的な領分において構造構成主義の継承元とされている竹田青嗣の現象学的思考である。すでに丹野[21]によって整理されているように，「情状性」（感情，気分，情緒，欲望を指す）を告げ知らせる「身体」を通じて，「目的・目標」を意識的に編成することが人間的「主体」の本質であるとするならば，目的・目標といった合理的選択をより根源的に動機づけているのは，身体性を媒介として到来する情状性にほかならない。――むろん，これもひとつの仮説にほかならないが，構造構成主義の理論的な根拠となっている竹田青嗣現象学における人間的「主体」の本質が上記のように定義づけられていることはまちがいなく，その理路を吟味するにあたっては，この点について議論を加える必要があるように思われる。

先の例示箇所において，原発事故に伴う疎開を是認するあり方をさしあたり合理的判断によるものと分類したが，より根源的には，こうした合理的判断の根底にすら，自己の生を第一に尊重するという価値判断が先験的に孕まれているともいえる。以上より，ある行為・思考にともなう目的合理性と情状性の二重性に着目することは，しばしば非合理だと看做されるような判断を下す人間，——矛盾をひきうける存在としての人間の生き方を言い当てるという関心においては，有効性をもった仮説であると考えられる。

## 2．「共通了解可能性」の自己－他者関係からの基礎づけ

さて，前節の論点を考察するにあたって，以下の表記にかかわる問題を確認しておかなくてはならない。すなわち，構造構成主義の哲学的な背景となっている竹田青嗣現象学は以下で述べるように「共通了解可能性」を強調しているように読みとられ，それが不可能である場合の次善の策として「相互承認」が提起されているように読みとられかねない点についてである[22]。それに対して，本論では，共通了解可能性が（切迫した危機感をともなって）問われるのは，情状性に根ざした価値判断が対立しあう現場であるということを提起するために，共通了解可能性をめぐる言説を自己－他者関係から基礎づけることとする。

まず，ここで竹田の言説を整理することとする[23]。彼の述べるところによれば，「共通認識，共通了解の成立する領域」はたしかに存在するとされており，「そこでは科学，学問知，精密な学といったものが成り立つ可能性が原理的に存在する」のだが，同時にまた，「人間の認識は，共通認識の成立しえない領域を構造的に含んで」もいるという。共通了解が成立しない領域の具体例として，竹田は，「大きくは宗教的世界像，価値観に基礎づけられた世界観（中略），美意識，倫理意識，習俗，社会システム，文化の慣習的体系等々」を挙げつつ，それらのあいだで起こりうる衝突や相克を克服するためには，世界観，価値意識の「多数性」を相互に許容しあうこと，——すなわち，多様な世界観，価値観を不可欠かつ必然的なものとして「相互承認」しあうことが示唆されている。

しかしながら，共通了解可能な領域と，それが不可能ながらも相互承認によって互いの存在をみとめあうべき領域とは，前述したように，明確に区分することは困難であるように思われる。竹田の設定した区分については，すでに西條によって，「（おそらくは読者に了解を得るために）外的視点から便宜的に分類されたもの」[24]であるとされ，また，そうした区分には，「欲望／認識の区分が先験的に忍びこんでいるということもでき」[25]ることが指摘されている。そのうえで，西條は，「共通了解の境界設定不可能性」という「原理」を定式化している[26]。共通了解の可能性については，それが可能とされる「領域」なるものを実体論的に措定するので

はなく，まずもって，コミュニケーションの現場における共通了解が成立したという（内的な）確信，──より厳密にいえば，「見越しえない諸々の可能性」が解除されたという首尾一貫性の確信から問われなくてはならない。そこから，「共通了解の得られやすさ，得られにくさというものは，そのつど，相手との動的な関係から規定される」という「共通了解の動的関係規定性」が導き出される[27]。──『構造構成主義とは何か』の西條の記述では，確信成立の条件の記述という現象学的な思考法がいくぶん背景化されており，また，「他者なくして共通了解はなし得ない」[28]とあるように，「他者問題」についてはやや飛躍した記述になっていたことから，桐田による自己－他者関係の生成変化についての考察[29]をふまえて論旨を補足・精緻化した（日常的な感覚＝自然的態度であれば，自己と他者という実体的な個人を前提としたほうが直感的にわかりやすい場合もあるが，哲学的につきつめるならば，以上の点について補足的に述べておくことが必要であると考えられる）。

## 3．「情動性」と「対象化意識」の二重性

　さて，ここから，信念対立の一形態として，共通了解可能な（はずの）領域のうちに，世界観や価値観に基づく判断が介在してしまうケースも想定され得るのではないだろうか。
　その一例として，2009年7月，臓器移植法（臓器の移植に関する法律）の最終改正に伴う国会審議を挙げることができる。これは，国民に対する一般的な適用を前提としている法案の審議において，議員個人の価値判断が議決の結果を左右した一例である。当該の審議においては，事案内容が個人の死生観にかかわる問題であるとの理由により，日本共産党を除くすべての政党が党議拘束を外し，議員個人の判断に委ねる方針をとった。その方針そのもの，あるいは，脳死判定そのものについての見解はここでは措くとして，個人の判断に委ねるかたちで採決された法案が可決され，施行され，その結果として，法治国家のあり方を規定する純然たる法律として機能しているということに注目しなくてはならない。もちろん，臓器移植の意思については各個人が表明すればよいため，法案の成立そのものについて問題があるというつもりはないが，国民に対して公平かつ普遍的な妥当性・一般性を求められるはずの法案の審議・意思決定の場面において，議員個人の価値判断が選択を左右し，そして，ひとたび法案が成立したとたんに，普遍性・一般性をもった法律として機能しているという事態は，ここでの議論にひとつの示唆を与えてくれる。こうした事例は，臓器移植のみならず，死刑の執行（法務大臣の死生観＝価値判断にかかわる）であったり，領土問題（国家観＝個人の価値観にかかわる）であったり，さまざまなケースが想定される。こうした共通了解可能な（はずの）領域でさえ起こりうる，根元的－他者（上手くいかないこと）の発現によって引き裂かれる存在

として，人間的「主体」が立ち現れる。

　竹田青嗣は，人間的な「主体」の本質について，つねに到来する「情動性」（気分，欲望，感情など）と，これを対象化しつつ自己の存在可能を企投する「対象化意識」との関係形式であると洞察し[30]，以下のように定義している。

> 一般的な自己ルールと新しい「情動」との間でつねに揺れ動きながら，そのつど自己自身へめがける存在配慮をつかもうとすること。このような条件と構造が人間的「主体」ということの本質であり，また「自由」という概念の前提的根拠なのです。[31]

　先にふれた個人の価値観と社会的な普遍性・一般性をもった目的合理性とのあいだの二重性は，ここでいう「情動」と「対象化意識」との二重性において把握することが可能であると考えられる。すなわち，目的合理的な判断は，自己を客観的に観察する「対象化意識」によって編成されるものであり，感情にもとづく判断とは，「情動」によって告げ知らされるものである。また，そうした目的－価値の相互連関のあいだで自己自身へめがける存在配慮をつかもうとする条件と構造こそが，人間的「主体」の本質であるといえる。

　そうであるとすれば，それらは並列する選択肢としてではなく，むしろ，情動によってつき動かされる個人の価値観によって目的設定そのものが左右される様相を見定める必要があるのではないか，という問いが提示される。つまり，目的－価値は，二項対立的に立ち現れるものというよりは，むしろ，相互に規定しあう二重性において立ち現れる相補的な概念であるという仮説を立てることができるのである。

　これまでの構造構成主義（構造構成学）の枠組みにおいては，「従来事象を認識する根底に位置づけられていた認識論」についてすら「研究（者）の関心・目的に応じて柔軟に選択することが可能になる」という認識論－方法論的多元主義が表明されていた[32]。しかしながら，情動性は対象化意識より先験的に到来するものとして確信されるという前提に依拠するならば，対象化意識より先験的に到来するはずの情動性を・対象化意識によって編成される目的にもとづいて選択することは論理的に困難をともなうはずであり，そのような選択（を強いられること）は，人間的「主体」にとって，まさに実存的な危機として実感されるのではないか。

## 4．「究極的な価値を目指す行為の過程」の分析

　情動性は，身体を媒介として告げ知らされるものであり，対象化意識より先験的に到来するものとして確信される。そうであればこそ，その情動性を根拠として形成された価値観は，（しばしば「真理」として確信されるような）強固な信念を形

成するのだと考えられる。

> どこかに「真理」なるものが実在するのではなく，その主体の生を根本から支えていると信じざるを得ないものが，最高の価値となり，「真理」と呼ばれるようになるのだ。[33]

そこで問われるべきは，(そうした信念を持っていることを批判することではなく) そうした信念が形成される過程に目を向けることである。そのために，本論では，真理（＝超越項）を前提としている思考をいったんはみとめつつ，それを（内的な）確信に還元し，そうした確信が成立する条件を記述するという現象学的還元の方法を出発点としながら，目的－価値合理性をめぐるマックス・ヴェーバーの議論を援用することとする。

ヴェーバーは，「経験の示すように，人間の行為は，いろいろの究極的な目的や価値へ向けられることがある」としながらも，「こういう目的や価値は，私たちが完全に明確に理解し得ない場合が多く，時として，知的に把握しうることはあっても，それらの価値が私たち自身の究極的な価値と根本的に違えば違うほど，感情移入的想像力によって追体験的に理解することが難しくなる」と指摘している[34]。これを構造構成主義の用語に翻訳＝転用するならば，異なる究極的な価値＝真理（という根本仮説）に依拠している主体同士のあいだでは，その価値基準となっている根本仮説が異なるがゆえに，共通了解は困難となるわけである。そのような局面における解明の方法として，ヴェーバーは，以下のように述べている。

> そういう時は，事情にもよるが，究極的な価値を単に知的に解釈することで満足するか，それも成功しない場合は，究極的な価値を素直に所与として受け入れた上で，出来るだけ知的に解釈し，出来るだけ感情移入によって追体験に迫った，その地点に立って，そこから，究極的な価値を目指す行為の過程の理解に力めるほかはない。[35]

究極的な価値基準については，それが究極的（＝超越的）なものとして確信されている信念である以上は，起源遡及的にそれじたいを把握することは原理的に不可能である。それゆえに，内在性にむけた視線変更によって，「究極的な価値を目指す行為の過程」に還元する方法が有効性を発揮すると考えられる。

さて，「究極的な価値を目指す行為の過程」を明示化するためには，ある行為の目的を根源的に動機づけているより高次の目的，——いわば，メタ目的を意識化する方法が有効であると考えられる[36]。情状性を告げ知らせる身体を媒介として目

超越項（究極的な価値なるもの）

———— 論理的には無限遡及となる
＝判断中止

目的（手段）

目的（手段）

目的（手段）

目的（手段）

対象化意識 － 情動性

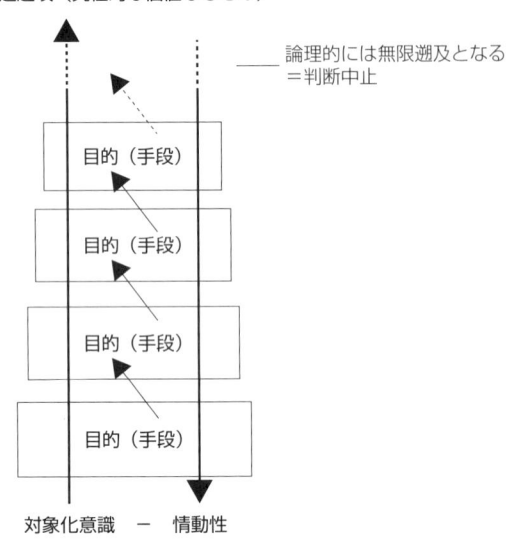

図Ⅱ-1-1　究極的な価値を目指す行為の過程の明示化

的を編成するのが人間的「主体」の本質だとしても，その情状性とは先験的に到来するものとして確信されている以上，主体の意識においては非知である。それゆえ，まずもって行為の目的に立ち返り，その目的を根源的に動機づけているメタ目的は何か，というかたちに還元することによってさしあたり把握するほかはない。またその際，当初の目的はより高次の目的を達成するための手段として捉えなおされることとなる。——たとえば，学術研究の目的として「この世界のことを知るため」あるいは「社会に貢献するため」といった確信が成立している場合，「では，なぜこの世界のことを知らなくてはならないのか」，「なぜ，社会に貢献しなくてはならないのか」といった問いが惹起され，さしあたっては「よく生きるため」といったメタ目的が導きだされる（むろん，ここで挙げている研究目的は例示にほかならず，当然のことながら，研究者個人によって多様な目的が成立しうる）。そして，そのメタ目的を動機づけているより高次の目的へと遡及して意識化するに従って，仮構的には，究極的な価値という超越項（として仮構されるものじたい）へとめがけていく構図となる。そのような遡行的な思考をつづけることは，（超越項として措定されているものは，じっさいには主観的な視線によって構成されたものにほかならないがゆえに）無限遡及に終始することから，最終的には，そのような起源遡及的な思考を判断中止(エポケー)することによって，内的な視点に還元し，分析する必要がある。とはいえ，こうしたメタ目的を意識化することによって，価値合理的なものとして

確信されている思考様式を明示的な目的合理的動機の階梯に還元して対象化する可能性が担保される（それによって，そこでめがけられている究極的な価値なるものが遡及不可能な超越項であることも明示化される）と考えられる。

そして，ここでいう究極的な価値という概念（＝超越項）をあえて実体化して把握したものを「真理」として再定義しておく。つまり，「真理」なるものは外部実在ではなく，また，西洋哲学の伝統的な「真理」の定義＝主観と客観の一致でもなく，「その主体の生を根本から支えている」と確信される価値観が，究極的な「価値」＝（内的な）真理として確信されるのである。これを実体論的なモノとして誤解することが信念対立の一因ともなり，それについては，すでに西條によって「実体化起源の難問」[37]として定義されている。本論では，特定の「真理」を実体化している主体とのコミュニケーションを可能とするために，思考の方法としての「（あえて）実体化するコト」を端的に批判することはしない。

このように定義することの意義（＝有効性）としては，たとえば，ある真理を信奉している人物がいるとして，それを他者に押しつけるかたちでの信念対立が引き起こされている場合，解明に至るための糸口をつかみやすくすることが可能だという点である。――すなわち，真理主義者としてカテゴライズされる人物を敵視したり，糾弾したりすることに終始するのではなく，対話の相手によって真理として実体化されていることを概念的に抽出する作業を試みることによって，また，それを「究極の価値基準を目指す行為の過程」に還元し，その確信成立の条件を明示化することによって，建設的な対話を可能とする糸口を見出せる可能性が開かれるのである。

対話を行う相互主体がいずれもアカデミシャンであればともかく，一方が学問的なトレーニングをつんでいない一般人である，といったケースは容易に想定されうる事態である（いかなる学者であれ，一面においては生活者にちがいないのだから，そうしたコミュニケーションはまさに日常茶飯事であるにちがいない）。そうした場合，すくなくとも相手にとっては「真理」であると確信されているような価値観（＝根本仮説）に対して，それを判断中止するように強いることが困難な事態はありうるだろうし，場合によっては，相手に心理的な苦痛を強いる可能性がある。したがって，特定の価値を実体化している（と確信される）ような他者とのコミュニケーションの現場にあっては，まずもって，相手の具体的な行為に着目し，その目的，メタ目的を意識化できるよう促しつつ探索的な対話をこころがけることによって，「生き方」の相互承認に至る可能性（たとえ，結論としての方針・目的についての共通了解は不可能であったとしても，たがいの「生き方」を根本において支えている価値基準を知ることを通して，一人ひとりに固有の人生を選ぶ自由をたがいに認めあえる可能性）が高まるのではないかと考えられる。

具体的な事例として，本論の冒頭にて例示した東日本大震災に伴う原発事故をめぐる言説については，まずもって疎開・移住の是非等の個別の判断は被災者個人の意思決定に委ねること（＝自由の相互承認）を前提としつつ，仮に疎開・移住を決定する場合，コミュニティ単位（行政単位というよりも，被災者本人の心的な結びつきに基づくもの）での移住を可能とする制度設計や，故郷の郷土文化の復興活動を移住先で奨励するような長期支援を並行して行うことによって，移住を余儀なくされる主体（個人）の内的・心理的な負担を軽減できるような方策が選択されること，また，そのような長期支援のあり方をよしとする合意形成がなされること（経済的な合理性だけでなく，いわば心理的なコストも視野に入れての復興の構想）がひとまずは期待される。

ただし，被災者個人の自由を承認するという視点は，現実的には困難を伴う。というのも，今次の震災では，その被害は東日本全域に及ぶ広範囲にわたってみられるがゆえに，被災者の体験を質的に扱うという方法を選択すれば，逆説的に，量的に厖大なデータを扱うことになってしまうからである（まして，リアルタイムで情報が全世界に共有される現在，日本を離れた海外でも震災に「こころ」を痛めた人々はたくさんいると考えられるため，極論すれば，「どこまでが被災者なのか」を外的視点から定義することもできない）。したがって，3.11以後の状況をめぐっては，一人ひとりにとって異なる経験が立ち現れているということをつねに意識した上で，きわめて有効であると確信された支援システムの運用にあたっても，つねに現地の人々の声に耳を傾け，それぞれに固有の「生き方」を尊重しながら，つねに修正の契機に開かれたものとして扱わなければならない[38]。

本論において強調しておきたいのは，人間は主体的・能動的に選択・意思決定（存在可能への企投）を行う存在であるとともに，他者とともに世界を生きている存在であるということ，そしてそれゆえに，つねに自己にとって見越しえない諸々の可能性に配慮すること，到来する情動性を受け止め・尊重する，ある種の受動性，――いわば，感受性を持つことである。

## 5節

## 【結論】本論の意義（有効性）と課題（限界）

以上の論証にもとづいて，本論の目的がどう達成されたのかを吟味したい。

まず本論の目的は，個人の内面に多数性をもって立ち現れうる欲望・関心・目的のあいだでひきおこされる葛藤をどのように解明するのか，という問題設定のもと，そこに伏在していると仮定される目的−価値の相互連関規定性を定式化することによって，目的合理的な選択ではわりきれない「生き方」の問題を捉えるための視点

を導出することであった。その理路としては，竹田青嗣の現象学的思考をふまえ，欲望を告げ知らせる身体を媒介として目的を編成することが人間的「主体」の本質として規定されていること，それゆえに，目的・目標といった合理的選択をより根源的に動機づけているのは，身体性を媒介として到来する情動性にほかならないこと，また，共通了解の可能性が（切迫した危機感をともなって）必要とされるのは，共通了解が可能である（はずの）領域に世界観や価値観に基づく判断が介入してしまうケースであること，――以上を論述の前提とした。そこからさらに，ヴェーバーをふまえつつ，ある主体に確信される究極的な価値について，それそのものを起源遡及的に求めつづけるのではなく，「究極的な価値を目指す行為の過程」に還元し，その確信成立の条件を明示化するため，「行為の目的に先行するメタ目的の意識化」という方法を提起した。この理路によって，異なる価値観をもつ者同士のコミュニケーションにおける「生き方」の相互承認の可能性が高まるものと考えられる。

　本論において定式化した目的－情動の相互連関規定性についての議論は，第一に，哲学的な洞察をはじめとする人文学の研究領域や，日常生活での実存的な視線が要請されるさまざまな判断の場において有効性を発揮すると考えられる。本論は，これまでの目的合理性を強調するかたちでの構造構成主義（構造構成学）の展開を端的に批判するものではない。また，これまでに構造構成主義（構造構成学）が継承（＝導入）されてきた医療・看護・教育といった領域の特性を考えるならば，目的合理性にもとづく共通了解の可能性について強調されてきたことは納得できる。その前提の上で，本論は，そうした共通了解可能な（はずの）領域とみなされてきた研究分野において顕在化しうる価値の問題にたいしても，一定の視点を提示しうると考えられる。たとえば医療者であっても，本人（＝主体）にとって先験的に到来している情動性（感情，欲望，価値）は動かしがたいものとして確信されているはずであり，それを他者の外的な視点から「解明」されてしまうことに心理的な抵抗感を覚えることは容易に想定される。本論は，そうした局面における他者の「生き方」に対する配慮の必要性・有効性を強調するものである。

　今後の課題として，さしあたり定義した目的－価値（対象化意識－情状性）の相互連関規定性について，より哲学的な知見をふまえての考察を深めることが必要であると考えられる。本論の射程においては，具体的な行為を動機づける契機としての情状性については言及したものの，対象化意識より先験的に到来する情状性を対象化して・合理的に論述することの不可能性は，本論の筆致においても，〈つねに－すでに〉内在しているといえる。こうした論点は，筆者の専門領域である日本近代文学の研究と関連づけることが可能であり[39]，今後，個別専門領域における課題と有機的につなげるかたちで考察を深めていきたい。

## 【註および文献】

[1] 西條剛央　2005　構造構成主義とは何か―次世代人間科学の原理　北大路書房　p.53.
[2] 桐田敬介　2010　契機相関的―構造重複という視点―構造構成主義における自己・他者関係の基礎づけ　西條剛央・京極　真・池田清彦（編）　持続可能な社会をどう構想するか―構造構成主義研究4　北大路書房　pp.131-161.
[3] ガジェット通信「広くわかりあえる疎開論とは」
　　http://getnews.jp/archives/107620
[4] 「ほぼ日刊イトイ新聞―西條剛央さんの，すんごいアイデア。」
　　http://www.1101.com/funbaro/index.html
　　糸井重里・ほぼ日刊イトイ新聞　2011　できることをしよう。―ぼくらが震災後に考えたこと　新潮社　p.59.
[5] ［3］と同じ。なお，ここで「日本人」と総称されている共同主体は，さしあたり定義された集団のことを指すものであると考えられ，かならずしも特定の国家・民族を実体化して述べているわけではないと思われる。合理的な選択と感性にもとづく決断との葛藤は，「日本人」のみならず，だれにでも・状況しだいで経験されうる事態である。――「日本人」というカテゴリー的把握の恣意性について指摘することは本論の主旨ではないが，とりわけ人文学的な領域においてはポストコロニアリズムに基づく批判も想定されるため，そうした批判は構造構成学的には織り込み済みであると思われることを念のために言及しておく。
[6] 桐田敬介　2009　契機相関性の定式化へ向けて―構造構成主義におけるその都度性の基礎づけ　西條剛央・京極　真・池田清彦（編）　なぜいま医療でメタ理論なのか―構造構成主義研究3　pp.159-182.
[7] Rombach, H.　1971　*STRUKTURONTOROGIE : EINE PHÄNOMENOLOG IE DER FREIHEIT*. München, Germany : Verlag Karl Alber Gmbh Freiburg. 中岡成文（訳）　1983　存在論の根本問題―構造存在論　晃洋書房　p.211.
[8] 竹田青嗣　2004　現象学は〈思考の原理〉である　筑摩書房　p.30-35の「現象学的還元」という方法についての記述を参照のこと。
[9] 丹野ひろみ　2011　構造構成主義における「欲望相関的選択」の定式化―「関心相関的選択」の「欲望論」からの再論を通して　西條剛央・京極　真・池田清彦（編）よい教育とは何か―構造構成主義研究5　北大路書房　pp.116-146.
[10] 苫野一徳　2009　現象学によるデューイ経験哲学のアポリアの克服　西條剛央・京極　真・池田清彦（編）　なぜいま医療でメタ理論なのか―構造構成主義研究3　北大路書房　pp.110-136.
[11] 京極　真　2011　医療関係者のための信念対立解明アプローチ―コミュニケーションスキル入門　誠信書房　pp.13-18の「講義2　構造構成学とは何か　2　なぜ構造構成学なのか」においては，苫野論をふまえ，信念対立解明の道具立てとしての構造構成学と現象学の比較検討が行われている。そこでは，現象学では「私」や「自他における身体構造の同型性」が前提とされるのに対して，構造構成学ではそうした仮説が前提とされていないことが整理して述べられている。
[12] 西條剛央・京極　真・池田清彦（編）　2011　よい教育とは何か―構造構成主義研究5　北大路書房　p.326.
[13] 査読結果をふまえて推敲を行う過程で，本論にて取り上げたインターネット上の西條の発言の一部が紙媒体として刊行された。そのため，該当するテクストデータの引用にあたっては，最初に掲載されたWebページのURLと紙媒体の刊行情報を併記することによって，筆者による論証過程を明示化しつつ，読者による検証作業を行いやすいように配慮した（具体的には［4］に該当）。
[14] Weber, M.　1922　*SOZIOLOGISCHE GRUNDBEGRIFFE*. 清水幾太郎（訳）　1972　社会学の根本概念　岩波書店

[15] [14] の p.11
[16] [3] と同じ。
[17] [1] の p.13
[18] 池田清彦　1998　構造主義科学論の冒険　講談社　pp.26-29.
[19] 竹田青嗣　2004　現象学は〈思考の原理〉である　筑摩書房
[20] 西條剛央・京極　真・池田清彦（編）　2008　信念対立の克服をどう考えるか—構造構成主義研究2　北大路書房　pp.18-46. 当該の鼎談において，西條は，「絶対性を抜いたらもうそれまでの宗教とは違ったものになると思うんですけど，ポイントはメリットとデメリットのバランスにあって，もちろん盲目的に信じることによって得られるものもあると思うんですが，問題はそのときのデメリットの方なんです」(p.41)と述べ，宗教的な営みから絶対性を抜くことによる相互承認の可能性に触れている。
[21] [9] と同じ。
[22] [19] の p.67
[23] [22] の箇所の記述をもとに整理した。
[24] [1] の p.47
[25] [1] の p.72
[26] [1] の p.48
[27] [1] の p.48
[28] [1] の p.49
[29] [2] と同じ。
[30] [19] の p.225
[31] [19] の p.226
[32] [1] の p.153
[33] [1] の p.66
[34] [14] の p.11
[35] [14] の p.11
[36] なお，このメタ目的の明示化という方法は，西部　邁　1996　知性の構造　角川春樹事務所　pp.137-154において提起されていた概念図をもとに着想に至った。西部は評論家であり，アカデミズムの枠内で引用されることは少ないが，本論の構造化に至る軌跡における重要な着想の契機となっているため，あえて付記（＝明示化）することとした。
[37] 西條剛央　2009　JJNスペシャル　研究以前のモンダイ—看護研究で迷わないための超入門講座　医学書院　pp.120-129. なお，ここで提起されている「概念の実体化」に起因する錯誤については，西條よりも先に竹田青嗣によって言及されている。竹田青嗣　1999　プラトン入門　筑摩書房　pp.29-42.
[38] 3.11の災害以後，構造構成主義（構造構成学）を体系化した西條剛央を代表とする「ふんばろう東日本支援プロジェクト」が立ち上げられた。行政を介さない被災地支援のシステムとしてきわめて有効性のある方法論であるが，後方支援のためのきわめて先進的なシステムであるがゆえに，前方支援にあたっている人々・とりわけ既存の枠組みのなかに属している人々からは批判も多かったようである。

筆者が個人的に見聞した範囲においても，たとえば，前方支援にあたっていたボランティア団体にかかわっていた学生から「ふんばろうと現地の人々とのあいだで話がかみ合っていなかった」，「だれのために支援するのかわかりにくかった」という率直な意見をいただいた。むろん，こうした批判についても前方支援／後方支援という異なる方法論に起因する信念対立として整理することが可能であるかもしれないが，すくなくとも筆者としては，「すべては被災地，被災者のために」をスローガンとする「ふんばろう」の取り組みに対して，他ならぬ主被災地における前方支援の現場から異論が出ていたということは，（いくぶん批判的な構えではあれ，構造構成主義を継承しようと考えている者の一人として）無視してはならないように思われ，外的なシステムと主被災地の人々

のこころの連関においては，つねに他者の「生き方」に配慮する必要性を意識させられた。
[39] 具体例として，坪内逍遥の『小説神髄』における内面の「模写」，あるいは，北村透谷の「心宮内の秘宮」を記述することの自己矛盾を孕んだ二重性に目を向けることにつながると考えられる。

### 【謝辞】

　本論の基本的な骨子は，執筆当時における筆者の生活の基盤としていた公益財団法人・登戸学寮にて隔月開催されていた読書会での意見交換をもとにしています。また，本論において提起した論点の概要については，宗教・神学における目的─手段の枠組みと価値をめぐる根源的思考をテーマとして，2009年5月発行の『季刊　無教会』第17号にエッセイ「二十一世紀の宗教と其の必要」として発表させていただいていることを付記しておきます。読書会に参加して下さった小舘美彦・知子寮長ご夫妻，三浦佳南氏，萌芽的な着想を活字化する機会を与えてくださったNPO法人・今井館教友会のみなさま，そして，前方支援にかかわった経験から「ふんばろう東日本支援プロジェクト」のあり方に率直なコメントをくれた寮生さんに，こころから感謝を申し上げます。

再録論文

# II - 2 芸術解釈の妥当性をわかちあうために
## ──構造構成的芸術解釈論

桐田 敬介

### 1節
### 問題提起

　そもそも美術作品のたぐいは説明されねばならないのであろうか。美術は眼で見るものであり，その特色は，それ自体で説明がつくということ，誰もがそれを読めるということではないのか。…（中略）…日本の線描画を理解するのに，あらかじめ日本のことを理解しておく必要はない。…（中略）…たとえ訓練をうけていない者でも，なじみのない美術作品をほぼ正しく読むことはありうる。つまり，自分と体質の似たものが向うからやってきてくれるときがそっである。しかし，一般的には，なじみのない美術をじっさいに正しく解釈することの困難さは，これをいかに大きく見積もっても見積もりすぎることはないであろう。だからこそ，やはり，日本の線描画のようなものを理解するには，あらかじめ日本のことを学んでおく必要があるわけである。[1]

#### 1. 芸術解釈の信念対立とは何か

　上記引用は美術史家のヴェルフリン（Wölfflin, H.）の言葉であるが，確かに芸術作品の「正しい解釈」にとって，作品の背景知識によって裏づけされた解釈と裏づけを得ていない解釈には，端的に説得力の違いがあることは自明であるだろう。

だが，それではそうした知識の使い方や捉え方が個々人で異なる場合——すなわち，異なる学問体系，異なる主義の知見によって裏づけられた解釈どうしでは，その説得力はどのように異なってくるのだろうか。どちらもそれなりの裏づけを持って作品を解釈してはいるが，互いの生産した解釈の妥当性はどのように担保されうるのだろうか？

自分の解釈が正しいものだと主張するなら，他人の解釈の妥当性も考慮されて然るべきであろう。だが実際は，他人の解釈自体の妥当性を判断しようとする前に，自分とは異なる主義・思想の下に生産された知見を非難してしまう事例は少なくない。たとえば，異なる主義の下に生産された作品や解釈を巡っての論争などを想起してみてほしい。シュルレアリスムと抽象絵画間での対立や[2]，グリーンバーグ（Greenberg, C.）の展開したフォルマリズム（形式主義）的批評[3]，それに対する批判など[4]，芸術という営み自体についての解釈の相違や，特定の作品に対する解釈の相違によって生じる対立の例は，美術史上事欠かない。

そして現在においては，芸術自体の価値観が多様化したことによって，解釈の妥当性の基準はますます揺らいでおり[5]，さらには「芸術作品」という近代的価値を批判的に問題化するようなポストモダニズムと総称される思想的潮流も登場しているため，あるひとつの解釈の妥当性を担保することさえ困難になっている。そしてそれは，研究者たちが生産した解釈の妥当性についても例外ではないのだ。美学者の加藤はこうした状況における「美術史学の『危機』」を，以下のように述べている。

> 芸術への学問的アプローチには，相反する二つの前提条件が，解決不可能な矛盾として，最初から組み込まれている。…美術史学者には，美術を（詩的にではなく）学問的に言語化するという目標が課せられている。しかし，その一方で，美術史学者の前には，美術が翻訳不可能なものだという前提が立ちはだかり，作品の前で沈黙を強制する。…その意味では，美術史学者の解釈は，いつまでたっても，美術本来のあり方を「歪めること」でしかありえない。[6]

こうした，芸術を学問することの可能性に対する疑念を取り除かなければ，芸術の学問的アプローチが生み出した知見の妥当性は確保されえないだろう。なぜなら，芸術作品の翻訳，解釈がもともと「不可能」であるならば，学術的（または学術的知見に基づき批評的）に厳密な解釈をしている（とされている）人物の解釈も，いい加減に解釈している（とされている）人物の解釈も，どちらも畢竟歪んでいるただの「うわ言」であることになる。したがって，芸術解釈はつまるところ「何でも

あり」であることになり，より妥当な解釈の判断など不必要となってしまうだろう。事実，批評家であるダグラス・クリンプ（Crimp, D.）は現代においてはすでに芸術作品のもつ「自明の」品質といったものは崩れ去っており，その作品の解釈は「何でもかまわない」と論じている[7]。

だがこのままでは，先にも述べたように，あらゆる芸術解釈の意義もその妥当性も担保できなくなり，解釈上の対立はますます調停されづらくなることは明らかだろう。なぜなら，生産された作品や解釈の「質」も判断されず相対的な「妥当性」すらないとするならば，解釈の妥当性は政治的な「強さ（権力）」，多数性によって判断されることになってしまう恐れがあるからである。しかも，自分の解釈も相手の解釈も，その説得的な質や妥当性を判断する規準がなくなれば，それらを尊重することも批判することもできなくなる危険性も考えられる。この状態では，異なる主義を抱く人々と議論をしたとしても，相手の主義主張の妥当性を理論的にすら勘案できず，自分の解釈に沿わない相手自体を非難してしまうような，排他的な事態がひき起こされる可能性はさらに高まるといえよう。

こうした異なる主義の下に生産された解釈の相違によって，諸学問（または諸主義）の間に非建設的な関係性が構築されてしまう恐れがあることが理解できるだろうと思う。哲学者である竹田は，こうした互いに異なる正しさの基準（信念）を前提としているためにひき起こされるような，「正しさを巡る不毛な争い」のことを「信念対立」[8]と呼んでいる。本論は，この芸術解釈上の妥当性の対立を，「芸術解釈の信念対立」と呼称し，これを解消することを企図するものである。

### 2．本論の目的

本論の第一の目的は，芸術解釈の信念対立について検討し，具体的な問題として考察することである。第二の目的は，この芸術解釈の信念対立を超克する可能性を検討することである。第三の目的は，芸術解釈の信念対立を解決する新たな芸術解釈論の方向性を検討することである。第四の目的は，本稿で掲起した新たな芸術解釈論の理論的射程と限界を論じることである。

## 2節 方法

上記目的を達成する方法として，本論は特定の芸術作品やその文化的・社会的コンテクストなどを対象に，芸術作品を解釈するという事象を分析する科学的な方法ではなく，そもそも「芸術を解釈することとは何か」と問う「哲学的解明」という方法論を採用する。その理由としては，第一に，心理学的であれ社会学的であれ，

芸術を分析する理論は常に特定の時代の「芸術」に対する分析であることを免れ得ないため，芸術を解釈するという営みの「意味」を深く了解し合うためのメタ理論とは成り得ないこと，第二には，解釈の科学的解明が特定の哲学的諸前提から演繹されている理論であるといえるため，信念対立を越えてあらゆる芸術解釈に妥当する理路とは成り得ないことが挙げられる。

　たとえば実証的な諸研究は，「外部実在は独立的に自存している」という哲学的な前提に依拠していると考えられる[9]。そのため，社会的構築主義など外界の「現実は言語によって構築されている」という認識を有している実践家や研究者にとっては，実証的諸研究の成果が妥当と見なされない「共約不可能性」という問題が生じてしまう恐れが在るのである。

　この理論的要請に適う方法として，科学的解明や後に述べる諸理論などが依拠している前提によらず，「芸術解釈」という営みの本質を洞察し，異なる認識論を有している実践者・理論家にとっても普遍的に洞察可能な視点を提示する「メタ理論」の構築という方法が挙げられる。端的に言えば，芸術解釈とは何かと問い，誰にとっても「確かに芸術解釈とは，このような営みであると考えざるを得ない」と確信される「条件」を洞察することで，作品を価値づける枠組みや，着目するジャンルなどが異なっていたとしても，普遍的に洞察できる芸術解釈の「構造」を提示するという方法である[10]。

　したがって，この方法を用いるに際しては，特定の学問領域（本論で言えば解釈学・美術史学など）を深く掘り下げていくような作品研究や思想史研究といった，諸学の規範に則ったアプローチではなく，それら諸学をあくまでも芸術解釈の信念対立に資するメタ理論を構築するための知見として，いわば学際的に援用していくことを予め述べておく。そのため，以下に参照していく美学理論や美術史における研究枠組みなどの内実を深く検証することは，本稿の目的ではないことはもちろん，紙面的に不可能であるといわざるをえない。そこで本稿ではまず，芸術解釈の主要な枠組みを対象に，解釈の妥当性の規準となってきた認識モデルを類型化することを試みる。たとえば，近現代の解釈学や美術史学において提起された，「解釈をどのような営みとして定義し，どのような理路に則ってそれら多様な解釈の妥当性を判断するか」という解釈についてのメタ理論や，「どのように作品を認識するか」という認識論，「作品はどのように分類できるか」といった存在論を批判的に検証することにより，それらの理論的射程とその限界を明らかにしていく。そして最終的には，本論で提起する新たなメタ理論とそれらの諸主義・諸理論との差異を明らかにし，本稿が芸術解釈の信念対立をどのように解消するかを説得的に論証する形をとる。よって，本稿における諸主義・諸理論の類型化が妥当か否かという問題はもちろん，本メタ理論の妥当性そのものも読者諸氏には広く検証して頂きたい。

## 3節
## 芸術解釈の信念対立とは何か

### 1．芸術解釈の変遷——解釈学・美術史学を中心に

　さて，美学者であるヘンクマン（Henckmann, W.）曰く，ある個人にとってある解釈が「正しい，と自分が思っている」からこそ，特定の芸術解釈が「拘束力」を持つようになるという[11]。そのため，他人や他集団に自分の解釈の正しさを伝える（拘束力を与える）ためには，ひたすら「この解釈は正しいのだ」と伝えるだけでは説得力に欠けることは明らかだ。そこで相手にもその解釈の正しさが伝わるようにするために，誰もがそう考えざるを得ないような，解釈の「普遍妥当性」が学的な解釈において問題とされてきた。本節では，そうした解釈の「正しさ」を保証してきた妥当性の基準の変遷について，解釈という営みそのものの本質を洞察してき解釈学を「芸術解釈のメタ理論」，芸術作品などの史的考察を探求してきた美術史学を「芸術解釈の個別理論」として，主に参照しながら検討していく。

### (1) 芸術解釈の妥当性1——近代解釈学・近代美術史学

　解釈学の歴史は古代ギリシアにおける解釈術にまで遡るが，近代まで解釈学は解釈のメタ理論というよりは，神学や法学，文献学における解釈の技法論に関する個別理論であった[12]。この個別理論的であった解釈学が「解釈」という営みについてのメタ理論と成るのは，「普遍的解釈学」を提起したシュライエルマッハー（Schleiermacher, FR. D. E.）に始まるとされている[13]。彼は聖書解釈学（Hermeneutics）という特殊解釈学の妥当性は，聖職者の霊感（Inspiration）ではなく，「正しい解釈の働き」にこそ基づくべきであるとし，普遍的な解釈学の必要性を説いた[14]。すなわち，解釈を支える「言語」に関する客観的な文法的解釈だけでなく，「著者の意図を，著者自身よりも深く理解する」という心理的な，普遍的な解釈学的原則の存在を提起したのである[15]。

　そして，シュライエルマッハーが提起した解釈学の原則を継承しつつ，哲学的解釈学を提起した近代の哲学者ディルタイ（Dilthey, W.）は，「解釈」とは特定の感覚的な徴表（文字など）が何らかの精神的な表現（「生の表示」）であることを理解する，「技巧的な了解」であると論じた[16]。彼は歴史的知識に基づく帰納推理や自己移入など，解釈の技術を記述し探求することにより，解釈は「普遍妥当性」に近づけるとし，その成立基盤として，異なる個人間に存在している精神性，「共同性」を想定した。例えば，いかなる天才であっても，ある徴表をある精神的なものの表現だと了解するときには，彼がいる時代の生活様式や言語などの「共同性」を媒介として認識しているといえよう。「共同性」によって解釈そのものが可能となり，

自分だけでなく他人にとっても妥当する普遍妥当性の成立もまた保証されうるのであると。

　その意味で，近代以降培われていく美術史学の研究は，こうした異なる個人間に共通する精神性を前提とし，一つの秩序体系としての美術史学を構築しようとする試みであったと考えられる。たとえば図像解釈学（Iconology）を体系化したパノフスキー（Panofsky, E.）は，ある芸術作品の解釈が恣意的な「暴力」に陥らないよう，図像解釈という営みを①生活上の経験によって理解される現象意味，②文献的知識などにより理解される指示的意味，③個人や民族などの世界観として開示される本質意味，という三層の意味の統一体として構成されるものとして基礎づけている[17]。作品が帰属している生活様式や類型史，精神史（世界観）の存在を前提することにより，解釈が恣意的に偏りすぎることを防ぐという点で，先に述べた普遍妥当性への志向が見て取れるといえよう。だがこの方法では，作品の外在的なコンテクスト（生活，文献，世界観など）に重きを置く必要のある図像学（Iconography）的な手続きを経ているために，作品そのものに使われている表現形式の研究は本質的意味研究の「初歩的な段階」[18]とされ，作品はコンテクストを論証するための「データ」になってしまい，その作品ならではの表現が見逃されてしまう[19]。

　一方，1節にて引用した美術史家のヴェルフリンは，作品そのものの表現がもつ視覚的な可能性を，「線的なもの／絵画的なもの」，「平面的なもの／深奥的なもの」といった視覚性の「形式」に分類し，これら「直観のカテゴリー」の歴史的展開により，美術史は体系的に構築されるとした[20]。しかしカテゴリーが歴史的に展開していく根拠については明示的でなく，またその歴史的展開説が正しいならば，美術史家の仕事は「カテゴリー」の再認でしかなくなってしまう[21]。こうした形式主義への批判は主に芸術家や芸術作品を没精神的な，客観的物質の基礎概念に還元する点に集中している（例えば，グリーンバーグのフォルマリズム批評において，彫塑的であるキュビズムから，絵画的な抽象表現主義があらわれることは必然的であると批評した点についても，かような批判がなされている[22]）。

　その意味で，こうした形式的価値の歴史的変遷を生み出す動力のようなものに言及していたのは美術史家のリーグル（Riegl, A.）であったといえる。彼は人間に内在している「自己と世界（中略）との関係を満足の行くように具体化する」能動性として，「芸術意志」（Kunstwollen）なる概念を用い，それが芸術作品のフォルム，「様式」の変遷を生み出す動力源であることを論証した[23]。しかし，歴史的変遷の根拠を各民族や文化の「芸術意志」という超個人的な意志に措定すると，芸術家とは芸術意志を背負わされた執行人にすぎず，その作品自体も芸術意志の刻印にすぎなくなってしまう[24]。

## (2) 芸術解釈の妥当性2 ──現代美術史学

　コンテクストや表現内容に重点を置く立場，表現の形式に重点を置く立場など，その妥当性の根拠の差異を検証してきたが，これら対極的な解釈体系の理論的限界を超える試みとして，芸術研究は「形象」のみを記述すべきであるという認識論が近年呈示されている。たとえば三木は，図像学などの作品の外在的なコンテクストを重視する美術史の枠組みを「内容主義」，作品の視覚的な「形式」「様式」を扱う美術史の枠組みを「形式主義」と批判する[25]。そこで三木は，ベーム（Boehm, G.）の形象の解釈学を引用し，形式にも内容にも還元されえない，作品の「前－概念的な」様相として，『形象』に依拠する理論の射程と深度を以下のように考察している[26]。

　たとえば，紙に一本の線を引くと言う行為は，「線と面という要素の間に，上下や左右，分離や接合などの，多様な関係性を構築していくこと」であり，その行為によって生まれた関係性は「形式によって支えられ…形式から離れては明らかにされえない」。その意味で作品とは，「形から意味だけをとりだして吟味すること」も「意味から形を引き出して楽しむ」ことにも還元できない，「概念的な区別に先立つ領域」即ち『形象』に位置しているものなのであると[27]。

　三木はまた，イムダール（Imdahl, M.）によって提起された，作品をイコン（像そのもの）に還元する「イコニック」（Ikonik）という方法論を取り上げ，哲学の問題を言語論に転換させたローティ（Rorty, R.）の「言語論的転回」に次いで，現代は「イコン的転回」の時代であると述べている。この転回により，作品の外在的な研究だけを正当とすることなく，感覚主義的な「皮相な美的経験の限界を克服し，感性的直観を豊かなものとして見直そう」とする[28]。この試みは作品の二項対立的な還元主義に対する一つの嚆矢として評価されるべきだろう。

　こうした形象を記述するという研究を認識論的に基礎づけ展開している試みとして，美学者である岩城のメタ感性論が挙げられる。岩城はカント（Kant, I.）の超越論的認識論を基盤に，フィードラー（Fiedler, K）やブリッチュ（Britsch, G.）など芸術学の理論を援用しつつ，『形象』に独自の論理構造（イメージ構造化の論理）があることを認めている。岩城は『形象』をその〈見方〉－〈見え方〉の相関関係によって多様に立ち現れてくるものとし，この直観的な相関関係以外にその解釈の根拠を置く立場は，作品を見た時の「曇りなき」直感を根拠にするにしろ，作品のコンテクストや様式史を根拠とするにしろ，結局は「芸術作品における真理」を予め前提して語る「循環話法」であると批判している[29]。そうした循環話法は，「イメージ（形象）」の論理，「直観的表面」としての「真理」を見逃してしまうものであり，直観的なイメージの「奥にあるのは観者の（時として作者の）思い込みの戯れだけである。奥には何も無いから，無限の思い込みがそこにはあるのである」

としている[30]。

　こうした循環話法に無自覚な解釈の危険性を，岩城は民藝運動を起こした柳宗悦の鑑賞眼を例にだして以下のように批判する[31]。柳は，「伝統的な自然や芸術に関する観念（知識）と，それに随伴する気分や感覚的質，これらのすでに身体の奥まで染み込んでいる記憶を，素朴に茶碗に投入し，この投げ入れられた自分の記憶を作品の精神的質（原因）として取り出してくる」。これは「芸術解釈のナルシズム」であり，畢竟自己満足に終始するものであるために，異なる解釈をする他者に対して排他的な態度を取ってしまう。そうした態度を防ぐ為にも，岩城は直観的表面（形象）における「内的響き」，「イメージとイメージとの関係性」を記述することが，芸術研究にとって肝要なのだと述べる。

### (3) 芸術解釈の妥当性の恣意性

　だが，考えてみれば分かるように，「形象はそれ自体で自足した意味の媒体である」[32]とか，作品には「表面としての真理」[33]があると述べてしまっている時点で，これもまた一つの形象やイメージ（直観的表面）への還元主義，規範化であることは免れ得ない。事実，岩城の取り上げている現代作家はそうした「形象の構造化」にアプローチする作家が多いと批判されている[34]。これでは先ほどの循環話法とさして変わりは無いために，岩城が問題視した「排他的な態度の解消」は結局成されていない。むしろこの問題は，新たな作品研究の枠組みを提出するだけでは解くことが不可能な問いであることに気付かなければならない。

　例えば美術史研究にとって，形象を解釈する体系こそが最善の体系であるということを論ずる人がいるならば，その人は「ある解釈体系が最善であると決定できる解釈体系」を持っていることになるが，では，この「（最善であると決定する）解釈体系」の正しさは誰が保証するのか[35]。こうした問いに対して，例えば形象記述で得られた知見の正当性を論拠にして反論する人がいるだろう，「こうした様相を記述できるのはこの理論体系によってのみなのだ」と。しかし，そうした様相を記述することが「なぜ正しいのか（他の解釈より妥当とされるのか）」ということを結局彼は答えていない。「この様相を正しく記述できるからこの解釈体系は正しく，そこから導かれる解釈も他の解釈体系のそれより正しいのだ」。これは畢竟，解釈の妥当性を恣意的に独断している「循環話法」でしかない。

　こうした恣意性問題に対して，たとえばヘンクマンは，解釈の妥当性の恣意性は芸術の自由さの現われだとし，放恣とまではいかないまでも（まったくの放恣であれば当該の解釈に拘束力が生まれないから）肯定的に捉えている[36]。確かに芸術の解釈には「無限の可能性」があり，これが絶対的に正しいと言う「真なる理解」などというものがないことも現代においては比較的広く認知されていることと思う[37]。現代の美学者であるヴェルシュ（Welsch, W.）も，芸術という領域を「自

分自身の概念をふくむ一切の概念の特殊性と限界」を前提し行動するようにさせる「最良の学校」であると述べ，この学校に通うことによって解釈の多元性の擁護や単なる「なんでもあり」には陥らない横断性の獲得といった，「他の真理を尊重する」認識が養われるとしている[38]。しかし，そうした認識を養うことと，実際に実践するのとでは彼我の差がある。なぜなら，ヴェルシュのように「解釈の多元性や横断性」を擁護した場合でも，結局異なる解釈をする他者に対して，排他的な態度を取ってしまう危険性は残ると考えられるからだ。つまり，解釈の自由や，多元性の擁護を理念としても，それは相対主義を規範化してしまう恐れがあるのである。次節では，現代解釈学に顕著なそうした解釈の多元性の擁護，または解釈の不可能性に重点を置く理路の不備を見ていく。

### 2．芸術解釈の不可能性——現代解釈学の問題

　ハイデガー（Heidegger, M.）の存在論を解釈学に応用したガーダマー（Gadamer, H-G.）は，芸術作品の解釈を「作用史」という概念の元，歴史的・社会的なそのつどの「先入見」による有限な解釈の連続であるとした[39]。これにより，芸術作品の「抵抗」，「理解を逃れるもの」，「意味の過剰」といった存在様相が認識論的に基礎づけられ，芸術作品はその作者の心理的意図や解釈者の普遍妥当する解釈に還元されうるようなものではなく，元来「翻訳不可能なもの」であることが論証される[40]。

　翻訳不可能性，そのつどの真理，という点で相対主義と評されるガーダマーの理論であるが[41]，その理論には芸術の解釈は「なんでもあり」ではないとする姿勢も見られる。芸術と言う解釈学的体験において，主体は「作品そのもの」であるとする「遊戯」（Spiel）概念を提示し，ハイデガーから援用した「真理」概念でもって，その都度の解釈者の歴史的，社会的先了解から開示される作品の意味を，解釈者や作品の「自己了解」のために，理解せねばならないと論じている[42]。

　その意味で，作品を特定の解釈体系に押し込めることよりも，作品と観者とのやり取りそのものを尊重するような論旨であることは汲み取れるだろう。だが結局はその都度の遊戯においてその都度の真理が決まるという解釈の独断論的性格を許すことにはなり[43]，芸術解釈の「学」としての妥当性は担保されないままで終わってしまう。

　確かにガーダマーには意味の過剰としての作品を解釈していく際に，自己―作品間の対話に重点を置く，翻訳不可能性に基づく解釈の多元的な（あるいは無限の）可能性を尊重する姿勢がみられる[44]。だが，「解釈に無限の可能性を認め，個々の解釈の正しさに対して判定を下さず，あくまでも相対性の次元にとどまっていることはたやすいことではない」[45]。

　なぜなら，解釈の多元性に重点を置くと，特定の論者が展開する或る「規範的な」

解釈への,「無条件の信仰へとつながってゆくおそれが多分にある」のである[46]。たとえば先に挙げたガーダマーに関しても,「芸術作品の美的,感性的な質の認識」よりも,「観者や芸術作品の自己了解(自己理解)」を規範化する傾向(価値を置く態度)があることは否定できない[47]。またヴェルシュにおいては,異質なものの是認を可能にする「具体的な方法」を展開しておらず,ただ多元性・横断性擁護の理念を説くに終始してしまっているがゆえに,その是認が現実的に如何にして果たされるかを主張することが出来ていない。よって,これも無条件の信仰として理想化,規範化される怖れが十分にありうる。

　無限にある解釈の多元性を主張する解釈体系の規範化によって,その解釈体系に従った解釈への無条件の信仰が広まれば,解釈の多元性は本意ならず侵害されてしまうだろう。たとえば多元性とは全く対極的な解釈体系(正しさが一元的であることを主張する体系)を想定すると,正しさとは一元的であるか多元的であるかといった,それぞれの解釈体系が依拠する前提が全く異なっているために,両者の間には不毛な信念対立が生まれる可能性があるからである。多元性を擁護するはずの人物が,正しさを一元的に主張する人物とは対立を起こしてしまう。この事態を本末転倒と言わずしてなんであろう。こうした信念対立の実情を,一つのテクストを補助線としつつ以下に見ていく。

## 3. 芸術解釈のパワーゲーム——社会学的分析を補助線として

　相対主義下における解釈の多元性擁護の困難さを解消せずに,ただただ芸術解釈の多義性を論じているだけでは,信念対立を招いてしまう。それは芸術の学問的アプローチにおいてもそうと言えることであるし,個人的な解釈の場においても同様であろう。この信念対立が顕在化するのが,芸術解釈におけるパワーゲーム(権力闘争)である。社会学者のブルデュー(Bourdieu, P.)はその著書『芸術の規則』において,客観化の主体を客観化するという社会科学的視点から,芸術や文学における《権力場》の理論を展開している。少々長くなるが,以下に引用を交えながらその理路を追っていきたい。

> 内的闘争,とりわけ「純粋芸術」の支持者と「ブルジョワ芸術」あるいは「商業芸術」の支持者を対立させ,前者が後者に対して作家という名前さえ拒否するように仕向ける闘争は,必然的に言葉本来の意味における定義をめぐる葛藤という形をとることになる。つまり各人は,自分の利害にとって最も好都合な〈場〉の限界を相手に押し付けようとする。あるいは同じことだが,自分がいま存在するような形で存在することを正当化するのに最も向いているような,本当の意味で〈場〉に所属するための条件(または作家,芸

術家，学者などの身分を与える資格）の定義を，相手に押し付けようとするのである。だから所属ということに関して最も「純粋」な，最も厳格で最も精緻な定義を擁護する人々が，ある種の芸術家（等）について，彼らは本当は芸術家ではないとか，真の芸術家ではないとか言うとき，彼らは芸術家として，それらの芸術家の存在を拒否しているのだ…つまり芸術としての芸術の場所として定義する物の見方・分割の仕方の原理（ノモス）であるとして，その〈場〉に押し付けようとしている視点から，それらの芸術家の存在を拒んでいるのである。[48]

正統的な文化生産様式の定義の独占権をめぐる闘争は，ゲームへの信仰，ゲームとその賭金への関心，つまりそれらの闘争もやはりその産物であるところのイルーシオ illusio を，絶えず再生産することに寄与している。[49]

芸術作品の価値の生産者は芸術家なのではなく，信仰の圏域としての生産の場である。それが芸術家の想像的な力への信仰を生産することで，フェティッシュとしての芸術作品の価値を生産するのだ。[50]

　上記引用をまとめてみよう。芸術解釈の権力闘争（信念対立）とは社会学的に見れば，このイルーシオ（信仰，関心）の正当性を巡る，終わりのない闘争として再生産され続けるものである。なぜなら，芸術という権力場には，それぞれ信望する芸術解釈へのイルーシオ（信仰，関心）が存在し，その時々のイルーシオによってフェティッシュとしての芸術作品の価値が生産されているからだ。
　この芸術の権力場とは，もちろん芸術家だけに関わるものではない。芸術場に関わっている人としてブルデューは，批評家，美術史家，出版社，美術館の学芸員，美術学校などの個人や集団を挙げた後，「芸術作品を芸術作品として，即ち価値として認識できる能力をもった消費者の生産に寄与している人々の存在」[51]も挙げていることから，極めて遠大な権力場が形成されていることが理解できる（前節で述べてきた解釈の妥当性を述べてきた思想家や学者も，この中に含まれるだろう）。
　こうした権力場の具体例として，現代日本美術の主な批評概念を取り上げてみよう。批評家の椹木による「悪い場所」論[52]，美術史家の松井による「マイクロ・ポップ」[53]，世界的アーティストの村上による「スーパーフラット（Superflat）」[54]や，「画強」天名屋尚によるバサラ（BASARA）プロジェクト[55]，批評家の黒瀬らによるカオス*ラウンジ（Chaos*Rounge）[56]など，新しい現代日本美術のコンセプトが提起されている。そしてこれらのコンセプトはこれまでの近代芸術の批評・宣言と同様，既存の芸術とは異なる新たなルールを打ち出すものとして提起されてい

る。

　これらの多様な志向が現代日本における現代美術の本質かと問われれば，当然ながらそうではない。市井の人々や無名の美術家などによる作品を見れば，そこには未だ分類されぬ多様な芸術が展開されている。つまり，これらの現代日本の新しい芸術を他の芸術と区別せんとする批評・宣言は，その読者などを含めてひとつの先鋭的な『現代芸術』というフェティッシュを生産している装置，（悪く言えば）フェティッシュの根拠を生み出す「アリバイづくり」だということである[57]。もちろん，この装置そのものが悪いというのではない。むしろ，新たな芸術解釈のイルーシオを生産し続ける装置としての芸術批評，宣言の類は，近代から始まった「芸術」という圏域（画壇や市場など）を支えてきた，欠かすことのできない言語ゲームの装置である[58]。それゆえに，畢竟これらの批評や宣言もまた，《権力場》に存在している他の芸術表現や批評に対立することで価値を得ている，ひとつのイルーシオ，フェティッシュに留まるものである，ということなのである。このように対立することでおのれの価値の根拠を得ている権力場に対し，多元性の擁護としての「芸術」は機能しうるだろうか？

　結論から言えば，たとえポストモダニズム的に解釈の多元性を擁護し新たな解釈を生産し続けたとしても，その多元性擁護という言明も芸術の権力場からは逃れえないのだ。むしろそうした言明こそ芸術場の権力闘争に巻き込まれることで——文化生産様式の正統性をめぐり対立することで——多元性擁護という新たなイルーシオとして価値を得ているひとつの理想理念でしかなく，結果，一元的な規範，大きな物語が喪失したとされる「ポストモダン的状況」においてなお，一元的な信念同士の対立を再生産し続けてしまうだろうということである[59]。そして学的な芸術解釈においても，ブルデューが指摘しているように，これと同型の問題が構造的に存在しているということなのだ。

　その意味で，芸術解釈の学問的アプローチにも見られる無自覚な「イルーシオ（信仰，関心）」を明らかにしている点において，眞鍋による解釈学への批判は一読に値するだろう。眞鍋はシュライエルマッハー，ディルタイ，ガーダマーといった解釈学の主要学説を芸術の解釈という観点から概観した後，彼らが作品を理解する立場を，「①テクストとして表明されるに至る著者自身の理解，②著者解釈者の別なく人間がひとしく具有する存在理解，③テクスト理解の目指すべき根源的理解の三つである」と分類している[60]。そして，「いずれの立場も拠るべき方位を理解の正しさと同一の根拠としており，それ自身で正しい理解を求めることは方法論的立場でさえ考えていないと思われる」[61]と述べ，彼らの解釈理論に見られる「循環話法」的性質を看取している。

　眞鍋の批判で重要なのは，解釈という営みが，「特定の拠るべき方位（イルーシ

表Ⅱ-2-1　主要な芸術解釈の妥当性の根拠とその批判

|  | 近代解釈学 (Schleiermacher) | (Dilthey) | 現代解釈学 (Gadamer) |
|---|---|---|---|
| 解釈の定義 | 言語の客観的な語義を確定する文法的解釈と、作者の意図など心理的な意味を解明する技術的解釈。 | 作品の特定の感覚的な徴表（文字など）が何らかの精神的な表現（生の表示）であることを技巧的に了解すること。 | その都度の解釈者の歴史的・社会的先入見から開示される作品の意味を、解釈者や作品の自己了解として理解すること。 |
| 解釈の妥当性 | 「理解」： 質的・量的な「誤解」を避け、解釈者が著者よりも著者の意図を深く理解すること。 | 「普遍妥当性」： 歴史的知識に基づく帰納推理や自己移入などの技術を用い、作品解釈を普遍妥当的にすること。 | 「翻訳不可能性」： 作品の意味の過剰性に基づき、その都度新たな自己了解を生み出していくこと。 |
| 妥当性の根拠 | 「言語」： 著者・読者に共通の解釈の前提。解釈の結果見出される存在。 | 「共同性」： 言語や文化など、異なる個人間に存在している精神性。 | 「作用史」： 解釈者の歴史的・社会的なその都度の先入見による有限な解釈の連続性。 |
| 主な批判 | 心理主義： 著者の意図とその理解の一致を前提 | 歴史主義： 共同体の客観的な歴史を前提 | 相対主義： その都度的・独断的な真理 |

|  | 内容主義 (Panofsky) | 形式主義 (Wölfflin) | 芸術意志 (Riegl) | 形象記述 (Boehmなど) |
|---|---|---|---|---|
| 解釈の妥当性の根拠 | 作品外在的なコンテクスト（生活様式・類型史・精神史）。 | 作品内在的な表現形式（線的なもの／絵画的なもの、平面的なもの／深奥的なもの）。 | 作品の様式を歴史的に発展させていく超越的な意志。 | 内容・形式といった諸概念に還元されえない、前一概念的様相としての形象。 |
| 主な批判 | 作品はコンテクストを論証するための「データ」になってしまい、その作品ならではの表現が見逃されてしまう。 | 表現形式、カテゴリーそのものの妥当性や、それらが歴史的に展開していく根拠について明示的でない。 | 芸術家は芸術意志を背負わされた執行人にすぎず、その作品自体も芸術意志の刻印にすぎなくなってしまう。 | 形象やイメージ（直観的表面）への還元主義、規範化による循環論法。 |

オ）によって、その理論（解釈）の正しさがあらかじめ前提されている」という点である。芸術解釈の多元性を擁護することの困難は、学問的解釈にしろ個人的解釈にしろ、解釈はその妥当性を評価し合うパワーゲームを生産する、「イルーシオ（信仰、関心）」と不分離である、ということにその根がある。それはすなわち、異なるイルーシオを抱く人々の間では、芸術解釈の信念対立が構造上不可避であることを意味する。このことからも、ガーダマーにおけるその都度の遊戯における自己了

解や，ヴェルシュにおける多元性擁護による異質なものの是認という理念は，現実問題としての芸術場から見れば文字通り理念でしかなく，権力闘争を調停する具体的な働きを有していないということが分かるだろう。

## ◆◆◆ 4節 ◆◆◆
## 信念対立を超克する可能性

### 1．解釈の妥当性という「仮説」

　芸術解釈の多元性を擁護することのアポリアは，学問的解釈にしろ個人的解釈にしろ，解釈はその妥当性を評価し合うパワーゲーム（権力闘争）を生産する，「イルーシオ（信仰，関心）」と不分離である，ということにその根があると先に述べた。この問題がアポリアとなる理由は，結論から言えば，そうしたイルーシオや規範といったものが突き詰めれば絶対的な正しさを原理的には保証できない「仮説」，さらに言えば「虚構（フィクション）」でしかないという点にある。

　よくよく考えてみれば，解釈学研究における普遍妥当性や翻訳不可能性，美術史研究における内容主義や形式主義，芸術意志や形象記述などは，そもそも何らかの作品を解釈するための「仮説」であり，その仮説を用いて作品をより妥当に解釈しようとする「関心」の産物であったと考えられる。したがって，そのうちのどれかひとつの「仮説」，どれかひとつの「関心」だけが「絶対的に正しい」などと主張するとすれば，その主張は既に「誰にとっても仮説の妥当性を検証できる学的な論証」でなく「全ての人にこの命題を信じることを要請する真理の主張」になってしまうし，結局「最善の解釈体系の正しさを巡る信念対立」を招くことになってしまう。

　さらにいえば，普遍妥当性や翻訳不可能性，内容や形式といった概念は人間が作り出した「観念（コトバ）」でしかないため，作品に内在している現象ではない。ゆえに，そうした観念が古今東西あらゆる作品に内在する（妥当する）という想定は，良く言って「仮説」，悪く言えば「虚構（フィクション）」である。こうした極論に対し，作品の「内容」や「形式」，作品を生み出す何らかの「意志」や「形象」は実際に分析されているし，翻訳不可能な作品への多様な解釈（作用史）が形成されている事実が，それら理論の妥当性を裏付けているとの反駁があるかもしれない。しかし，仮にそうした事実を経験したとしても，そうした経験が裏付けているのは「内容や形象，作用史といったコトバによって，作品がうまく解釈されていく」という実感を抱いている私たちの「確信」だけであり，特定の仮説があらゆる作品に妥当しているかどうかは検証不可能な問いなのである。ゆえにそれら仮説の正しさは，畢竟，以下に見ていくような根本的な仮説——本論の文意に即して言えば，「そ

の正しさをあらかじめ前提，仮定された根本的なイルーシオ（信仰，関心）」——が妥当させているといえる。今まで見てきた主義や規範の主な「根本仮説」と，その構造的問題を，以下に論証しておく。

## 2．根本仮説性から生じるアポリア

　たとえば，美術史研究における内容主義，形式主義，芸術意志，形象記述といったさまざまな解釈体系が根本で仮定している根本仮説の一つは，一つの作品にはさしあたり誰にとっても妥当する唯一の「客観的真理」がある，という仮説であるといえるだろう。ある作品に対する特定の解釈の普遍性や有効性を想定したり，妥当でない他の解釈体系による解釈を批判したりするためには，その作品にとって唯一妥当とされる「客観的な真理」をあらかじめ前提している必要があるからである。だがこの仮説は，その客観的な真理を判断しているのが私たちの主観であるために，その解釈体系で得られた知見が，未来永劫絶対的に正しい唯一の客観的真理であることを保証することは，原理的に不可能である。

　一方，その都度の解釈者の歴史的・社会的先了解から導かれる多元的な解釈との対話を推奨するような解釈体系においては，人間社会の歴史的変遷を通じて「事実」——「出来事」としての「解釈」や「真理」の生起——は多様に構成されうるという無限性をあらかじめ想定していると考えられる。なぜなら，人間にとっての「事実」が，その時々の有限な歴史や社会の価値観を通じて多様に構築されていくその「無限性」の存在をあらかじめ前提していなければ，普遍的で一義的な解釈の不可能性を主張することなど出来ないからである。しかし先と同様の理由で，無限性の実在は検証不可能であり[62]，その都度の相対的な真理という規範は，たとえば材料研究などで取り上げられる顔料などの「素材の組成」そのものを研究する関心にとってはあまり意味をなさない。

　以上見てきたように，それぞれの主義や思想を妥当させている規範（客観的真理，その都度の真理）は「根本的な仮説」であるがゆえに原理的に可疑的である。であるにもかかわらず（あるいはそれゆえに）根本仮説は互いに相容れず，おのれの信じる正しさとは異なる正しさを信じている仮説を排除してしまう。なぜなら，ある解釈の正しさを普遍的・絶対的なものと信望している人物と，社会的・歴史的に有限で相対的なものと信望している人物とは，互いの信望する仮説の正しさを結局仮説的にしか明示できないために，それぞれの主張は循環話法に陥り，結果として信念対立にはまり込んでしまうからである。これが，解釈の根本仮説性が不可避的にひき起こす信念対立の構造なのである。

## 3. アポリア解明への方向性

　ひとまずまとめておくと，芸術解釈の信念対立は，①ある芸術解釈を妥当させているイルーシオ（信仰，関心）や規範などの「根本仮説（虚構）」が《芸術場》に複数存在していながら，②特定の仮説の信望者にとっては彼が信じている（関心を抱いている）仮説のみが，「（他に比べ）正当なものだ」とあらかじめ独断的に仮定されているから生じるのだということができる。

　したがって，芸術解釈の信念対立を解くためには，①解釈を妥当させている特定の「根本仮説」に依拠せずに，②それぞれの解釈の正しさ，妥当性を担保するということが必要となるといえよう。

　それでは，これらの課題を満たすためにはどのような方法を採れば良いだろうか。先に述べたとおりある理論の客観的な正当性や，その都度的な真理の多元性擁護，「なんでもあり」という根本仮説を並べるだけでは，信念対立を超克せんとする具体的な「方法」を提示できていないために解決には至らない。同様に，ある研究者が「妥当といえる解釈」を量産し，その正しさを主張しても解決には至らないのである。この信念対立が問題である由縁は，有力な解釈を積み上げたとしても，その解釈の正しさを成り立たせている規範（根本仮説）の妥当性を証明することはできない，と言うところにあるからだ[63]。

　加藤はこうした課題に対し，「解釈の独断論への危険を防止するためには，厳しい自己批判と徹底的な相対化」を可能とする理路こそ必要であると述べている[64]。この独断論の防止への方向性について，加藤は他のところで幾らか具体的に論じている[65]。曰く，「みずからの拠って立つ立場をテクスト化する（コンテクストに関連付ける）こと」により，「「読み」を，（唯一の読みではなく）「一つの読み」として，その「位置による価値」を主張すること」が出来るような理路，と。加藤の言わんとするところをまとめるならば，つまり，内容主義的解釈は史料としての読み，形式主義的解釈は様式としての読み，など，その理論の立ち位置による価値を互いに認め合い，主張できるような理路を構築することが必要なのである，といえるだろう。

　ブルデューもこの方針に近い言及をしているので，参考のために以下に引用しておこう。「真の意味での芸術作品の科学をうちたてるためには」，「ゲームへの集合的な信仰（イルーシオ）」から「身を引き剥がし，すべての教養人を文化的ゲームに結び付けている共犯・共謀関係を宙吊りにして，このゲームを対象として構成しなければならない」[66]。そして，ゲームを対象化する際に必要なのが「自己反省性」であるとして，以下のように述べていく。

　　　　…自己反省性の視点を採用すること，それは客観性を放棄することではな

> く，…経験的な主体を（とりわけそれを社会的時空の一定の場所に位置付けることによって）説明しようとすることであり，そうすることで，科学的主体を経験的「主体」に，またその利害に，衝動に，前提に，信仰に，ドクサに結び付けているさまざまな紐帯…を通して彼の上に及ぼされうる種々の拘束への自覚を持ち，それらを（可能ならば）自由に統御することである。[67]

　この方向性は，解釈者を拘束してくる「種々の拘束への自覚を持ち」，「それらを（可能ならば）自由に統御」するという点で，解釈という営みに前提されている特定の「拠るべき方位（根本仮説）」を明示化し（可能ならば）自由に選択可能にするということになるといえるだろう。
　現在，そうした要請にこたえる枠組みとして，西條の提唱した構造構成主義を挙げることが出来る[68]。構造構成主義は特定の根本仮説に依拠しない，方法論的な多元主義を標榜しているため，信念対立に対して強い効果を発揮する理路，方途が提示されていることが期待される。たとえば，構造構成主義がその中核原理としている「志向相関性」や，その生成原理である「契機相関性」には，解釈の妥当性を担保しているイルーシオの方法論的な再考の可能性があると考えられ，人々がそれぞれ前提としている根本仮説を明示化し選択可能にする可能性があると思われる。次節では，構造構成主義の理路を参照しながら，新たな芸術解釈の地平を切り開くことを試みる。

## 5 節
## 芸術解釈の妥当性をわかちあうために

### 1．方法概念としての「現象」

　構造構成主義は，「特定の根本仮説を前提せずに，異なる主義・思想といった認識論的立場を超えて共通了解の地平を開く」という目的を達成するために，徹底的な方法的懐疑にも耐えうる「現象」という方法概念を，その理論的底板，出発点としている[69]。現象とは，一言でいえば「立ち現われ」のことであり，外部世界や夢，主観的な空想なども含めた，「立ち現われているすべての経験」のことを意味している。
　デカルト（Descartes, R.）が方法論的に省察したように，どんなに外部の世界にいる人々が客観的に実在しているように見えようとも，彼らが夢の住人であるかもしれない可能性は原理的に排除できず，またそのような懐疑的思考も，（極端かもしれないが）自分が誰かに操られて行っているかもしれない可能性も排除できない。さらに疑えば，そのような徹底した懐疑を本当に私がしているかどうかさえ私には

わからないし，現実であれ夢であれ，この世界はほんとうには実在しておらず，ずっと無のままでなにも生じていなかったのかもしれない。だが，あらゆる存在が「無」であろうと「実在」していようと，そうした存在の無や実在性といった「何かが立ち現われている（現象している）」ということは確かだといえる。したがって，この「現象（立ち現われ）」を理論構築の出発点に置くことによって，どんなに懐疑的な根本仮説（たとえば，世界は無である。芸術作品など存在しない）を抱いている人々にも了解可能な，原理性の高い共通地平を拓くことができる。

　この「現象」をその理論構築・解釈の出発点とすることの意義は，特定の根本仮説（たとえば，作品という客観的な存在，その意味内容や社会的価値）の「正しさ」をあらかじめ前提せずとも，「立ち現われ」をもとにして理論構築や解釈を行えることにある。

　たとえば作品の歴史的な存在価値などは，「もしかしたらこれは贋作かもしれない」というように，疑おうと思えば原理的には疑うことはできる。その意味で，作品の存在や作品の価値の客観性は，ある程度その都度の「虚構（根本仮説）」として生産され続けるほかないものである。しかし「すべては虚構なのだから何でもありだ」というようなニヒリズムに陥ってしまうと，芸術解釈の信念対立は超克されえない。芸術作品の存在形式も意味内容も歴史的価値も，完璧にその客観性を保証しきることはできないが，それでも作品の存在・意味・価値はその信憑性も虚構性も含めて何らかの経験，「現象」として立ち現われていることは確かだといえる。したがって，「現象」を複数の研究者間に生じている信念対立を超克するための方法論的な出発点とすること——先の例でいえば，《作品価値の虚構性も，作品価値の信憑性も，さしあたり「現象」として作品研究の俎上に置くこと》——によって，異なる根本仮説を信じている人々にも了解可能な，共通の地平を拓くことが可能になるのである。

## 2．中核原理「志向相関性」，生成原理「契機相関性」

　では上記に上げた作品としての意味や価値などの立ち現われ，「現象」は，《どのようにして》そのような特定の存在・意味・価値として立ち現われてくるといえるのだろうか。この問いに対して西條は，《存在・意味・価値は，志向（身体・欲望・目的・関心）と相関的に立ち現われる》という「志向相関性」なる原理でもって答えている[70]。また，この志向相関性の生成変化の原理として，《構造は諸契機と相関的に生成変化する》という契機相関性という理路も提起されている[71]。これらの理路は砕いていえば，普段は見向きもしない苦手な飲料も，からからに喉が渇いてくると，さしあたりの飲み水として価値付けできるといったように，あらゆる存在・意味・価値は，そのつどの契機（きっかけ）に応じて生成変化する志向に応じ

て立ち現れていくという原理である。

　この原理によって，私たちにとって現象する（理論や解釈，作品そのものなども含めた）「存在・意味・価値」は，私たちの外部に独立的・客観的に実在する不変の「実体（モノ）」としてではなく，欲望や関心に応じて時々刻々と構成されていく「現象の加工物（コト）」，いわばフィクション（虚構）として認識される。このようにあらゆる存在・意味・価値を，おしなべて志向相関的な「現象の加工物」として認識することの意義は，その仮説の「正しさ（価値）」が，その仮説を妥当させている研究関心や目的に応じて規定されていることを認識可能にするということにある。

　たとえば，美術史的な価値を証明するために，作品の文脈や意味内容に着目した解釈を妥当だとしている場合も，または芸術の「自由さ」を主張するためにその都度的な解釈の多元性または不可能性を支持している場合も，個々の関心に応じて（志向と相関して）その妥当性の高低が生じているのだと「相対化・明示化」することが出来る。さらには，作品の新しい研究法を学んだり，作品の新たな見方や自分にとっての意味を発見したりといった，その都度志向を変容させる「契機（きっかけ）」に応じて，学的な研究関心も個人的な鑑賞関心も絶対不変のものではなく「その都度生成変化していくものだ」と認識することができる。その結果，解釈のより妥当な評価をするために，自分が行っている解釈に，自分が抱いている「関心」や，それを生み出した「契機」が強く影響を与えていることを自認した上で，他者の解釈を評価することを心掛けようといった，（絶対にとはいわないまでも）より建設的な態度へとつながる可能性が生まれるといえるだろう。

　そして，個々の関心や欲望，目的を明示化することによって，一つの作品解釈の妥当性を，加藤が述べるような「位置による価値」として基礎づけ，多様な解釈をそれぞれ「一つの読み（仮説）」としてその価値を主張，選択することが出来るようにもなる。これではまた個々の異なる関心による相対主義になってしまうではないかとの声があがってきそうだが，この疑念についても志向相関性・契機相関性という原理を投入することで解消することができる。

　構造構成主義においては，理念的にはそれぞれの解釈を多元的に擁護する立場をとるが，現実的にはすべての理論が相対的，等価だとは考えない。例えば，「人間にとって芸術とは何かを探求する」「人間社会にとって，芸術教育のよりよいあり方を検討する」といったメタレベルの目的が想定されている場合には，論者が互いに異なる根本仮説を前提としていようとも，その目的に照らし合わせて採用する仮説それ自体の妥当性を検討し，擦り合わせていくことが妥当とされる。すなわち，そのメタレベルの目的を満たす，あるいはそれを達成するのに有効に機能すると考えられる仮説の方が，その目的に照らし合わせることで，他の仮説よりも「より妥

当な仮説」として高く評価されるのだ。つまり，志向相関性とは，各人の関心や目的のズレを，あるメタレベルの関心や目的（学問的探求や私的鑑賞など）と相関させることにより，互いの関心や目的を擦り合わせ，その上で妥当な解釈や方法といった「仮説」を探索し選択していくことを理論上担保する理路（方法）であるといえよう。さらには，契機相関性の視点を持つことで，「この目的に擦り合わせていくためには，どのような問いかけや行為（契機）が必要だろうか」と，戦略的かつ実戦的な志向性の生成に対する視点も理論上担保する事が可能となる。

　今まで述べてきたことを，「誰でも知っている当たり前のことだ」と捉えるかもしれないが，こうした当たり前のことを認識しているのと，それを実践する方法を考察し実際に行うのとには彼我の差がある。前節で述べてきたパワーゲームや，多様な主義の乱立，主義の流行による理論偏重（または偏重した批判）といった現実的な事態を参照すれば，それは理解できるだろう。相対主義的に，自分の考え方もひとつのフィクションであることを自覚し，ブルデューの言うような自己反省性に留意していたとしても，その相容れない異なる根本仮説同士をメタレベルから戦略的に価値付け，選択，対立を調停していくことは現実問題として困難なものであった。たとえわかりあえなくとも，互いの関心から導かれた解釈の妥当性を分かち合っていくという『当たり前のプロセスを，ではどうやったら（どう考えたら）具体的に実践できるのか』。その問いに理論的に答えようとしたのが，構造構成主義であるともいえるだろう。したがって，これらの原理を，そういった研究や解釈の信念対立を解消する認識装置として機能させることは，そうした（だれもが理想に掲げることはできるが実際に行うのは難しい）「当たり前」のことを実践する際の，良い考え方（ツール）になるといえよう。

### 3．存在論的概念としての「構造」

　だが，芸術作品を説明する理論や解釈が，戦略的にしろ関心や目的といった主観的なものと相関的にその価値が測られることに違和感をもつ人もいるだろう。あらゆる解釈がフィクション（現象の加工物）にされては，学問的な言説の「科学性」を維持できなくなるのではないかと。しかし，あらゆる芸術解釈を「現象の加工物（根本仮説）」として一元化することは，むしろその科学性（質）を担保することも可能にするのである。

　西條は，志向性と相関的に構成されていく「現象の加工物」を，「構造」という存在論的な概念として一元化している[72]。ただここでいう「構造」概念には厳密には二種類あり，《関心（志向）相関的に立ち現われた何か》（括弧内筆者）という広義の構造概念と，《同一性と同一性の関係性とそれらの総体》という狭義の構造概念とがある。前者は私たちが漠然と経験している「存在・意味・価値」——色彩

や形態，信仰や関心など——といった，恣意的な「現象の分節化」を意味し，後者は主義・思想，理論や解釈といった，恣意的な同一性（コトバ）を用いた「現象の構造化」を意味している。

　さしあたり本論で重要なことは，自然科学にしろ人文科学にしろ，あらゆる理論は研究者の関心や目的と相関的に立ち現われた存在・意味・価値を，言葉で構造化した仮説（構成された構造）だということだといえる。構造主義科学論を体系化した池田によれば「科学」とは，客観的で絶対唯一な真理を追い求める営みのことではなく，一回起性で移ろう「現象」を上手く説明する「構造（コトバとコトバの関係形式）」を追及する営みである[73]。原理的に考えれば，今日見る水は明日見る水とはまったく別の現象だが，私たちはそれら異なる現象を「水（$H_2O$）」という何らかの同一性（コトバ）で説明している。さらにはその同一性（水）を，「水素と酸素で出来ている（$2 H_2O = 2 H_2 + O_2$）」といった「コトバとコトバの関係形式」に置き換えて説明している。この定義によれば，自然言語を用いる人文科学も，数式などを用いる厳密的な自然科学も，その理論は何らかの同一性（コトバ）で記述されていることは疑い得ないため，それらはおしなべて（狭義の）「構造」ということができる。

　すなわち「科学」とはこうした恣意的に分節化された同一性（コトバ）によって，当該の現象に適合的な構造（関係形式）を構成することで，現象の予測や制御のための知見を（反証可能なかたちで）担保していく営みのことであるといえる。このように述べることで，科学性・客観性を担保するための，構造そのものとしての「質」の判断基準，すなわち理論の現象適合性や論理的整合性といった規準を，「現象を上手く構造化する＝現象の予測可能性・制御可能性・反証可能性を担保する」という目的として含意する事が可能となる（「水は100度で沸騰する」，など）。

　そして西條はこの「構造」が，非厳密的な自然言語によって記述されていたとしても，その仮説が構造化された過程，「構造化に至る軌跡」の記述を行えば，さしあたり広義の科学性・客観性を担保できるとしている[74]。たとえば，ある解釈が未来永劫ある作品に即していることを私たちは完全に保証することはできないが，ある関心や目的のもとにおいては妥当である，また，ある時代，ある社会的状況といった制約のもとにおいては妥当だったということはできる。つまり，その構造化に至った諸条件や要点を開示するようにすれば，その仮説（構造）の妥当性を学的な，公の検証に委ねることができ，広義の科学性・客観性——予測可能性・制御可能性・反証可能性——を担保することができるというわけである。ゆえにそこで構成される構造は，特定の志向性に応じて（相関して），作品という現象を上手く説明する構造であることが妥当とされることになり，「なんでもあり」にはならない。こうして，言説の学的な質を維持することが理論上可能になるといえる。

## 6節
## 新たな芸術解釈の地平へ

　芸術解釈の信念対立とは，互いに異なる目的，関心，欲望を持った研究者や鑑賞者たちが，その目的や関心のズレに気付かずに，自分の解釈の妥当性（根本仮説）を仮定することによって生じてきた問題であったといえる。そして結論からいえば，前節で記述してきた原理群を芸術解釈の認識装置（理路）とすることで，すなわち《あらゆる芸術解釈は，立ち現われた現象を，契機－志向相関的に構造化した構造である》とすることで，複数の研究者がそれぞれある作品（現象）に対して抱いている解釈の妥当性（根本仮説）の正しさやズレを，その都度の個々の欲望や関心と相関させることで相対化・明示化し，さらにその都度の契機に応じて方法論的に選択することが出来るようになる。この理路を，【構造構成的芸術解釈論】として定式化しておく（図Ⅱ-2-1）。これによって，芸術作品の解釈を扱う学問においても，個人的な解釈においても，こうした互いの志向性のズレを認識できる理路を用いることによって，なんでもありに終始しない「建設的な解釈の妥当性評価」が出来るようになる可能性が開かれるだろう。この理路によって絶対に建設的な議論が出来るというのではないが，それでも少しでもその解釈の妥当性を互いに「妥当な形で」評価できるような方向へ進むことに意義がある。

　その具体的な意義としては，以下のようなものがあげられるだろう。たとえば「特定の主義を認識論とした作品研究」や「その都度の作品との対話」，「解釈の多元性擁護」といった実践に対して開かれた学的戦略を構想することができるようになる。内容と形式，様式，形象といった諸主義・諸理論のどちらが正しいかを競わずとも，それぞれの理論（根本仮説）を作品研究のための認識論（構造）として，志向相関的に選択するに至った経緯（軌跡）を明らかにしておくことで，その視点から得られた学的知見（構造）として妥当であるか否かをそれぞれ公の検証に委ねることが出来る。これにより，たとえば諸理論で提示されている根本仮説（たとえば本質的意味，形式，様式，芸術意志，形象）を理論的に検討し鍛えなおし，今日的な意義を新たに見出すといった諸研究や，それら異なる認識論を多元的に活用し，ひとつの作品（現象）や特定の作品群を多視的に研究することも可能となるだろう。また，真理のその都度性を声高に主張せずとも，移ろって行くその都度の解釈の存在・意味・価値をその都度の契機－志向から構成された構造としてその意義を担保可能になり，多元性擁護の正しさをあらかじめ仮定せずとも，他者による芸術解釈の妥当性を，他者の関心と相関させて参照する機能を備えているといえる。これにより，学的な作品研究においても個人的解釈においても，芸術解釈の多元性の擁護を実践

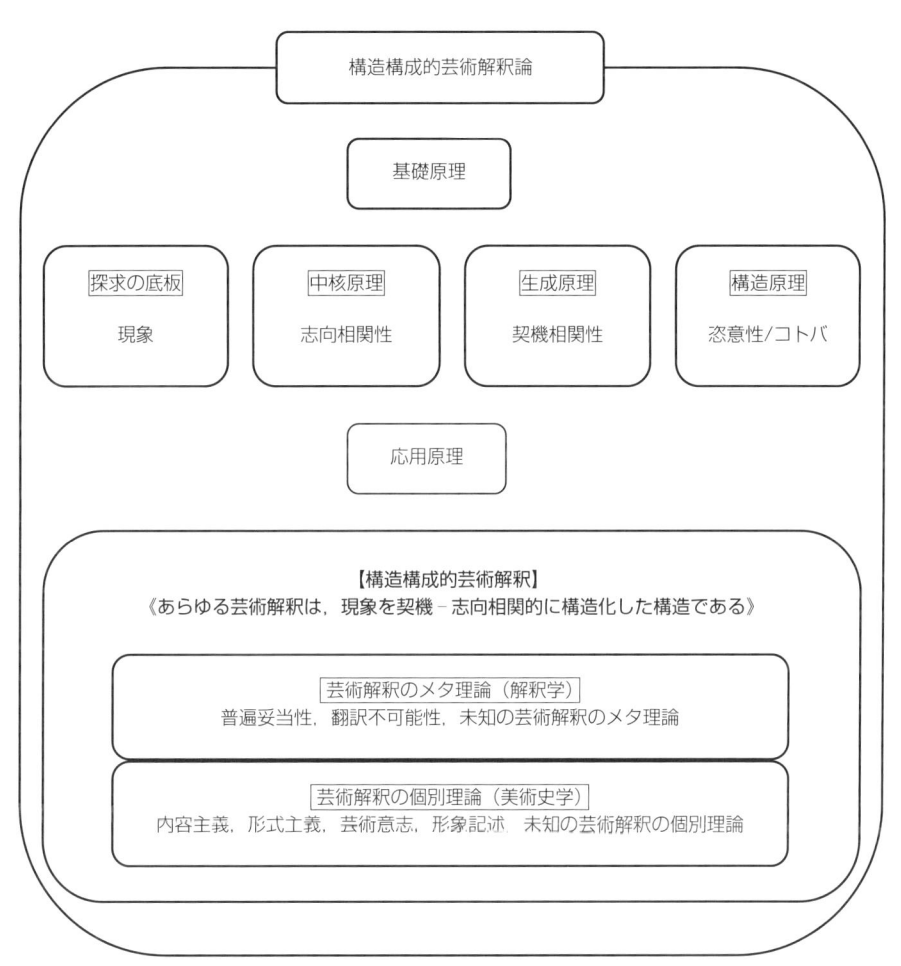

```
┌─────────────────────────────────────────────────────────┐
│           構造構成的芸術解釈論                           │
│                                                         │
│              ┌──────────┐                               │
│              │ 基礎原理 │                               │
│              └──────────┘                               │
│                                                         │
│  ┌────────┐ ┌────────┐ ┌────────┐ ┌────────┐           │
│  │探求の底板│ │中核原理│ │生成原理│ │構造原理│           │
│  │ 現象   │ │志向相関性│ │契機相関性│ │恣意性/コトバ│      │
│  └────────┘ └────────┘ └────────┘ └────────┘           │
│                                                         │
│              ┌──────────┐                               │
│              │ 応用原理 │                               │
│              └──────────┘                               │
│                                                         │
│  ┌─────────────────────────────────────────────────┐   │
│  │     【構造構成的芸術解釈】                       │   │
│  │ 《あらゆる芸術解釈は，現象を契機‐志向相関的に構造化した構造である》│
│  │                                                 │   │
│  │   ┌─────────────────────────────────────┐     │   │
│  │   │   芸術解釈のメタ理論（解釈学）       │     │   │
│  │   │ 普遍妥当性，翻訳不可能性，未知の芸術解釈のメタ理論│   │
│  │   └─────────────────────────────────────┘     │   │
│  │   ┌─────────────────────────────────────┐     │   │
│  │   │  芸術解釈の個別理論（美術史学）      │     │   │
│  │   │ 内容主義，形式主義，芸術意志，形象記述，未知の芸術解釈の個別理論│
│  │   └─────────────────────────────────────┘     │   │
│  └─────────────────────────────────────────────────┘   │
└─────────────────────────────────────────────────────────┘
```

図Ⅱ-2-1　構造構成的芸術解釈論の構造モデル

しつつ，なおかつその妥当性も担保する理路が開かれたと言えるだろう。

したがって，本論で呈示した構造構成的芸術解釈論により，本論で明らかにした信念対立の超克のための条件——すなわち，①解釈を妥当させている特定の「根本仮説」に依拠せずに，②それぞれの解釈の正しさ，妥当性を担保すること——は満たされ，芸術解釈の信念対立は超克されるのはもとより，上記に挙げたような科学性の担保という機能も本メタ理論は有していることがわかる。

だが，本論で述べてきた構造構成的芸術解釈論は，当然ながら個々の芸術作品に対する個別理論や個別解釈ではなく，それらを構成してゆく意義を基礎づける「メ

タ理論」である。ゆえに，具体的にどのような目的であれば学的・批評的建設性がより増すのか，どのような関心の元に人々の解釈が行われていくのか，実際に多元的な研究はどのようになされるのかといったことには具体的には言及していないため，それら志向性の妥当性はこれ以降の構造構成的な芸術解釈を行っていく個別理論における継承如何によって適宜判断されていく側面も持っている。諸主義の関心や目的を明らかにしたうえで，その志向性を多元的に選択し，ある作品に対する異なる解釈を比較しながら記述することは本論で明らかにした理路を用いれば可能だろうが，芸術解釈を学的に担保するための関心・目的の妥当性もまた，その関心や目的の「構造化に至る軌跡」を明示化することで絶えず検証されなければ，ひとつの理想理念として超越項化されてしまう恐れがある[75]。したがって以降は，芸術を特定のアプローチから学問する意義とその妥当性を，根本仮説的に探索していくことが必要となるといえるだろう。

さらには，本論では芸術や作品という存在を，芸術解釈を論ずる都合上ある程度前提した上で論述を行ったため，「芸術とは何か」「作品とは何か」といった芸術(哲)学的問題や，解釈において争点にされるであろう「美とは何か」といった美学的判断についての哲学的問題について論究することは敢えてしていない。しかしそのために本論の意義が低減されるとは言えない——芸術解釈を学的に探求する「美術史学」にとって，取り上げられる対象が広義の芸術や美術品，芸術作品であることは疑い得ないと考えられるからだ。そのため，今後上記の芸術哲学的問題や美学的問題を論究することが求められるが，本論をその論究の有無によって批判することは本論の目的とは異なるため妥当とは言えないことを述べておく。これらのことを踏まえた上で，本論が提起した芸術解釈の信念対立の解消をいかにして可能にしていくかについて，本論の検討，修正，継承が望まれる。

## 【註および文献】

[1] Wölfflin, H. 1921 *Das Erklären von Kunstwerken*. 山崎正和（訳） 1979 芸術作品の説明 山崎正和（編） 近代の藝術論 中央公論新社 pp.471-497. 引用文は p.475
[2] 岡本太郎 2000 宇宙を飛ぶ眼 みすず書房 pp.283-288.
[3] 藤枝晃雄（編） 2005 グリーンバーグ批評選集 勁草書房 pp.173-180.
[4] 神林恒道 2000 「フォーマリズム」の美学と芸術論 （特集 美術批評の歴史と現在）—（美学芸術学の地平より） 美術フォーラム21, 2, 24-27. 醍醐書房
[5] 立野良介 2001 ヴィルヘルム・パーペートの芸術哲学—相対主義の克服という観点で 美学, 51 (4), 25-36.
[6] 加藤哲弘 1992 美術史学の「危機」とその克服 神林恒道・太田喬夫・上倉庸敬（編） 芸術学の軌跡＜芸術学フォーラム1＞ 勁草書房 pp.159-173. 引用文は pp.167-168
[7] Foster, H.（Ed.） 1983 *The Anti-Aesthetic-essays on postmodern culture*. Bay Press. 室井 尚・吉岡 洋（訳） 1987 反美学—ポストモダンの諸相 勁草書房 pp.81-103.

引用文は p.93 に記載されている。

[8] 竹田青嗣　2000　現象学は〈思考の原理〉である　筑摩書房　pp.57-60.
[9] 池田清彦　1998　構造主義科学論の冒険　講談社　pp.72-81.
[10] 西條剛央　2007　メタ理論を継承するとはどういうことか？―メタ理論の作り方　構造構成主義研究, 1, 11-23.
[11] Henckmann, W.　1970　Über die Verbindlichkeit ästhetisher Urteil. *ZEITSCHRIFT FÜR ÄSTHETIK UND ALLGEMEINE KUNSTWISSENSCHAFT*, 15(1), 49-70. 増成隆士（訳）1978　美的判断の拘束力について　新田博衞（編）1978　芸術哲学の根本問題　晃洋書房　pp.50-90.
[12] 丸山高司　1997　現代思想の冒険者たち　第12巻　ガダマー―地平の融合　講談社　pp.40-43.
[13] 江藤匠　2005　「解釈科学としての美術史」の形成―ゼンパー，リーグル，パノフスキー　カリスタ, 12, 36-63.
　　　[12] の pp.54-55参照。
[14] Schreiermacher, FR. D. E.（Nach den Handschriften neu herausgegeben und eingeleitet von Kimmerle, H.）1959　*Hermeneutik*. Heidelberg. 久野昭・天野雅郎（訳）1984　解釈学の構想　以文社　pp.75-76.
[15] Warnke, G.　1987　*GADAMER : Hermeneutics, Tradition and Reason*. Polity Press, Cambridge. 佐々木一也（訳）2000　ガダマーの世界―解釈学の射程　紀伊國屋書店　pp.32-52.
　　　[12] の pp.55-56
　　　[14] の pp.66-68
　　　この解釈学的成句の源泉は，カントの純粋理性批判に端を発するとされているが，本論では考察において述べたように，解釈学の美学・哲学との関係性や系譜に関しては割愛する。
[16] Dilthey, W.　1957　*Gasammelte Schriften*. Bd, V, Stuttgart. 久野昭（訳）1973　解釈学の成立　以文社
[17] Panofsky, E.　1964, 1974　*Aufsätze zu Grundfragen der Kunstwissenschaft*. Herausgegeben von Hariolf Oberer und Egon Verheyen, Verlag Bruno Hessling, Berlin　細井雄介（訳）1994　芸術学の根本問題　中央公論美術出版　pp.92-109.
[18] 三木順子　2002　形象という経験　到草書房　pp.100-101.
[19] [18] の p.14
[20] Wölfflin, H　1991　*Kunstgeschichtliche Grundbegriffe. Das Problem der Stilentwicklung in der neueren Kunst*（Munchen, 1915）, 18. Aufl., Basel. 海津忠雄（訳）2000　美術史の基礎概念―近世美術における様式発展の問題　慶應義塾大学出版会　pp.3-26.
[21] [18] の pp.20-21
[22] [18] の pp.22-26
[23] Riegl, A.　1901　*ÄTRÖMISCHE KUNSTINDUSTRIE* 4. univeränderte Auflage, 1973, Wissenschaftliche Duchgesellschaft, Darmstadt. 井面信行（訳）2007　末期ローマの美術工芸　中央公論美術出版　p.321.
[24] [18] の pp.17-19
[25] [18] の p.27。引用文は以下の通りである。
　　　「…内容主義は，フォルムや色彩を，内容解読の為の単なる感覚データとして扱ってしまう。そこでは，可視的世界があらわしだしている自律的なものや直接的なものの意義は問われないままになる。一方，形式主義は，直接的な可視的世界を重んじながらも，かえってそれを硬直した問いに変えかねない。」
[26] [18] の p.28
[27] [18] の p.28, 63
[28] [18] の p.174
　　　井面信行　1993　像と現実―M. イムダールのイコニックを指針として　美學, 44(1), 36-46.
　　　なお，井面によって翻訳されているイムダールの用語法に従うなら，三木の形象への還元論は，

形象（Gebilde）へではなく像（Bilde）への還元であると考えられるが，ここでは三木の用語法に倣って形象への還元論として記述した。

[29] 岩城見一　2001　感性論　エステティックス―開かれた経験の理論のために　昭和堂　pp.234-236, 308-313.
[30] 岩城見一　1991　芸術過去論？―芸術への〈反―（anti―）〉かつ〈前―（ante―）〉近代的異議申し立てについて　神林恒道（編）　芸術現代論―モダンからポストモダンへ　昭和堂　pp.28-53.
[31] ［29］の pp.306-313
[32] ［18］の p.127
[33] ［25］参照。
[34] 浅沼圭司　2001　岩城見一　感性論エステティックス―開かれた経験の理論のために　昭和堂　二〇〇一年，XII＋四四〇＋XV頁　美学，52(2), 84-86.
[35] ［9］の p.48
[36] ［11］の pp.78-79
[37] Eco, U. 1967 *OPERA APERTA*. Bompani, Milano. 篠原資明・和田忠彦（訳）2002　開かれた作品　青土社
[38] Welsch, W. 1990 *Ästhetisches Denken*. Philipp Reclam jun. Stuttgart（3. Auflage　1993）小林信之（訳）1998　感性の思考―美的リアリティの変容　剄草書房　pp.88-92.
[39] Gadamer, H-G. 1975 *Wahrheit und Methode : Grundzüge einer philosophischen Hermeneutik*. J. C.B. Mohr（Paul Siebeck）Tübingen. 轡田　収・麻生　建・三島憲一・北川東子・我田広之・大石紀一郎（訳）1986　真理と方法　I　法政大学出版局
Gadamer, H-G. 1975 *Wahrheit und Methode : Grundzüge einer philosophischen Hermeneutik*. J.C.B. Mohr（Paul Siebeck）Tübingen　轡田　収・巻田悦郎（訳）2008　真理と方法　II　法政大学出版局
[40] Gadamer, H-G. & hrsg. Von Carsten Dutt　1993　*Hermeneutik, Ästhetik, praktische Philosophie : Gadamer im Gespräch*. Universitätsverlag C. Winter Heidelberg GmbH　巻田悦郎（訳）1995　ガーダマーとの対話―解釈学・美学・実践哲学　未來社　pp.62-73.
［34］も参照。
[41] 加藤哲弘　1987　美的意識を超えること―ガダマーの視点から　太田喬夫・岩城見一・米沢有恒（編）　シリーズ〈芸術と哲学〉　美・芸術・真理―ドイツの美学者たち　昭和堂　pp.281-307.
[42] Gadamer, H.G. 1967 *Ästhetik und Hermeneutik*. Aus : *Klein Schriften*, Bd. 2, Tübingen S.1-8　物部晃二（訳）芸術哲学と解釈学　新田博衛（編）1978　芸術哲学の根本問題　晃洋書房
ハイデッガーの芸術解釈における「真理」概念については以下の文献を参照した。
Heidegger, M. 1960 *Der Ursprung des Kunstwerkes*. Philipp Reclam jun. Stuttgart. 関口　浩（訳）2002　芸術作品の根源　平凡社
Heidegger, M. 1969　竹市明弘（訳）1978　芸術と空間　新田博衛（編）1978　芸術哲学の根本問題　晃洋書房
[43] 加藤哲弘　1981　ガダマーの解釈学における芸術の問題　京都大学文学部美学美術史学研究室紀要, 2, 89-107.
[44] ［40］の pp.66-67
[45] ［41］参照。
[46] ［41］参照。
[47] ［39］［41］参照。
[48] Bourdieu, P. 1992 *LES REGLES DE L'ART : Genèse et structure du champ littéraire*. Editions du Seuil. 石井洋二郎（訳）1996　芸術の規則 II　藤原書店　p.72.
[49] ［48］の p.83
[50] ［48］の p.85
[51] ［48］の pp.85-86
[52] 椹木野衣　1997　日本・現代・美術　新潮社

[53] 松井みどり　2007　マイクロポップ―夏への扉　パルコエンタテインメント事務局
[54] 村上　隆（編）　2000　スーパーフラット　マドラ出版
Murakami, T. (Eds.) Okada, T. et al. 2005 *Little boy: the arts of Japan's exploding subculture*. New Haven : Yale University Press.
[55] 天名屋尚　2010　BASARA　美術出版社
[56] カオス*ラウンジ宣言2010 (http://www.youtube.com/watch?v=HpueFRzx 0 PY)
Chaos*Lounge Official Web Site (http://chaosxlounge.com/)　2011年11月17日確認
[57] Malik, S. 2008 Critique as alibi : moral differentiation in the art market. *Journal of Visual Arts Practice*, 7(3), 283-295.
[58] [26] 参照.
[59] ポストモダン，ポストモダニズムの概念の違いについては以下を参照した.
東　浩紀　2001　動物化するポストモダン―オタクから見た日本社会　講談社
東　浩紀　2007　ゲーム的リアリズムの誕生―動物化するポストモダン2　講談社
[60] 眞鍋　將　1984　解釈学　今道友信（編）　講座　美学　第3巻　pp.61-95, 86-87.
[61] [60] の p.87.
[62] 桐田敬介　2011　構造構成的時間論―時間をめぐる難問の解明　構造構成主義研究, 5, 274-295.
[63] 西條剛央　2005　構造構成主義とは何か―次世代人間科学の原理　北大路書房　pp.12-15.
[64] [43] 参照.
[65] 加藤哲弘，1997　感性的認識における時間の問題―ガーダマーによる芸術の読解の理論を手がかりに　岩城見一（編）　感性論―認識機械論としての〈美学〉の今日的課題　晃洋書房　pp.256-278.
[66] [48] の p.85
[67] [48] の p.54
[68] [63] 参照.だが，構造構成主義はその理路を継承発展させているため，2011年現在の理路は[63]で挙げた書籍に掲載されているものとは多少異なる点がある.現在の構造構成主義の入門的良書として以下の書籍を挙げておく.
西條剛央　2009　JJNスペシャル　看護研究で迷わないための超入門講座―研究以前のモンダイ　医学書院
[69] 西條剛央　2008　ライブ講義・質的研究とは何か　SCQRMアドバンス編―研究発表から論文執筆，評価，新次元の研究法まで　新曜社　pp.124-131.
[70] 西條剛央　2007　ライブ講義・質的研究とは何か　SCQRMベーシック編―研究の着想からデータ収集，分析，モデル構築まで　新曜社　pp.5-6.
[71] 桐田敬介　2009　契機相関性の定式化へ向けて―構造構成主義におけるその都度性の基礎づけ　構造構成主義研究, 3, 159-182.
[72] [62] の pp.102-146
[68] の pp.128-149, 165-192
[73] [9] の pp.53-114
[74] [69] の pp.174-178
[75] 苫野一徳　2008　構造構成主義による教育学のアポリアの解消―教育学のメタ方法論　構造構成主義研究, 2, 88-110.

## 【謝辞】

本論文は，.review002において掲載された，筆者の卒業論文を修正した「芸術解釈の妥当性をわかちあうために（short ver.）」を再考したものである．卒業論文の指導を賜った小林信之教授，再掲を許可してくださった，review編集部の皆様，そして本論の執筆に際し理論的な研鑽の機会を与えてくださったネキダリス研究会の皆様に感謝の意を申し上げたいと思います．ありがとうございました．

原著論文（研究）

## II-3 音楽療法研究における音楽のとらえ方をめぐる信念対立の構造の解明

――契機-志向相関的音楽論の定式化を通して

大寺 雅子

### 1節
**本稿執筆にあたっての問題意識**

　本稿執筆にあたり，テーマを着想する契機となった筆者の個人的経験について本論に入る前に述べたいと思う。

　ある大学院の音楽療法の授業で，1人の音楽療法士が障害を持つ子供に対してピアノで即興演奏している場面の映像を見たことがあった。この授業の趣旨は，異なる音楽療法の流派について学ぶということだったので，このアプローチ方法はこういうものなのだな，などと思いながら筆者はその映像を見ていた。ところが，クラスメートからは，「ピアノ演奏によって子供が泣いていることを強化している」「音楽が機能していない」などという反応があり，それに同意する趣旨のコメントが教師からなされ，あたかも映像中の音楽療法を否定するような空気がクラス内に流れていた。また，ある学会の会場では，「音楽療法の事例について，"数値ではない"方法で示したいと思う」「やはり音楽療法は数字で表すことはできませんよね」と"数値"で音楽療法の事象を表すことが間違っている，という前提での議論がなされていた。しかし，"数値"で示された音楽療法研究が発表される会場では，そういった議論が行われることはなかった。

　どうやら筆者が居合わせた場所では，メインストリームとなる臨床モデルや研究スタイルが暗黙裡に設定されていたようなのである。筆者が違和感や疑問を覚えた

ポイントというのは，異なる観点の人同士が一方的に批判し合う，または議論を避け合う，という対立の構造である。このような対立は，学問的な対立や臨床的アプローチの相違などというふうに表現することもできるが，実際はそれを主張する人の信念に基づくものであり，その影響が及ぶ範囲は広くかつ深いと言えよう。

こうした信念対立は，当該領域における学術面，臨床面，教育面など様々な側面に不利に働き，それらの発展を阻む大きな要因の1つであると言える。筆者は，この問題について優先的に取り組む必要性を強く感じたので，本稿を執筆するに至った。音楽療法以外の分野でも同様の問題が存在するが[1][2]，本稿では，筆者の専門領域である音楽療法に焦点を絞り，その中でも音楽療法研究にまつわる信念の対立について考えていくが，その理由については後述する。

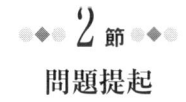

## 2節
## 問題提起

### 1. 音楽療法の発展

近年，医療，保健，福祉，教育，その他様々な領域で音楽療法への注目が高まっている。古来より人々は，音楽の癒しの力を病む人の回復に役立てる試みを行ってきた。先史時代において，病の原因であると考えられていた悪霊祓いのためのまじないや宗教的儀式に，音楽は欠かせないものであった。近代医学が発展してからも治療法が分からない精神疾患の治療に音楽が活用されたり，特定の疾患に音楽を「処方する」という試みが行われたりしていた。このような実践が現在の音楽療法で行われることはないが，少なくとも人々が聴いたり演奏したりして楽しむ用途以外にも音楽の有用性を見出してきたことは，先史時代から現在に至るまで変わっていないのである[3][4]。

現在行われている音楽療法は，1940年代に米国で退役軍人を対象に行われた音楽療法から発展していったものである。1950年代に世界で初めて音楽療法専門の学術団体である全米音楽療法協会が発足して以来，主に欧米を中心に音楽療法関連の団体が次々と組織されるようになっていった[5]。これらの団体は，音楽療法の啓蒙活動，音楽療法士の専門職としての社会的地位向上や研究活動の推進などを行っている。さらに，日本を含めた各国の大学に音楽療法士養成コースが作られるようになり，音楽療法士の資格認定制度が設けられていった。

この過程において，音楽療法は，医学，心理学，音楽教育学などの関連分野から様々な理論や臨床技法を導入してきた。そして，当該分野へのそれらの応用と新たな技法や理論の開発および研究を試みてきた。臨床技法や研究においては，その効果や結果を定量化することができる方法論を盛んに導入する傾向が見られた。その

一方で，芸術としての音楽という側面について考える音楽学，美学，哲学といった分野と音楽療法は意外なほど関わりが少なかった。若尾は，この経緯について音楽療法の社会的進出のためにはやむを得なかったこととはいえ，「音楽療法はあまりにもその音楽について考えてこなかった」と述べている[6]。

同様の反省から，近年，音楽療法における音楽に関する論考や，音楽療法独自の理論的基盤の更なる充実が叫ばれるようになってきた[7]。つまり，音楽療法は臨床技法の1つという位置づけから，音楽療法学という学問領域への発展を目指している過渡期にある分野であると言えよう。そのためにはさらなる知見の積み上げを行うことにより，音楽療法研究のより一層の発展が望まれているところである。まずは，音楽療法研究のこれまでの動向と現状について把握し，その背後に存在する問題について明らかにすることが必要であると思われるので，次項からその作業を行っていく。

## 2．音楽療法研究のこれまでの研究動向と現状

ブルックス（Brooks, D.）は，1964年から2001年の間に，音楽療法関連の主要英文9誌で発表された1521論文の傾向について分析を行った[8]。その結果によると，発表論文のタイプ別には，実験研究，応用行動分析，調査研究などを含む実証主義的量的研究と，事例報告や治療プログラムの開発などの臨床報告が大半を占めているということが明らかになった。量的研究に増加傾向が見られたのは，1960年代から1980年代初頭であり，1983年をピークに，その後の数量に大幅な増減は見られていない。質的研究の全体量は未だに少ないものの，1980年代前半以降から1990年代中盤をピークに増加傾向が見られ，その後は量的研究と同様に横ばい状態となった。理論研究を含む哲学研究は，1967年をピークに低迷していたが，その後1990年代以降から増加傾向に戻っている。

ブルックスのレビューの結果は，対象となった論文数から導き出されたものではあるが，全体的な傾向として，近代音楽療法が発展していった経過との連動が見られる。1960年代から1980年代にかけては，音楽療法の社会的地位向上を目指し，音楽を使用した介入方法の効果を示すことに腐心した時代であったと言える。この時期に，特に米国においては，「〇〇における音楽療法の効果（The Effect of Music Therapy on 〇〇）」といった論文タイトルに代表されるような，実証主義的量的研究が非常に多く発表された。これらの論文では，研究に使用する音楽について，選曲の基準設定や提示方法の統制などに留意することはあっても，多くの場合，研究対象者にとって提示された音楽がどのような意味や価値を持つのか，という対象者と音楽の質的関係性に目を向けることは少なかった。

しかし近年，そうした音楽療法における質的側面についても注目されるようにな

り，様々な質的研究手法が音楽療法研究に取り入れられるようになってきた。また，哲学研究を含む理論研究の数が増加傾向にあることから，音楽療法研究はその研究領域の裾野を着実に広げつつあると言える[9]。

## 3節
## 音楽療法研究をめぐる信念対立の構造

### 1. 音楽療法研究が抱える問題点の再検討

　音楽療法研究は順調な発展を遂げてきている一方で，背後には問題も存在する。結論から言えば，音楽のとらえ方の相違を起因とした音楽療法研究をめぐる信念対立の問題が存在しているのである。音楽療法には，様々な臨床モデルが存在し，それらの間で，臨床的アプローチ，評価方法，そして研究手法などをめぐって信念対立が見られており，冒頭に述べた筆者の個人的体験は，このような対立構造の一端を示していると言える。これらは一見，臨床または研究における方法論上の対立のようにも見えるが，実のところ，この対立には各臨床モデルにおける音楽のとらえ方が大きく影響している。その結果，介入効果を定量的に評価する立場と，セラピーのプロセスを質的に分析する立場との間で信念対立が起こっているのである。この問題については後述するが，ここでひとまず信念とは何かということについて考えてみたいと思う。

　辞書を調べてみると，信念とは「ある教理や思想などを，かたく信じて動かない心」とある[10]。教理や思想と言われると，何か宗教的な，または特別な思想のもとでの主義主張などを思い浮かべて，自分には関係がないと思いがちである。京極は，このような信念の一般的なイメージを押し広げた上で，「信念とは何らかの存在・意味・価値に関する経験」であると述べている[11]。京極の定義によれば，私たちは日常生活の中における出来事について意味づけや価値判断を行っており，その体験内容は全て信念であると言える。こう考えると，信念とは誰にでもとり憑き得るものだということになる。冒頭に述べたケースを例にあげると，「このアプローチでは音楽が有効に機能していない」「音楽療法の効果は数値では表すことができない」といった意見は，発言者の信念に基づくものであると言えよう。

　西條は，信念対立とは「自分の観点を無自覚に絶対視することによって起こる構造上終わりようがない対立」であると述べている[12]。西條が言う「自分の信念を自覚する」こととは，自らの信念の構造を自覚しているということであり，ただ単純に「音楽療法の効果は定量化されるべき」とか，「音楽療法のプロセスを質的に分析してこそ意味がある」といった具合に，自ら信じていることを自覚していることとは違う。

上述の信念対立は往々にして不毛であり，音楽療法研究の学術的発展に不利益なものである[1][2]。したがって，この信念対立の問題について詳細に検討し，何らかの打開策を見出していく必要があり，次項よりその方向性を探っていく。

## 2．臨床モデル間の音楽のとらえ方をめぐる信念対立

音楽療法における音楽の位置づけは非常に重要な点であり，ブルシアは療法における音楽（Music in therapy）と，療法としての音楽（Music as therapy）という区分を示している[13]。前者は，音楽の使用はあくまでも療法的目標達成のためのツールとして意図されているのに対し，後者は音楽することそのものが療法の目的となっている。

次に，音楽療法の中でも代表的な臨床モデルを例に挙げながら，各モデルにおける音楽の位置づけについて説明を行っていく。まずは療法における音楽の立場をとる臨床モデルとして，行動主義音楽療法が挙げられる。このアプローチでは，クライエントの望ましい行動の増加または望ましくない行動の減少を目的に，音楽活動を介入手段として使用する。マドセン（Madsen, C.）は「音楽は，①音楽的キューとして，②時間や身体的動きの枠組みとして，③注意力の集中点として，④ご褒美として，使用することができる」と述べている[14]。

これに対して，療法としての音楽の立場をとるノードフ・ロビンズ音楽療法は，すべてのクライエントが生来持つとされる音楽性（ミュージックチャイルド）に対して音楽を通じて働きかけることで，クライエントは自らが体験する音楽経験を通して，抱えている障害や困難を乗り越えていくことができると考えている[15]。クライエントでもセラピストでもない，もう1つの客体としての音楽を想定した上で[16]，この音楽とクライエントの交流を促進する「新鮮で生きた音」[17]を提供するために，セラピストの演奏による即興音楽が多用される。

前者は，音楽を行動変容のための刺激素材の1つとして考え，音楽→クライエントという一方向の作用機序を想定している。これに対して後者は，音楽とクライエントの交流，すなわち，主たる作用因としての音楽だけでなく，クライエントによる音楽への働きかけをも含んだ相互作用的関係性を重視している。このように両者の音楽のとらえ方は，それぞれ異なったものであることが分かる。その一方で，両者とも「音楽」というものの存在を信じているという点では共通しており，両者にとっての「音楽」のあり方や役割が異なることに起因した信念対立の存在が推測されるのである。

行動主義音楽療法では，介入結果について，主にターゲットとする行動回数の増減といった行動観察データや，その他定量的指標を用いて評価が行われる一方で，ノードフ・ロビンズ音楽療法ではセッションのプロセスに関する質的分析評価が行

われることが多い。また，研究手法も前者は量的研究になじみやすいのに対して，後者が質的研究を志向する傾向にあるのもごく自然なことであると言える。

しかし，この両者の間では臨床的アプローチや研究手法をめぐって長年にわたる対立が見られてきた。例えば，行動主義の立場では，音楽療法研究は科学的でなくてはならないとする一方で[18]，ノードフ・ロビンズの立場からすると，音楽療法で起こっている事象をうまくすくいあげることができ，より臨床的妥当性が高いのは質的研究であるという主張が展開されてきたのである[19]。このような，行動主義音楽療法とノードフ・ロビンズ音楽療法およびそれぞれの立場に近いその他の臨床モデル間の激しい対立が1960年代から1970年代にかけて米国において繰り広げられた[20][21]。近年このような信念対立は徐々に緩和される方向に向かいつつある[21]。異なるアプローチ同士の交流が進むようになり，新たな臨床モデルや研究手法の提案も次々となされている。以前のようなあからさまな対立場面が少なくなりつつある反面，冒頭の例でも述べた通り，お互いのアプローチに対して懐疑的になったり，無関心な態度を示したりする傾向は未だに見られている。

音楽療法における臨床的および研究的信念対立はくすぶり続けているわけだが，まずその原因として，自分が依拠する臨床的または研究的方法論以外のアプローチに対する音楽療法士たちの関心の低さを挙げることができる。他のアプローチに対して関心を示さないということは，自ずと他のアプローチのことを学んだり，正しい情報を得たりする機会を失うということになりかねない。その結果，他のアプローチに対して懐疑的な姿勢を取り続けることにつながるのである。この指摘はウィーラー（Wheeler, B.）によって今から約10年前になされているが[22]，未だに尾を引いている問題である。

もう1つの原因として考えられるのは，音楽のとらえ方やそれに影響をおよぼす各人の認識論について音楽療法士たちの関心が向いていないということである[23]。その理由として，音楽のとらえ方や認識論が，臨床的アプローチや研究方法論に多大な影響をおよぼすにもかかわらず，それらの問題が方法論的問題よりも認識されづらいことが挙げられる。認識されやすい方法論に注意が向けられた結果，方法論上の信念対立に至っていることが考えられる（詳細は後述）。

音楽療法研究における音楽のとらえ方をめぐる信念対立の問題に取り組むにあたり，これまでの歴史における音楽のとらえ方がどのようなものだったのかということを確認しておく必要があると考えるので，次項では西洋音楽史における音楽論の変遷を見ていく。

## 3．西洋音楽史における音楽論の変遷

本項で取り組むのは，音楽のとらえ方をめぐる議論を行うにあたり，これまでの

西洋音楽史における音楽論を概観し，その歴史から学ぶことであり，1つ1つの音楽論を詳細に分析していくことではないことをあらかじめお断りしておく。

まずは，これまでの音楽論における歴史的変遷について，藤野の論考[24]を参考にしながら見ていきたい。藤野は，古代ギリシア時代から続く2つの音楽論の流れについて論じている。そのうちの1つが，ピュタゴラスによる音楽論である。ピュタゴラスは，音の響和と数的調和の法則を見出したことをきっかけに，万物はこの響和と調和のもとに存在すると考えた。天体や人体の構造物からは，その調和を保つ動きによる規則的な音が鳴っており，これらは人間の耳には聴こえない音楽であるとしていた[25][26]。これに対してアリストテレスは，まず音楽とは人間の耳に聴こえるものであるとした上で，音楽は「すべての人々が感じる，共通の快楽」[27]と，魂を感化する作用を備えていると考え，人間と音楽のつながりを前提とした音楽論を展開していた[28][29]。

ルネッサンス期からバロック期にかけては，音楽は人間の感情を表す言葉として位置づけられており，ロマン主義の時代に進むと，人間の感情を含めたさらに抽象的な表現の媒体として発展していった[30]。ヘーゲル（Hegel, G.）は，音楽の中心課題は，「内奥の自己の主観的で観念的・心情的な動きを，そのまま音として響かせること」であり，音楽は「心情が直接に心情に訴えかける芸術」であると述べている[31]。

この時代までは，アリストテレス的人間主義的な音楽論が展開していったと考えられるが，これ以降はハンスリックなどによる「純粋主義」論により，人間の主観的表現媒体としての音楽の存在ではなく，音楽そのものとしての存在を尊重する客観的音楽論へと流れが変わり始める[32]。その後，近代から現代に時代が移ると，それまでの伝統的な和声主義音楽の崩壊が始まり，既存の西洋音楽的ルールや概念を覆すような音楽が次々と生み出されていった。その流れの中で，ピュタゴラス的な自然の中における音楽の物理的法則性に注目したヴェーベルンやシェーファーなどの作曲家が現れた[33]。このように，自然の中における物理的法則性に基づいたピュタゴラス的音楽論と，あくまでも人間主義的な立場のアリストテレス的音楽論が，その後の西洋音楽史において入れ替わり立ち代り登場してきたことを藤野は指摘している[29]。

また，社会の中における音楽という視点による音楽論も展開されている。ベッカー（Bekker, P.）は，「音楽なるものは，その素材を形成して行く法則を通じて，その時代の社会機構と，切っても切れない関係にある」と述べている[34]。音楽が貴族階級や教会のものだった時代から，徐々に一般市民のものとして移行していく過程において，人々が音楽を体験する「枠組＝（形式）」は変化していった。例えば，聖歌，オペラ，ソナタ形式，オーケストラ，交響曲などが生まれ，宮廷や教会から

コンサートホールへと音楽を聴く場が移行していった。これらは，人々の音楽体験の様々な「枠組＝（形式）」が社会的変化に伴って形成されていった例である[35]。つまり，音楽社会論の観点からすれば，音楽が形成される過程における社会的影響という側面が非常に重要となるのである。また，「音楽の形式は，国民的な文化の形式なのである」[36]とベッカーが述べているように音楽の文化的文脈が重視されるようになったことも，重要な音楽論的転換点である。

文化中心音楽療法の提唱者であるスティーゲ（Stige, B.）は，ウィトゲンシュタインの言語ゲーム論を援用しながら，「音楽に共通の本質は全く，あるいはほとんど存在しないかもしれない。もしそうだとすれば，音楽（と音楽療法）はゲームのグループ間で共通の特徴を伴うが，本質的特徴をほとんど伴わない一組のゲームとみることができる」と述べている[37]。音楽の意味や美的価値などは，規則に基づいた他者との相互的な音のやりとりの中で意味づけられていくものだとしているが，その意味づけのプロセスはゲーム参加者が属する文化の影響から逃れることができないとスティーゲは考えている。

クロス（Cross, I.）が指摘するように，過去の音楽論の変遷において①物理的法則物としての音楽，②人間の主観的存在としての音楽，③社会や文化の構成物としての音楽，という3つの大きな流れの存在を確認することができる[38]。そして，①と②の対立の歴史が繰り広げられた結果，③の流れをくむ音楽論が登場してきたという経過は，音楽と人間の関係性という意味において，音楽療法にもそのまま引き継がれてきたと言えよう。その一方で，このような音楽論間における対立が，音楽文化そのものの発展にはそれほど障壁となったように見えないのは興味深い点である。近藤は，音楽家は「音楽とは何か？」ということを問い直す必要性をあまり感じていないのだと述べる[39]。音楽家にとって中心的な関心事は，「どのように良い曲を作るか」とか，「良い演奏とはどのようなものか」といった音楽の実践面に関することであり，音楽の存在論的問題には関心が向かないのである。

また，近藤はこうも述べている，「音楽家は，音楽を固く信じている。信ぜざるを得ない，と言うべきかもしれない。もし音楽を疑うとすれば，自らの人生を賭けた仕事の意義や価値が根底から揺るがされかねない。つまり，音楽家がほとんど本能的に「音楽とは何か」という危険な問をさけるのは，むしろ当然なことなのである」と[40]。近藤によるこの指摘は，音楽療法士の音楽に対する姿勢にほぼ当てはまるだろう。つまり，音楽療法士にとって重要なのは目の前にいるクライエントの利益となる音楽，または音楽の使い方を考えることなのであり，やはり音楽療法士の多くも音楽の存在を信じているのである。問題なのは，音楽療法士の場合においては，音楽のとらえ方をめぐる信念対立が，自らの領域の学術的発展に障壁となっている点である。そこで，次項では音楽のとらえ方をめぐる信念対立の構造につい

て詳しく見ていく。

## 4．音楽療法研究における音楽のとらえ方をめぐる信念対立の構造

本項では，音楽のとらえ方をめぐる信念対立がどのような構造のもとで起こっているのかということについて考えていく。まず，図Ⅱ-3-1を見て頂きたい。この図の左側には，音楽のとらえ方やそれを支える音楽論の存在が示されており，この部分は哲学的問題を取り扱う存在論の領域であると言える。そして，臨床技法や評価方法を含む臨床的アプローチや研究手法など，実践上の問題を取り扱う方法論の領域が右側に示されている。図Ⅱ-3-1上では，左端の音楽のとらえ方からスタートして，各人の音楽のとらえ方に適応的な臨床的アプローチや研究手法の選択がなされるという，左から右へという流れが想定される。

しかし，この構造における音楽療法士の志向性は，実際のところどうなのだろうか？　上述のとおり，音楽療法士の最大の関心事は，目の前にいるクライエントに対応するための実践的な臨床技法や評価方法なのである。したがって，スタートは臨床的アプローチからなのであり，その後，研究手法へという流れになる。この過程において，自分とは異なる方法論で行われた臨床や研究に対して違和感や疑問を覚えた場合，その研究手法，評価方法，臨床技法などを自らの方法論と差異化して再吟味することが少なくない。その結果，自分とは異なるアプローチに対して懐疑的になったり，方法論は色々あっても仕方がないというふうに結論づけて終わってしまったり，ということが起こり得るのである。なぜなら，この比較検討の基準は，あくまでも自らが依拠する方法論に基づいているからである。

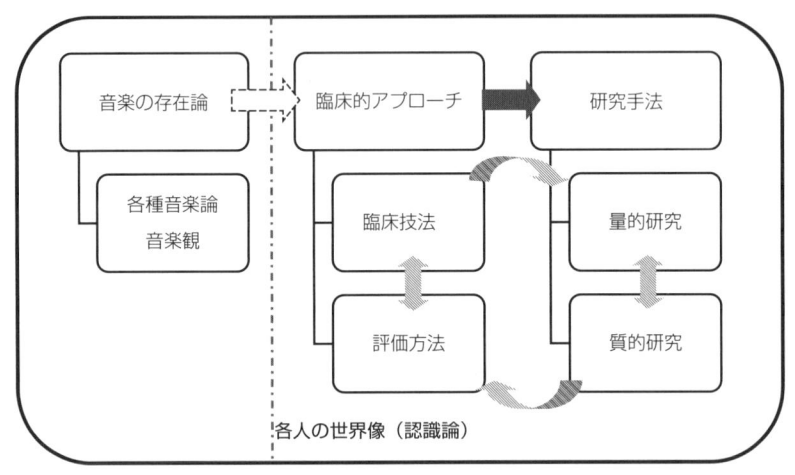

図Ⅱ-3-1　音楽療法研究における音楽のとらえ方をめぐる信念対立の構造

この図Ⅱ-3-1の矢印が示すような思考のループは，西條が言う「構造上終わりようのない対立」の原因であり，音楽のとらえ方という存在論の問題によって引き起こされていることが分かる。そして，音楽のとらえ方という存在論的問題に気づくことなく，このような思考のループにはまり込んでいる音楽療法士が少なからず存在することが推測される。

　このループから抜け出すには，それまで見過ごしていた存在論の領域に目を向ける必要があるが，この領域は方法論の領域よりも深い階層に潜り込んでいるために，その存在自体を把握しづらく，それゆえに問題として認識されにくい。また，存在論やそれに影響を与える各人の世界像への認識を高めることで問題は解決するのかと問われれば，そうとも言い切れない。なぜなら，自分の依拠する存在論や認識論を意識するだけでは，自分とは異なる立場のそれらと差異化することに終始してしまう可能性があるからだ。それでは，この問題にどのように取り組んだらよいのであろうか？

## 5．問題解決の方向性

　ここまでの議論で，音楽のとらえ方を起因とする音楽療法研究における信念対立の構造が明らかになった。この問題に取り組むにあたり，「音楽とは何か？」ということを改めて問い直す必要があると考える。議論の方向性としては，次の2つが候補として挙げられる。

　まず1つ目の方向性は，当該問題に対して何らかの回答と，それを支える理論を提出するというものである。つまり，過去の音楽論が取り組んできたように「音楽とは何か？」という問いに対する答えを導き出すということになる。藤野が「それにしても，これら高哲や，有名な学者の定義を通してすら，なお音楽はその全貌をベールの奥から表してくれない。そればかりか，あたかも群盲が象を語っている様ないらだたしささえ感じられる程である」[41]と述べているように，この作業は相当な困難を極めることが予想され，成功する見通しは低い。

　2つ目の方向性は，音楽のとらえ方に方法を示すことで，これをめぐる信念対立が引き起こされる可能性を減じるということである。この場合は，音楽のとらえ方が信念対立の元凶なのだから，そのとらえ方そのものについての対策を講じるということになる。

　本研究では，2つ目の方向性を選択する。しかし，「音楽のとらえ方の方法を示す」と言っても，音楽のとらえ方そのものを提案したのでは，既存の音楽論や音楽観と対立してしまう。そこで，まずは音楽が音楽としてとらえられていく過程を明らかにすることで，音楽のとらえ方を問い直す作業を行う。その過程において異なる音楽論や音楽観に通底する原理を構造化し，異なる理論間の対立を避けることが

可能となるようなメタ理論の生成を行っていく。

　京極は，信念対立の構造に取り組むには，「解決」と「解明」という2つの方法があると述べている[42]。これらは両者ともに，問題を終わらせる方向性は同じであるものの，その終わらせ方が異なっている。前者は問題の存在をそのままにした上で，その問題の解決策を講じるというものであり，後者は，問題の存在そのものを抜き取ることで，当該問題の発生を抑えようとするものである。音楽のとらえ方をめぐる信念対立の問題の質を考慮すると，「解決」に至るにはかなりの困難が予測されるので，本研究においては「解明」を目指すことの方が得策であると考えた。

## 6．目的

　本研究では，音楽のとらえ方を起因とする信念対立の構造を解明することで，音楽療法研究における障壁の1つを取り除くことを目的とする。

## 4節
## 方法

　筆者は，これまでに述べた音楽のとらえ方をめぐる信念対立に取り組むために，西條により創唱された構造構成学[43]をツールとして用いることが有効であると考えた。構造構成学は，異なる認識論の枠を超越し得る深い原理性を備えているため，「考え方の理路」を提供してくれる認識装置として導入することが可能であり，これまでも学問領域を問わず様々な信念対立の克服[2]に用いられてきた。そこで，音楽療法研究における音楽のとらえ方をめぐる信念対立の問題に自律的に取り組むための視点を与え，最終的には問題の解明に有効的に機能し得ると考えたので，構造構成学を本研究のメタ認識論として採用することにした。

　また，音楽のとらえ方に関するメタ理論生成に取り組むために，構造構成学の構成概念である「現象学的思考法」[44]，「関心相関的存在論－言語論－構造論」[45]，「志向相関性」[46]，「契機相関性」[47]，「構造構成的人間論」[48]を，音楽のとらえ方をめぐる信念対立の構造をときほぐす作業を行うために，京極によって開発された「信念対立解明アプローチ」[1]を，それぞれ導入していく。

## 5節
## 結果

## 1．現象学的思考法の導入

　まず，構造構成学における現象学的思考法を援用することで，音楽の存在を絶対

視する問題から取り組んでいきたい。なぜなら，音楽というものの存在を絶対視するという傾向が，各人の音楽のとらえ方を固定的なものにしてしまう原因となっているからである。

構造構成学では，まず外部世界の存在を否定し，夢や幻想なども含めた「各人に立ち現われる現象を尊重する」[49]。そして，立ち現われた現象について「○○が見えるから（聴こえるから），これは○○だ」と判断することをひとまず保留にする。

上述のとおり，多くの音楽療法士は音楽の存在をかたく信じている。そこで，ひとまずこの音楽というモノとしてのとらえ方を保留にするのである。この作業は「判断中止」と呼ばれる。例えば，「音楽が聴こえるから，聴こえているのは音楽だ」と判断することを保留し，次に「この音楽だと思っていたものは，そもそもどのように私に立ち現われているのだろうか」と問い直す作業「還元」を行う。これら「判断中止」と「還元」は，構造構成学において重要な現象学的思考法である。「判断中止」し，立ち現われた現象の「与えられ方のいかに」を問う「還元」という作業を行うと，現象に含まれるコトの中には，2名以上の人同士の共通了解が成立しないものを含んでいることを認めざるを得なくなる。立ち現われた現象には「共通了解が得られる領域」と「共通了解が得られない領域」[50]が混在しているからである。

生野は，音楽療法における音楽について，「極端に言うと，障害児の場合は，ただきゃーっと走り回ることが音楽ということもあります」と述べている[51]。このようなケースの場合，「音楽」[52]として共通了解が得られる条件はかなり限られることが予想される。例えば，音楽療法の場で一部始終の流れを見ていたとすれば，そこにいる人の間で「音楽」として共通了解が得られる可能性が残されている。しかし，一般的には子供がきゃーっと走り回ることが，「音楽」として認識されるということは極めて少ないだろう。また，健常者と聴覚障害者の間では，「音楽」という共通了解の成立が困難であると考えられるかもしれない。しかし，かなり重度の聴覚障害者であっても，空気の振動である音楽を聴くまたは感じることはできるので，健常者と共にダンスや楽器演奏を楽しむことができる。このような場合においては，彼らの間で「音楽」という共通了解に至っていると言えよう。

このように，個別のケースごとに「音楽」として共通了解が得られる場合とそうでない場合を考えていくことは可能だが，音楽全体において「共通了解が得られる領域」と「共通了解が得られない領域」の間に明確な境界線を引くことは原理的に不可能なのである[53]。では，音楽である場合とそうでない場合の境界線が極めて曖昧な音楽を，どのようにとらえたらよいのだろうか？　この問いに答えるためには，立ち現われた現象から「音楽」がとらえられていく過程について順を追って解き明かしていく必要がある。

## 2．関心相関的存在論－言語論－構造論

　構造構成学では，各人に立ち現われた現象は，様々なコトに分節化され，その人の世界像の中でそれらが構造化されていくと考える。したがって，分節化されたコトの1つが「音楽」であり，それは構造の1つなのである。しかし，そのように分節化された「音楽」が各人の間で同じものかどうかは分からないという前提に立っている。それでは結局，「音楽」について人々の間で分かり合うことはないのかといえば，そういうわけではない。西條は，分節化されたコトに関する共通了解について「①現象からの広義の構造の引きだし方（現象の分節化）が同型で，②広義の構造に対するコトバの名づけ方が同型で，③そのコトバを使った構造化（理論化）が同型であれば，話せば話すほど同じコトについて話しているという確信が深まる」と述べている[54]。

　これについて，筆者が経験した事例をもとに説明を行いたい。これは，筆者が高齢者Aさんを対象に個人セッションを行っていた時のことである。

> 筆者「Aさんは，音楽はお好きですか？」
> Aさん「私，音楽はよくわからないんだけど，民謡なら好きだよ」
> 筆者「（音楽と民謡は違うものなのかと内心驚きながら）それでは，民謡を一緒に歌ってみましょうか？」
> 筆者＆Aさん　一緒に歌う。
> 筆者「歌謡曲なんかはどうですか？」
> Aさん「歌謡曲？そうだねえ，私あれ好きなんだ，星影のワルツ」
> 筆者＆Aさん　一緒に歌う。Aさんは，音楽はわからないからと始めは遠慮がちに歌っていたが，今は意気揚揚と歌っている。
> Aさん「（歌い終わって）あー，やっぱり歌はいいねえ」と笑顔を見せる。

　この例では，筆者とAさんの間で「音楽」の概念が最初から最後まで完全に一致することはなかった。しかし，現象からの分節化が「音楽らしきもの」という概念上で同型であり，概念に対して「音楽」「民謡」「歌謡曲」「星影のワルツ」「歌」と表現方法は少しずつ異なっているものの名づけ方が同型であり，そして一緒に歌うという行為を通じて，「音楽」に関することを話しているという確信が深まっていったことが，この事例から分かる（そして，なによりAさんから活き活きとした歌声と笑顔を引き出すことができ，療法的には成功しているのである！）。このように，分節化されたコトに名づけがなされたものが構造と呼ばれる。それでは，次項では，現象からコトが構造化される原理について述べる。

## 3．契機－志向相関性の導入

　現象に対する存在・意味・価値は，「身体・欲望・関心・目的に相関して規定される」[55]。この原理を，構造構成学では「関心相関性」または「志向相関性」と呼ぶ。構造構成学の創唱者である西條は，この原理の呼び名を目的に応じて変更することを認めている。したがって本研究では，音楽のとらえ方という「関心・目的」だけでは表現し得ない概念を扱っているので，「志向相関性」と呼ぶことにする。

　この「志向相関性」の原理のもとで，音楽は立ち現われた現象から志向相関的に「音楽」として構造化され，その存在・意味・価値も各人において志向相関的に変容する，と言うことができる。

　「子供がきゃーっと走り回ること」が，立場が変われば「音楽」としてとらえられる場合とそうでない場合があるという上述の生野の例を考えてみよう。音楽療法の場に居合わせる人々，例えばセラピストやその場を見守る子供の保護者の立場であれば，「子供がきゃーっと走り回ること」が「音楽」としてとらえられる可能性が認められる一方で，そうではない立場の人にとってその可能性は減じる。また，「きゃーっと走り回ること」を，ノードフ・ロビンズ的音楽観を持つセラピストは，子供のありのままの音楽表現として受け止めることを尊重するかもしれないのに対して，行動主義理論に基づく音楽観を持つセラピストであったとすれば，それを望ましくない行動としてとらえるかもしれない。これらセラピストの音楽観の違いは，彼らが依拠する理論的背景の相違によるものだが，その理論選択にはセラピスト自身の志向性が働いている。このように，各人の志向性に基づいて「子供がきゃーっと走り回ること」という構造の存在・意味・価値が規定されているということを「志向相関性」の原理によって説明することができるのである。

　また，この「志向相関性」に対して，「その都度の存在・意味・価値といった諸契機の発現（生成・変化）と相関して，そのつど志向性の立ち現われも変貌していく様相を言い当て」[56]たのが，桐田によって考案された「契機相関性」である。人の志向性は，ひとたび決められたら変化しないというものではなく，きっかけやタイミングなど様々な契機次第で刻々と変化していくものだということであり，「志向相関性」と組み合わせることで，音楽の多様性と動的なあり様をうまく言い当てることができる。

　確かに考えてみれば，音楽療法における音楽とは非常に移ろいやすいものである。音楽療法において，上述の例のような「子供がきゃーっと走り回ること」を「音楽」としてとらえる立場のセラピストであったとしても，時と場合によっては望ましくない行動としてとらえる可能性があり，同様のことは，異なる立場のセラピストにもやはり起こり得る。そして，それによって対応の仕方やクライエントの反応にも変化が生じる。そのような様々な契機の到来によって，「音楽」の存在感もまた刻々

と変化していくのである。

　さて，ここまでの議論をまとめると，立ち現われた現象から「契機－志向相関的」に分節化されたコトが「音楽」として名づけられ構造化される，という理路に基づいて，これまでの音楽論や音楽観を並列に扱いながらも，メタレベルにおいて音楽のとらえ方に1つの方向性を示そうとする試みが行われているということになる。つまり，「音楽とは契機－志向相関的に構成された構造である」として定式化することができるのではないかという提案である。構造化された「音楽」は，各人の間で同じものとは限らないが，その「音楽」について話し合ったり，一緒に歌ったり，演奏したりという行為を通じて，互いに「音楽」について共通了解に至る可能性が開けるというわけである。

　しかし，互いに「音楽」について話したり，一緒に音楽活動を行ったりしなくても，「音楽」として共通了解に至る可能性もあり得るので，現在の定式では共通了解可能性を原理的に担保したことにはならない。したがって，次項において人々の間で「音楽」が成立し得る条件について考えてみたい。

## 4．音楽が成立し得る条件とは何か

　「音楽とは契機－志向相関的に構成された構造である」という定式をさらに原理的なものにするために，不足している概念から考えていくことにする。まず，「音楽」という構造を成り立たせるために必要な条件として，聴き手である人の存在が挙げられる[57]。聴き手が存在しなければ，「音楽」はそもそも成り立たないからである。

　本研究でいう人とは，京極によって考案された構造構成的人間論の考え方を継承している。構造構成的人間論とは，契機－志向相関的に現象を構造化する主体として，人間のあり様を基礎づけた理路であり，ここでいう主体とは，構造化の中心媒体である状態を意味している。つまり，聞き手としての人の存在とは，「音楽」の媒体者であるということができるだろう。人が媒体となって「音楽」が立ち現われるとここで言っているのは，音楽の観念論的なとらえ方と一義的ではない。人の主観によって「音楽」が成り立つという観念論的なとらえ方以外にも，「音楽」が外界に存在する物理的存在であるとするとらえ方や，「音楽」が文化および社会的に構成されるというとらえ方など，多義的に存在する音楽論や音楽観を契機－志向相関的に選択し，構造化する主体が人であり，その存在を欠くことができないということをここでは言っているのである。また，構造構成的人間論はいかなる人間像も扱い得る原理論なので，これを継承することで，本研究においてもすべての人間像における聴き手の存在を担保することが可能となる。

　もちろんこの聴き手には，音楽の演奏者も含まれる。一人で歌っていたり楽器を

演奏したりしている時にも，それを聴いている人（演奏者本人）がいなければ，音楽の存在を確認するすべがないからである。一人で音楽を聴いていた場合，音楽を聴いていたのかどうかをどうやって確認するのか，と疑問に思う人もいるかもしれない。この場合，この人が音楽を聴いていたと言うなら，この人には「音楽」という構造が立ち現われていたのだということになる。なお，ここでの議論は「音楽」が成り立つための必要条件についてであり，実際に音楽を聴いていたのかどうかを確かめることは別の問題である。

また，聴き手が人でなくてはならないのは，ある事象を「音楽」として経験しているのかどうかを確認することができる可能性が動物と比べて格段に高くなるからである。他の音刺激から音楽を弁別する動物の能力に関する議論[58]は存在するが，今のところ動物が経験している（と思われる）事象が「音楽」であるのかどうなのかを確認する方法は存在しない。相手が人であれば，ある事象を「音楽」として経験しているのかどうかを口頭で，または観察で確認することができる可能性が格段に上がる。仮に口頭での確認が難しい相手だったとしても，その対象を観察することで，音に注意を向けていたり，リズムをとっていたり，歌らしきものを口ずさんでいたりする様子から，相手が音楽を聴いていることをある程度推測することは可能である。

次の条件は，聴き手である人が，音と「音楽」を弁別する契機である。音と「音楽」を弁別する契機は，「音楽的（音響的）要因」「文化的要因」「環境的要因」「教育的要因」など様々な要因によってもたらされることが考えられる。すなわち，ある音に対して，ピッチやリズムなどの音響的または音楽的要素が加わったり，聴き手が所属するコミュニティまたは文化的要素が影響したり，といったことが契機となり，その音が「音楽」として弁別されるという可能性についてここでは言及している。いずれの要因による影響が一番大きいかということを断定することはできないが，概念的な意味において，少なくとも聴き手は何らかの契機により，音と「音楽」を弁別していることが考えられるのである。

以上の議論をふまえると，「音楽とは，契機－志向相関的に構成された構造である」という定式は，「音楽とは，聴き手である人が音という構造を契機－志向相関的に弁別することで構成された構造である」という定式へと変換することになる。このテーゼは，音楽をとらえるにあたり必要最低限の条件を含んでおり，同時に，多様な音楽論をメタレベルから支える原理性を備えている（詳細は後述）。

本研究ではこの定式を「契機－志向相関的音楽論」と命名し，以下では音楽のとらえ方をめぐる信念対立を解明するためのメタ理論としてこれを活用していくこととする。

## 5．音楽のとらえ方をめぐる音楽療法研究における信念対立の構造の解明

それでは，ここからは音楽療法研究における音楽のとらえ方をめぐる信念対立の構造の解明を行っていく。まずは，図Ⅱ-3-2を見て頂きたい。前項までの議論で生成するに至った「契機－志向相関的音楽論」を図Ⅱ-3-2の音楽の存在論の領域に導入する。この「契機－志向相関的音楽論」はメタ理論であるため，様々な音楽論や音楽観より下層部に配置した。これにより，多様な音楽論や音楽観をひとまず並列に扱った上で，自らの世界像における「音楽」をよりうまく説明することができる理論を契機－志向相関的に選択すれば良いことになる。

すでに述べた現象から構造化が行われる機序が前提となっていれば，「音楽」はクライエントの行動変容を促進する刺激素材の一つだとする行動主義的な音楽のとらえ方が妥当となる一方で，クライエントの音楽経験を援助する媒体としての「音楽」というノードフ・ロビンズ的な音楽のとらえ方も同様に成り立ち，自らの志向性に照らしてこれらの音楽論や音楽観が選択可能であるということが理解されよう。したがって，「契機－志向相関的音楽論」で提示した音楽成立の最低条件をベースに，各音楽論や音楽観において対立する余地がもはや存在しないことになるのである。

志向性は，その人の存在・意味・価値の判断に一定の方向性を示す可能性を含む。その一方で，あらゆる契機の到来で，その方向性が変化する可能性も十分に考えられる。したがって，一度理論の選択を行ったからといって，その理論の使用が固定されるのではなく，契機相関的に理論をその都度選択し直すことが可能なのである。例えば，志向性は行動主義的な音楽観が基盤になっていたとしても，行動変容のための刺激素材というとらえ方以外の音楽のとらえ方が，より適応的であると判断されるような臨床場面や研究的疑問に遭遇することはあり得る。そのような契機に伴い，行動主義的な音楽観とは別の音楽観や音楽論を選択する可能性が生じ，それに伴って，臨床的アプローチや研究手法などの方法論における変更も起こり得るのである。このように，それまで自分が依拠していなかった理論や方法論を選択する可能性があらかじめ想定されるので，それらに対してより開かれた態度で臨むことができるようになるという効果も，この「契機－志向相関的音楽論」の導入によって期待することができる。

次に，京極による「信念対立解明アプローチ」を導入することで，音楽療法研究における音楽のとらえ方をめぐる信念対立の構造をときほぐす作業に取りかかる。京極は，信念対立の解明において必要な３つの条件（手順）を示している。

第一の条件は，「信念対立する人々に，契機－志向相関的な現象の構造化を行う主体であると，意識させること」である[59]。例えば，「音楽療法における音楽は一刺激素材として扱うべきで，効果の検証は定量的に行われるべき」とか「音楽は刺

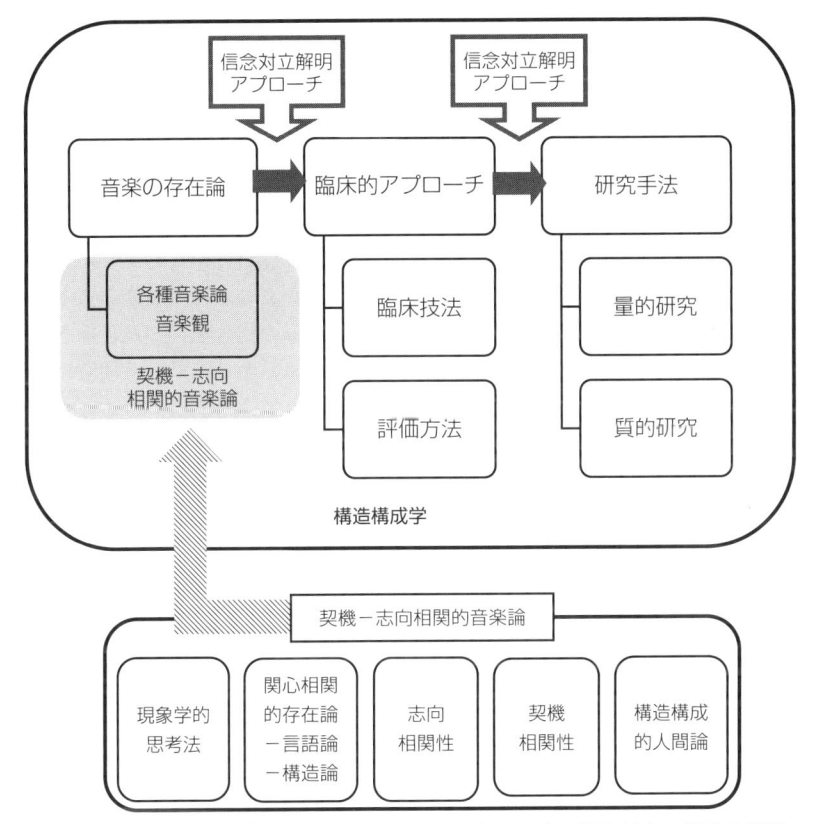

**図Ⅱ-3-2 音楽療法研究における音楽のとらえ方をめぐる信念対立の構造の解明**

激素材ではなく，クライエントの音楽経験を促進するための媒体である必要があり，そのためには即興演奏が行われなくてはならないし，研究手法は質的な分析方法が用いられるべき」といった信念をひとまず疑ってみることから始める。

　この作業を通じて，「音楽を一刺激素材として扱うのは，結果の定量化がしやすいからであり，自分が定量化にこだわるのは，過去に他職種から音楽療法の定量的効果について何度も質問された経験があるからなのかもしれない」とか，「即興演奏によって創り出される媒体としての音楽でなくてはならないと考えているのは，過去に即興演奏を行うことで得た成功体験がもとになっているのかもしれないし，質的研究にこだわるのは，自分の量的研究に対する何らかの苦手意識によるものなのかもしれない」などと考え始め，それまで疑義の余地のなかった自らの音楽論や音楽観，臨床的アプローチ，研究手法に揺らぎが生じる可能性を担保することができる。

しかし，上述のとおり，音楽療法士の多くは音楽の存在をかたく信じており，自分が依拠する理論や方法論を疑うことをしないかもしれない。京極は，次の条件として，「疑義の余地なき信念の成立根拠をそぎ落とすこと」を挙げている[60]。つまり，絶対に疑いの余地がないと考えている信念の成立根拠を探っていく作業を行っていくのである。その作業を通じて，自分が絶対的存在として，音楽，音楽論，音楽観，臨床的アプローチ，研究手法を信じるに至った根拠を突き詰めていくと，「学校で（または先生から）そのように習ったから」とか「自分のこれまでの音楽経験に拠るところが大きい」など，その成立根拠は立場が変われば了解することができないものであることが多いことに気がつき，成立ずみの信念をいったんあきらめざるを得なくなる。ここまでの作業で，自らの信念に思い至り，それと同時に他者の信念の存在にも気がつき得るので，少なくとも不毛な信念対立を避けることができる基盤が出来上がったことになる。しかし，「結局のところ人それぞれ」という何でもアリの結論に落ち着きかねない状況であると言える。

そこで，「相互了解可能性を担保しうる回路を構築すること」が最後の条件となる[61]。音楽のとらえ方を起因とした信念対立を乗り越えて相互了解しあうためには，異なる立場同士であっても了解可能な志向性の追求を行う必要がある。音楽療法研究を行う目的には，「クライエントの利益となる臨床活動を実践するため」「音楽療法における知見を蓄積するため」「音楽療法の学問的発展に寄与するため」などといった音楽療法士であれば誰もが了解することができる志向性があり，これを超志向性と呼ぶ。最終的にこの超志向性が信念対立する人々の間で共有されることにより，信念対立の解明が完了することになるのである。

これまでの議論から，本研究では音楽療法研究における音楽のとらえ方をめぐる信念対立の構造という問題に取り組むにあたり，全体的な作業環境として構造構成学を，音楽のとらえ方についてメタレベルでの方法論を示すために「契機－志向相関的音楽論」を，そして信念対立の構造をときほぐす作業を行うために「信念対立解明アプローチ」を導入することで，当該問題における信念対立の構造を解明することができるという結論に至った。

## 6節
### 本研究の限界と意義

本研究は，構造構成学と信念対立解明アプローチを援用することにより，音楽療法研究における音楽のとらえ方をめぐる信念対立の解明を試みた。この結果，志向相関性と契機相関性を継承した概念である「契機－志向相関的音楽論」を生成するに至った。また，「契機－志向相関的音楽論」と「信念対立解明アプローチ」によ

り，音楽療法研究における障壁の１つであった，音楽のとらえ方をめぐる信念対立の解明に至る可能性を示すことができた。

本研究では，音楽のとらえ方に起因する問題に焦点を絞って取り組んだが，音楽療法における他の要素，例えばクライエントやセラピストのとらえ方についてはふれることができなかった。これらの問題についても，臨床モデル間で相違がみられ，その結果，臨床的アプローチや研究手法の選択にも影響を及ぼしていることが考えられる。したがって，これらの構造の解明を行うことで，メタ音楽療法論の構築を行うことが次の課題であると言える。

また，本研究ではあくまでも音楽のとらえ方に起因する音楽療法研究における信念対立の構造の解明を中心に議論が行われたため，具体的な研究方法論について述べるには至らなかった。本研究で得られた「契機－志向相関的音楽論」を中心として具体的な研究法の構築を行うことも，今後の課題として挙げられる。

本研究で得られた「契機－志向相関的音楽論」は，あくまでも音楽療法研究という枠組みの中で使用される概念として生成されたが，実際には音楽療法研究以外にも音楽学，音楽心理学，音楽社会学，音楽産業論，といった関連領域にも妥当する可能性を持っていると言える。音楽の構成要素である，リズム，メロディー，和音，音色，といった様々な事象について，または音楽の美とは何か，という美学的問題を問う場合においても，この「契機－志向相関的音楽論」から更なる理論の展開を予測することができる。本研究は，音楽療法研究に構造構成学を取り入れた初めての論文であり，今後の音楽療法研究に新しい展開をもたらすことを期待している。

## 【註および文献】

［１］京極　真　2011　医療関係者のための信念対立解明アプローチ―コミュニケーション・スキル入門　誠信書房
［２］例えば，西條剛央・京極　真・池田清彦（編）　2010　持続可能な社会をどう構想するか―構造構成主義研究4　北大路書房
［３］Davis, W. D., Gfeller, K. E., & Thaut, M. H.　1992　*An Introduction to Music Therapy Theory and Practice* (2nd ed.). 栗林文雄（訳）　1997　音楽療法入門　理論と実践　上　一麦出版社　pp.18-47.
［４］栗林文雄　1998　音楽療法の歴史　日野原重明・篠田知璋・加藤美知子（編）音楽療法入門　理論編　春秋社　pp.19-32.
［５］［３］の pp.39-43
［６］若尾　裕　2002　音楽療法と哲学・美学　日本音楽療法学会誌，2(2), 121-128.
［７］Kenny, C. B.　1989　*The Field of Play. A Guide for the Theory and Practice of Music Therapy*. 近藤里美（訳）　2006　フィールド・オブ・プレイ―音楽療法の「体験の場」で起こっていること　春秋社
［８］Brooks, D.　2003　A history of music therapy journal articles published in the English language. *Journal of Music Therapy*, 40, 151-168.

［9］音楽療法研究におけるわが国および海外の国々の動向に関しては，阪上正巳　2006　音楽療法の世界的展望とわが国の課題　日本芸術療法学会誌，37(1, 2)，7-29に詳しい。
［10］広辞苑「第五版」電子辞書　カシオ
［11］［1］の p.60
［12］西條剛央　2008　ライブ講義　質的研究とは何か　アドバンス編　新曜社　p.46.
［13］Bruscia, K. E.　1998　*Defining Music Therapy*. 生野里花（訳）2001　音楽療法を定義する　春秋社　pp.42-44.
［14］Madsen, C. K.　2001　A behavioral approach to music therapy. *Cuadernos Interamericanos de Investigación en Educación Musical*, 1(002), 16. 引用は筆者による訳である。
［15］Robbins, C., & Robbins, C.　1991　Self-communications in creative music therapy. In K. E. Bruscia (Ed.), *Case Studies in Music Therapy*. NH：Barcelona. pp.55-72.
［16］Aigen, K.　1998　*Paths of Development in Nordoff-Robbis Music Therapy*. 中河　豊（訳）2002　障害児の音楽療法—ノードフーロビンズ音楽療法の質的リサーチ　ミネルヴァ書房　pp.241-242.
［17］若尾　裕　2006　音楽療法を考える　音楽之友社　p.27.
［18］Madsen, C. K., & Madsen, C. H. Jr.　1997　Music as an art and a science. *Experimental Research in Music*（3rd ed.). NC：Contemporary Publishing. pp.8-9.
［19］Aigen, K.　1998　Creativity in qualitative music therapy research. *Journal of Music Therapy*, 35(3), 150-175.
［20］Robbins, C. 2005 *A Journey into Creative Music Therapy*. 生野里花（訳）2007　音楽する人間－ノードフーロビンズ創造的音楽療法への遙かな旅　春秋社　pp.84-87.
［21］Wheeler, B. 2003 First International Symposium on Music Therapy Training：A Retrospective Examination. *Nordic Journal of Music Therapy*, 12(1), 54-66.
　　当時，米国においては音楽療法士の養成カリキュラムや教育システムをめぐる信念対立も存在しており，この問題が直接的原因となり2つの学術団体が分裂するに至った。また，栗林文雄・林庸二・若尾裕・阪上正巳　2006　音楽療法研究を考える　日本音楽療法学会誌，6(1)，41-66において，客観主義 vs.主観主義に基づいた研究手法をめぐる対立や，日本における音楽療法研究における問題点などについて議論されている。
［22］Wheeler, B. L.　2001　Expanding my Horizons. *Voices：A World Forum for Music Therapy*. Retrieved from http://testvoices.uib.no/?q=fortnightly-columns/2001-expanding-my-horizons
［23］Edwards, J.　2005　Developments and issues in music therapy research. In B. L. Wheeler (Ed.), *Music Therapy Research*（2nd ed.). NH：Balcelona. pp.20-32.
［24］藤野裕之　1976　新音楽原論　新日本文化協会　pp.18-23.
［25］［24］の pp.18-19
［26］中村雄二郎　2000　精神のフーガ　小学館　pp.20-24.
［27］原　正幸　1990　アリストテレス『政治学』第Ⅷ巻の音楽論　西洋古典學研究，38，53.
［28］［27］の pp.51-60
［29］［24］の p.20
［30］［24］の p.21
［31］Hegel, G. W. F.　1996　*Vorlesungen über die Ästhetik*. 長谷川　宏（訳）美学講義　下巻　作品社　p.106.
［32］［24］の p.22
［33］平田公子　1994　20世紀の作曲家の音楽論と古代ギリシア・中世の音楽観—A. ヴェーベルン，P. ヒンデミット，M. シェーファーに関して　福島大学教育学部論集　人文科学部門，55，43-53.
［34］Bekker, M.　1916　*Das Deutsche Musikleben*. 武川寛海（訳）1943　ドイツの音楽生活　社会編　樂苑社　p.51.
［35］ベッカーが言う「形式」を岡田は自著（岡田暁生　2009　音楽の聴き方—聴く型と趣味を語る言葉　中央公論新社　p.177）の中で，「枠組」と表現している。「形式」の意味を理解しやすくするた

めに，本論ではこのように岡田の表現も引用した．
[36] [34] の p.66
[37] Stige, B. 2002 *Culture-Centered Music Therapy*. 阪上正巳（監訳）井上勢津・岡崎香奈・馬場存・山下晃弘（共訳）2008 文化中心音楽療法 音楽之友社 p.408.
[38] Cross, I. 1998 Music & science : three views. *Revue Belge de Musicologie*, 52, 207-214. 引用は筆者による訳である．
[39] 近藤 譲 2004 音楽という謎 春秋社 pp. 9-14.
[40] [39] の p.14
[41] [24] の p.17
[42] [1] の pp.28-30
[43] 西條剛央 2005 構造構成主義とは何か―次世代人間科学の原理 北大路書房
[44] [43] の pp.32-50
[45] [12] の pp.143-149
[46] [43] の pp.51-81
[47] 桐田敬介 2009 契機相関性の定式化に向けて 構造構成主義研究, 3, 159-182.
[48] [1] の pp.37-58
[49] [43] の p.187
[50] [43] の pp.45-49
[51] 生野里花 1998 音楽療法士のしごと 春秋社 p.183.
[52] この後の文中では，構造化された音楽を「音楽」，そうではない音楽一般を音楽と表記した．
[53] [43] の p.48
[54] [12] の p.146
[55] [3] の p.53
[56] [47] の p.175
[57] ベッカーは，音楽の成立にあたり素材と環境の必要性について [34] の pp.38-39で言及している．素材とは音のことであり，環境とは素材を知覚する人のことを指す．したがって，ベッカーも音楽の成立に人の存在が不可欠であることを認めているものの，人の存在そのものに関する基礎づけは行っていない．また，ベッカーは，人が音を音楽として知覚する過程を社会学的視点から説明しており，本論の議論とは階層的に異なるものであることを指摘しておく．
[58] 例えば，岡市広成・岡市洋子 2001 ラットの音楽弁別 動物心理学研究, 51(1), 29-34.
[59] [1] の pp.75-79
[60] [1] の pp.79-83
[61] [1] の pp.84-89

原著論文（研究）

## II - 4　構造構成的言語障害児事例研究法モデルの定式化

### ——北海道言語障害児教育研究協議会「子どもをとらえる視点」の吟味検討を通して

瀧澤　聡

### 1節
### 問題提議

　我が国の公的制度において，言語障害児（構音障害，吃音，言語発達遅滞等）への臨床活動は，教育の側から先鞭がつけられた。それは，現在，公立の小学校と中学校にある言語障害通級指導教室や言語障害特別支援学級等，いわゆる「ことばの教室」と通称されている教室においてである。その歴史は，第二次世界大戦後まもなくから開始され，既に60年近い歴史がある。
　その黎明期の1950年代に導入された米国の言語病理学は，それ以後の各地の教室の臨床活動に決定的な影響を与えた[1]。医療の側では，1997年に言語聴覚士法が制定されて以来，言語聴覚士（ST）が公的に言語障害児等を病院等で臨床実践できるようになった。このように，我が国の言語障害児の臨床は，「ことばの教室」を中心とする学校教育現場と，STが担当可能な病院等の医療現場，あるいは療育機関等の福祉現場で実施されているのが現状と思われ，主に教育，医療，福祉の3つの分野を中心に展開されていると考えられる。
　一方，伊藤[2]は，言語障害全般の領域において，「臨床活動と研究活動はきわめて密接な関係にあり，両者は表裏一体であり，車の両輪である」とした。このことは，言語障害領域を含めた臨床活動には，研究活動が伴うものであることが示唆されている。さらに，伊藤[3]は，研究活動にとって「もっとも重要なことは科学的方

法論をふまえ」,「研究を押し進めてゆく」ことであると述べた。

　ここで言う「科学的方法論」とは,伊藤[3]が「臨床研究だから,測定に関してはあまり厳密さを要求されないし,また,要求しても無理である」というような「考え方に基づいて得られたデータは信頼性を欠き,積みあげられた知識は砂上の楼閣となり,診断法・治療法の確立にはつながらない」と述べていることからもわかるように,仮説検証的・数量的・実証的方法論を示していると考えられる。つまり,実践家による主観的な判断・推測を最大限排除し,数量化が可能な検査・測定機器・観察法等を用いて,それらから得られたデータに関して統計処理することを重視していると理解することができる。最近でも,伊藤[2]は,主にSTを対象にした研究活動の入門書を発行し,その中で質的研究方法や定性的研究方法等も紹介しているが,量的研究方法や単一事例実験計画法等の数量化可能な方法論に関する紹介に比べて,それらの扱いは小さく,「科学的方法論」に関する基本的な考えに変化はみられない。

　また,言語障害領域における一般的な研究方法は,上述した研究方法の総論としての立場によるもの[2],行動科学の立場によるもの[4][5][6][7][8],神経心理学の立場によるもの[9][10],言語学の立場によるもの[11],語用論の立場によるもの[12][13],機能的脳イメージング法の立場によるもの[14][15]等をあげることが可能であり成書として刊行されている。そして,これら成書も客観主義重視という点で共通するところがあり,伊藤が述べる「科学的方法論」に依拠していると考えられる。すなわち,これら方法論は,言語障害領域の研究方法では,メジャーとしての位置づけが可能であろう。

　言語障害児に関する研究方法は,これらの一部に含まれることが多い。そして,言語障害児に関する研究に焦点化した成書は,大井[12],長崎[13],笹沼[15]等が挙げられるが,その数は非常に少ない。また,米本ら[16]は,一般的に実践家による研究活動では,「必須の力量として要求されるもの」が「事例研究」であると位置づけ,それに関する力量の形成を強調している。

　このことは,言語障害児領域の現場臨床に従事する担当者の研修ニーズに関する調査でも散見される[17][18][19]。例えば小村ら[17]による報告では,担当者は,「実際の臨床指導に際し,理論研究的なものより,実践研究的なもの」を好む傾向があり,彼らのニーズとして事例研究が支持されていると述べている。医療現場や福祉現場の担当者の研究活動や研修に対するニーズは定かではないが,少なくとも教育現場では,事例研究に対する研修ニーズの必要性が示唆されている。

　しかし,言語障害児領域の研究方法において,事例研究方法や事例研究教育法に関する専門書が発刊されておらず,言語障害児領域の一般的動向と言語障害児臨床の担当者ニーズとの間に乖離した状況が推察される。この背景には,鯨岡[20]が指

摘しているように，言語障害児の事例研究も含めたさまざまな事例研究そのものが，「行動科学的な数量的・実証的研究においてはもちろん，臨床研究においてさえ，事例の価値は低く見積もられてきた」。そして，「そこには，一つの事例は個別事例の域を出ず，そこから一般化することは難しいから価値が低いという暗黙の判断が働いている」可能性が考えられる。従って，言語障害児研究の一般的動向には，言語障害児担当者の研修ニーズと事例研究の価値の問題が示唆されていると考えられる。

　言語障害児研究における事例研究の価値を，今よりも妥当な位置づけにするためには，この事例研究法のメリットとデメリットを検討し，問題を克服する理路を整備することが必要である。しかし，先行研究ではそのような取組みは認められない。したがって本研究の目的は，①言語障害児研究における事例研究法のメリットとデメリットを明らかにすること，②①で明らかになったデメリットを解明する理路を呈示すること，とした。その意義として，言語障害児臨床担当者に事例研究そのものの価値に対する認識を変化させ，彼らの研修ニーズに対応し，臨床実践力や研究能力の向上に資することにあると考えられる。

## 2節
## 方法

　上記の目的を達成するために，言語障害児研究の領域で事例研究法を積極的に提案してきた地方の民間研究団体による「子どもをとらえる視点」に焦点化し，そのメリットとデメリットを検討した。言語障害児研究における事例研究法では，「子どもをとらえる視点」がもっとも詳細な方法論を提案していると考えられるためである。また，その検討結果を踏まえて，「構造構成学」の立場からこの事例研究法に関して基礎づける理路を構築した（構造構成学を用いた理由，および応用した理路については後述する）。

## 3節
## 北海道言語障害児教育研究協議会の「子どもをとらえる視点」の成立背景とメリット

　前述したように言語障害児研究全般では，これまで事例研究が重視されてこなかった経緯がある可能性が高い。しかし，実践家の中でも学校現場に従事している担当者にとっては，この動向とは逆に事例研究を重視してきた。
　方法でも述べたように，その代表例として，北海道内の公立小中学校にある「こ

とばの教室」や「きこえの教室」担当者を中心とした民間の研究団体である北海道言語障害児教育研究協議会（以下，道言協）をあげることができる。この団体も長年にわたり事例研究を重視してきた。

　道言協は，北海道の言語等に課題（構音障害，吃音，ことばの遅れ，難聴，コミュニケーション障害等）のある子ども（幼児児童生徒）を対象とした研究および教育を推進するために，1968年に設立された。それ以来，毎年道内各地域で研究大会を開催し，この領域における事例研究を中心とした研究を積み重ねてきた。会員の構成は，「ことばの教室（言語障害通級指導教室・言語障害特別支援学級）」や「きこえの教室（難聴通級指導教室・難聴特別支援学級）」等の担当者が中心で，その他療育関係者もいる。職種別の構成比は，小・中学校の教員が約7割に対して，療育関係者が約3割であり，会員数は405名になる（2011年5月現在）[21]。

　本会における研究活動の主な特色をあげると，多面的総合的な子ども理解，事例研究発表中心の研究大会，研究主題に基づいた研究活動の推進等が挙げられる。特に重要なことは，「子どもをとらえる視点（図Ⅱ-4-1）[22][23]」という事例研究をすすめる上で重要と考えられる視点が提案されている点である。この「子どもをとらえる視点」の主な基本的考えは，言語障害児等のかかえている障害や課題のある部分を単に要素的に捉え，それらの改善や消失にむけて臨床経験を積み重ねるというものではない。むしろ，彼らを全体的に捉え，他機関からの子どもに関する情報も重視しながら，障害や課題のある部分の改善や克服だけでなく，全体的な発達・成長も促すことと考えられる。さらに，彼らの「困っていること」や「自尊心」等の気持ちや感情の内面を重視し，情緒・心理の安定，自信や自己有能感の向上等を目指すことであると思われる。この考えは，斎藤[24]によって提唱されている「人間科学的医学」の方向性が，人間の事象の「主観的─相互交流的側面」[24]あるいは「主観性・関係性」[24]を排除せず，客観的側面も含めてその両面を等価としてあつかうための認識論や方法論の構築を目指していることと，ほぼ同義であると考えられる。尚，本稿では，「子どもをとらえる視点（図Ⅱ-4-1）」を，「言語障害児事例研究法モデル」として扱うこととすると同時に，その対象となる子どもとは，構音障害や吃音等の言語障害児を想定して論考をすすめることにする[25]。

　道言協による「言語障害児事例研究法モデル（図Ⅱ-4-1）」は，長期間にわたって教育現場や療育現場の担当者らがそれぞれの立場から事例研究報告を発表し，それらを大会等で検討し，会員相互で修正に修正を加えながら構築してきた経緯がある[26]。従って，このモデルは，実践家による実践家のための「言語障害児事例研究法モデル」と考えられ，現場担当者が，どのように事例研究をすすめたらよいのかという視点を設定しやすいメリットがあるように思われる。また，前述した伊藤[2]の指摘のように臨床活動と研究活動が密接に関連しているとすれば，実践家が「言

語障害児事例研究法モデル」に習熟するにつれて、彼ら自身の臨床活動にも反映され、その力量の向上に資することが可能であろう。さらに、「言語障害児事例研究法モデル」が道言協の会員に毎年呈示されることで、新会員も含めた会員内でのモデルの継承が可能になると考えられる。このように道言協の「言語障害児事例研究法モデル」には、現場の実践家が事例研究をすすめるにあたって、上述したようなメリットがあると想定される。

## 4節
## 道言協の「言語障害児事例研究法モデル」が直面している問題

問題提起でも述べたように、言語障害領域全般における研究方法の一般的動向において、仮説検証的・数量的方法論という「科学的方法論」が重視され、事例研究そのものの価値が低い評価しか得られていない状況がある。このことは、言語障害児領域の研究方法にも直接反映されている可能性を否定できない。従って、この「科学的方法論」を前提にした研究活動では、道言協が提示している「言語障害児事例研究法モデル」のメリットが制限されてしまう可能性や、さらには、言語障害児研究一般に与えるデメリットが生じると考えられる。

例えば、言語障害児の事例研究法が制限されることによるデメリットとして、まず、言語障害児の生活上の志向性を理解できなくなることが考えられる。これは、子どもの家庭や学校生活において、彼らが何を関心事としているのか、それらに対して最も大切にしていることは何か、またどのようにかかわっているのか等についての理解の欠落が生じる可能性を示している。担当者が、彼らの志向性を知ることは、関係性を早期に構築する上で、貴重な情報になり得る。また、そのベクトルが子ども自身にとどまっているのか、他者にどれだけ開かれたものであるのか等、子どもの関係性発達を考察する上でも有効である。子どもの実態を把握するためにも、子どもの志向性を理解することは、非常に重要であり、不可欠な情報になるはずである。

次に、言語障害児と担当者間のコミュニケーション過程を明らかにできなくなることがあげられる。言語障害児事例研究では、この両者間のことばのやりとりを含む詳細なコミュニケーション過程を時系列的に記録化することで、子どもの変容を明らかにできる場合がある[20]。この過程において、子どもの変容を数値化できない事象も当然考えられるので、それを排除することは、その全容を把握することが困難になると思われる。

さらに、担当者による臨床実践の省察ができなくなることもあげられよう。一般的に言語障害児等の担当者が、子どもとの日々の臨床実践に関して記録化していく

## Ⅱ-4 構造構成的言語障害児事例研究法モデルの定式化

**教育相談**
〔相談内容の確認〕：ことばやきこえの問題で困っていることは？
〔問題の気付き〕：この問題について，いつごろ，誰が気がついたか？

**家庭・地域・学校での様子**
〔家庭の環境〕：家族構成は？等
〔人との関わりの様子（関係発達）〕
〔ことばの様子（言語面）〕
〔学校等の環境〕：まわりの子どもたちの様子は？等
〔気持ち・思い（心理面）〕
〔ことばの様子（言語面）〕

**生育歴**
〔妊娠中・出産時〕：妊娠中の様子は？
〔乳児期〕：生後12か月ぐらいまでの様子は？手のかかる子だったか？
〔発　育〕：身体発達は？首のすわり，はいはい，おすわり，つたい歩き，初歩，歯がはえる時期は？
〔関係行動の発達〕：甘え泣き，抱きぐせ，添い寝の習慣の有無，時期，様子は？
〔ことばときこえの発達〕：喃語，一語文，二語文の時期は？どんなことばで？
聞こえにくさを疑った時期があったか？中耳炎等の耳の病気は？
〔知的発達・性格・行動特徴〕：知的な発達の遅れを疑ったことがあるか？等
〔相談歴・教育歴〕：これまで利用した相談機関は？いつ？その結果は？
〔その他〕：大きな出来事，エピソードはなかったか？親がどのような思いで子どもを育ててきたか？等

**関係機関の情報**
〔紹介者からの情報〕：他の機関へ検査等を依頼する必要があるか？等

**教育・センターでの様子**
〔気持ち・思い（心理面）〕：怖いこと，心配なこと，いやなことは？等
〔人との関わりの様子（関係の発達）〕
〔ことばの様子（言語面）〕：構音の状態は？置き換え，省略，歪みは？等
〔きこえの様子（聴覚面）〕：様々な環境音に対する興味，反応は？等
〔知的面〕：玩具や道具の操作の仕方は？操作の模倣は？等
〔視覚面〕：物を見る時の様子は？等
〔発育・運動面〕：全身の発育の状態は？等

（情報収集の視点）

**課題の仮説**
〔どんな子か？〕：どのような育ち方をしてきた子か？等
〔何が問題か？〕：ことばやきこえの「症状」はどうか？等
〔なぜ，そのようになってきたか？〕：その子らしい本来の育ちがうまくいかなかったのはなぜか？等
〔何が求められているか？〕：親は何を求めているのか？等

**臨床実践の計画**
〔指導の目標（ねらい）〕：求められていることに対して，どこまでを教室の役割とおさえるか？等
〔指導方針と指導方法〕：困ること，不安なことを減らしていくにはどうすればよいか？等

**臨床実践**

**臨床実践の見直し**
〔短いサイクルの見直し〕
〈子どもの様子の変化〉
・気持ち・思いは？等
〈指導者のかかわり〉
・指導のねらいはよかったか？等
〔長いサイクルの見直し〕
・相談内容について変化はあったか？等

＊注：図Ⅱ-4-1は，「子どもをとらえる視点」の内容を圧縮し，整理したもの。一部改変した。

図Ⅱ-4-1　道言協の「言語障害児事例研究法モデル（子どもをとらえる視点）」

ことを，業務の1つとして位置付けている者は多い。この記録化は，実践家が自らの臨床実践を振り返る営みであり，実践のために設定された目標や指導内容の成果について検討したり，子どもとの関係性について考察したり等，実践家の臨床を反省する営為でもある。したがって，省察に基づく記録化は，事例研究を実施する際に，貴重なデータになり得る。そして，それは，事例研究を展開する際に，直接的に反映されることが考えられる。このことが制限されてしまえば，事例研究自体が成立しなくなるリスクを抱えることになるであろう。

　これらの弊害は，事例研究における主観性の問題を上記の「科学的方法論」では扱えないことから発生していると考えられる。なぜなら，「科学的方法論」では，物理や化学等の自然科学的認識論に近似させようとする志向性が高く，上述した主観性を排除しようとする傾向が強い。そのため，このような言語障害児研究方法における科学性の問題が解消されないかぎり，「主観的－相互交流的側面」を重視した事例研究は，今後も低い評価のままであり続けるであろう。また，道言協の「言語障害児事例研究法モデル」にいたっては，実践家にとって有用性が高く，多面的全体的な子ども理解を目指しているような意義があるにもかかわらず，組織内の会員だけに周知されるにとどまるであろう。そして，その継承も「科学的ではない」という理由で，一部の会員からは受容されなくなる可能性も孕んでいると思われる。

## 5節
## 問題解明の方向性

　西條[27]は，その著作「構造構成主義とは何か」で，「主観性」や「客観性」等のアポリアについて，哲学の観点から徹底的に吟味している。それによると，仮説検証的・数量的方法論による「科学的方法論」は，客観主義に基づく科学論と密接に関連しているとされる[28]。この客観主義的科学論とは，主観的なものとは完全に切り離された客観的な外部実在の存在を大前提とし，それを写像する法則の追求を営みとする[29]。そして，その客観的実在を追求するために，仮説の検証が繰り返し実施される性質のものである[30]。

　また，この背景には，外部実在と人の認識構造の同一性という根本仮説が仮定されているという[31]。この科学論は，物理，化学等の自然科学の認識論そのものであり，従来の一般的な言語障害領域の研究活動には，この科学論が前提にあったと考えられる。一般的な言語障害領域における「科学的方法論」の認識を支えているのが，客観主義的科学論によるものであれば，実践家による主観性は極力排除され，臨床をすすめる上で数値化可能な情報が尊重されデータ化されていくと考えられる。「主観的－相互交流的側面」を重視する道言協の「言語障害児事例研究法モデル」

とは，そもそも認識が異なっていると考えるのが妥当であろう。

これに従えば，この両者には，研究方法における「主観」対「客観」というような認識の違いが認められる。このような認識の違いが深刻化していくと，「相互批判的コミュニケーション」[32]という「信念対立」を産み出す可能性が考えられる。西條[33]は，「信念対立」の状況に関して，「教育，政治，医療といった世の中で議論が紛糾している論件」に多くみられるとしている。

実際，筆者が所属する学術学会や研究会における事例発表の場等で，筆者自身，「信念対立」の状況に接した経験を持っている。1例をあげれば，ある学術研究大会の発表の場で，ある言語障害児担当者が，「主観的-相互交流的側面」を重視した「遊戯療法的アプローチ」に基づく事例研究を発表した。そこでは，ある参加者が，「客観的データが乏しいのではないか」「子どもの変容について，数値化可能な面はなかったのか」等と，その参加者は，客観主義的立場によると考えられる質問を批判的にした。それに対して発表者は返答したものの，質問者にとって満足できるものはなかったようで，議論は建設的なやりとりにはならず，空回りして終了した。この他にも筆者は，似たような「信念対立」の状況を，他の研究大会でもいくつか経験した。「信念対立」は，言語障害児の臨床・研究領域においても，身近なできごとの一つといえる。

さらに，上述した両者間では，それぞれの研究方法の有用性が理解されないという価値の問題として，あらたな「信念対立」が引き起こされることも考えられる。つまり，「客観主義的科学論の客観的側面」を重視する実践家にとって，その立場による研究方法は，有用性が高く，信頼に値する価値があるために，その研究方法を正しいと考えて使用しているはずである。一方，「主観的-相互交流的側面」を重視する実践家にとっても，同様の考え方で，研究方法を正しいと考えて使用していると考えられる。しかし，それぞれの立場による実践家が，自ら使用している研究方法を遵守するなら，実践家それぞれの立場で有用と考える研究方法の価値が尊重され，他のものは排除されるかあるいは無視されるという排他的な態度に陥りやすくなると考えられる。言語障害児を対象にした事例研究の発表の場では，研究方法をめぐっての意見の対立という「信念対立」（例えば，「行動観察法」対「参与観察法」）についても，筆者は，いくつか経験をした。

従って，上述したような価値の問題に基づく「信念対立」の状況が解消されない限り，事例研究方法をめぐる諸問題は旧態依然のまま今後も継続されるであろう。また，事例研究の価値に関して建設的な方向性が定まらないまま，それぞれの立場による事例研究の知見だけが今後も生産され続けられると考えられる。

それでは，認識論上の相違から生じる問題と有用性の価値の問題による「信念対立」を回避し，一般的な言語障害児研究が依拠する「客観主義的科学論による客観

的側面」と，道言協に代表される事例研究法の「主観的−相互交流的側面」を両立可能な研究方法として担保するにはどうすればいいのか。

　結論から言えば，それはメタ理論として，西條[27]が構築した構造構成学を採用することで，この問題解明の方向性が見えてくる。なぜなら，構造構成学は言語障害児等の臨床も含まれる人間科学のために構築された原理論であり，主観的側面や価値の問題のようなさまざまな人間的事象の意味領域に関する科学性を担保し，そのための条件も呈示され，上述した諸問題を解明する理路が用意されているからである。また，西條[33]は構造構成学を「どのような立場，領域の人にとっても役に立つ『原理』」としている。したがって，「主観的−相互交流的側面」を重視した言語障害児研究方法の科学論にも継承可能と考えられる。

## 6節　「言語障害児事例研究法モデル」の科学性の基礎づけ

　構造構成学は西條によって構築されたが，その科学論的基盤は池田によって考案された「構造主義科学論」[34]に，西條が「関心相関性」「構造化に至る軌跡の開示」等の理路を組み込んで整備した「構造構成的構造主義科学論」である。構造構成的構造主義科学論とは，「現象」をより上手に記述するために構造を構成するという理路によって，人間科学に含まれる「客観主義的科学論による客観的側面」も，「主観的−相互交流的側面」も原理的に等価に基礎づける理路を担保するものである。

　したがって，以下では，「言語障害児事例研究法モデル」に構造構成学の中核原理であり最も特徴づけられる「関心相関性」と，その科学論的基盤である構造構成的構造主義科学論を適用する。そして，その際，西條[35]によって呈示された「広義の科学性」が担保される2条件を取り入れる。それらは，1つ目が，「現象の構造化」であり，2つ目が，構造化に至る軌跡を明示化するという「条件開示」である。これら2条件は，人間的事象の意味領域に関する科学性を担保し，何でもアリの相対主義を回避するために動かしようがないと，西條は述べている[36]。これらに基づいて，「広義の科学性」の基礎づけのための論考をすすめたい。尚，ここでは，「構造」とは，「コトバとコトバの関係形式」のことであり，「コトバ」とは「言語」「記号」「数値」等も含むものとする。

### 1.「関心相関性」の継承

　まず「関心相関性」とは，「存在・価値・意味は，主体の身体，欲望，目的，関心といったものと相関的に規定される[37]」という原理である。この「関心相関性」を媒介にすると，上述した言語障害児研究方法における「主観」対「客観」という

ような対立には，研究方法の認識に対する関心の違いという観点が欠落していたと考えられる。

　つまり，言語障害児事例研究をすすめるにあたって，研究家Aが研究目的を達成するために対象となる子どもの個体能力について仮説検証的・数量的に把握したいという関心をもっていれば，相関的に単一被験者実験法や行動観察法等の「客観主義的科学論による客観的側面」の研究方法を選択するであろう。一方で，研究家Bが研究目的を達成するために対象となる子どもの内面性や育ちを把握したいという関心があれば，相関的に「エピソード記述」や「参与観察法」等の「主観的－相互交流的側面」の研究方法を選択すると考えられる。このように，言語障害児事例研究における研究方法上の「主観」と「客観」の対立という文脈に「関心相関性」を媒介させると，研究目的は，それに応じて相関的に研究方法が選択されていることが可視化される。

　では「言語障害児事例研究法モデル」に「関心相関性」を導入すれば，どのような理路になるだろうか。まず，その認識論の選択では，実践家は，対象児の言語症状だけでなく，その全体像と内面性，育ってきた環境，対人関係性から保護者のニーズにいたるまで，その子どもの言語面だけでなく，内面性を含めた他の発達に関連した諸側面を理解したいという関心に基づき，「主観的－相互交流的側面」の認識論を選択することになる。そして，それに該当する「生育歴調査」「家庭，学校，地域での対象児の様子」「関係機関による情報の提供」等の項目が選択され設定される。また，実践家は，これらの調査項目から獲得した情報をもとに，図Ⅱ-4-1にあるように対象児が「どんな子か？」「何が課題か？」「その原因は何か？」「何が求められているか？」という対象児の実態，困っていることやニーズ等を明らかにしたいという関心に基づいて，「課題の仮説」を生成することになる。

　さらにいえば，「言語障害児事例研究法モデル」において，実践家は，「課題の仮説」から「臨床実践方針」を設定し，実践へと導かれる。この文脈に沿えば，例として，「○○さんには，Cという「課題の仮説」の生成が可能なので，それを改善し軽減したいという目的で，Dという「実践方針」をたてることが妥当である」。そして，「Dという「実践方針」を具体化させたいという欲求に基づけば，相関的にEやF等の指導方法が選択される」といったことがあげられる。

　このように，「関心相関性」を「言語障害児事例研究法モデル」の選択原理として継承することで，「臨床実践方針（目的）」は，このモデルの視点から導かれる子どもの情報に応じて選択されるという基礎づけが可能になると思われる。

## 2．探求対象としての「現象」の尊重

　構造構成学では，学問一般の営為における探究対象としての「現象」を尊重し，

それを理路の出発点とする。ここでいう「現象」とは，「立ち現れるすべての経験」を意味し，外部実在のみならず夢や幻覚等まで含まれる。そして，それは，何らかの経験をしているという点で，疑いの余地はなくなるので，外部実在，夢，幻覚等，人の前に立ち現れるあらゆる経験を一元化することが可能になる。

このことを，図Ⅱ-4-1の「言語障害児事例研究法モデル」における「情報収集の視点」の初期段階に適用してみよう。まず，このモデルは，初回の教育相談活動における対象となる子どもと保護者，そして，支援する担当者との「出会い」から開始されることが多い。通常，その場が，言語障害児の臨床活動においては，図Ⅱ-4-1にある「教室・センター」であり，「言語障害通級指導教室」や「療育センター」等を指している。構造構成学に従えば，教育相談活動に従事する言語障害児担当者にとって，言語障害児研究の出発点となるのが「現象」である[38]。

「現象」は，言語障害児研究でいえば，対象となる子どもやその保護者，彼らを支援する側の担当者それぞれに立ち現れる経験そのものである。それゆえ，対象となる子どもに立ち現れる「現象」や支援する担当者にも立ち現れる「現象」があり，それらを把握することが言語障害児研究を実施する上で全ての始まりとなる。

これは，言語障害児研究の「客観主義的科学論による客観的側面」の立場に立つ実践家にとっても，同様の状況下におかれると考えることは妥当であろう。例えば，行動分析的アプローチの一つである「ABC分析」による事例研究方法[39]にこの「現象」を適用してみる。「ABC分析」とは，行動は起こる前提として誘発となる「先行刺激（antecedent：A）」があり，それが起点となって「行動（behavior：B）」が生じ，その「結果（consequence：C）」がみられるというプロセスを前提にする。そして，それらの3つがどのように関係しているかを分析するというものである。その際，行動を客観的に記述する方法である「行動観察法」の使用が一般的である。

構造構成学の理路に従えば，言語障害児を対象にし「ABC分析」で事例研究を実施したいという関心がある研究者は，相関的に「行動観察法」を選択することになると考えられる。そして，その子どもの行動は，研究者に立ち現れる「現象」となり，「行動観察法」による「先行刺激」，「行動」，「結果」の視点を通して把握される。したがって，「客観主義的科学論による客観的側面」の立場の研究者にとっても，立ち現れる「現象」があり，それらを把握することが，事例研究の始まりになる。

このように，「現象」は背反する立場でも妥当する理路であることから，「客観主義的科学論による客観的側面」と「主観的－相互交流的側面」の双方を同時に包括することができる。そしてこの両側面によって，従来言語障害児研究で生じていた認識上のズレも解消できると考えられる。このことは，構造構成学が，「現象」を

出発点にすることで，極めて純度の高い原理性を示していると考えられる。したがって，本論も，「現象」を理路の出発点にする立場を継承する。

## 3．「言語障害児事例研究法モデル」における「現象の構造化」と「条件開示」
### (1)「現象の構造化」

それでは，「現象」を理路の出発点とすることを継承したこのモデルの「広義の科学性」は，具体的にどのように把握されるのか。

結論から言えば，構造構成学による言語障害児研究の「客観主義的科学論による客観的側面」と道言協が重視する「主観的－相互交流的側面」の両側面は「構造」として捉えられることになる。「構造」とは，上述したように，「同一性と同一性の関係性とそれらの総体という存在論的な概念」[40]のことである。そして，この「現象の構造化」が，構造構成学では，1つ目の「広義の科学性」の条件として位置づけられている[41]。

例えば，言語障害児研究では，言語障害児の発達上の課題把握は，重要な視点の1つになる。具体的に言うと，「客観主義的科学論による客観的側面」では，「言語障害児の発達上の課題を把握するという目的で担当者に立ち現れた「現象」を，心理検査・知能検査等の発達に関連する諸検査，単一被験者実験法，あるいは行動観察法を用いて言語障害児の客観的側面を数値あるいは言葉（同一性）で記述したもの」となる。

それに対して，道言協が重視する「主観的－相互交流的側面」では，「言語障害児の発達上の課題を把握するという目的で担当者に立ち現れた「現象」を，時系列的な担当者との交流，保護者への対象児等に対する生育歴調査，対象児等の家庭や学校における日常生活上の課題となるエピソード等を通して，言語障害児の主観的側面を言葉（同一性）で記述したもの」となる。つまり，「構造」を基軸にすることで，言語障害児の発達上の課題に関連する「客観主義的科学論による客観的側面」も「主観的－相互交流的側面」もどちらか一方に依存した枠組みで取り扱うのではなく，両側面を等価として取り扱えることになる。

次に，例として，図Ⅱ-4-1の「言語障害児事例研究法モデル」における「情報収集の視点」の教育相談活動に関して，「現象の構造化」を適用してみる。すると，実践家は，子どもが立ち現す「現象」について，その関わりに基づき，心理面，関係発達面，言語面，聴覚面，知的面，視覚面，発育・運動面および保護者の相談内容の確認等のように多面的な視点（図Ⅱ-4-1）にあるような問いを持ちながら記述することになる。この実践家が，言語障害児研究の初学者であっても，「言語障害児事例研究法モデル」の視点を継承することで，これらの視点に基づく記述を道言協の研究大会発表集録や経験ある言語障害児担当者の助言等を参考にしながら，あ

る程度「再現」させることは可能であろう。

　そして，担当者がベテランにでもなれば，これらの視点に基づく子どもの行動面や関わり等を一定「予測」することも可能になると考えられる。例えば，初回の教育相談時に，保護者の了解を得て，担当者は対象となる子どもとその母親のやりとりを数十分程度，マジックミラー越しから観察する場合がある。その際，子どもが低学年で興味をもった共同で行う遊具を母親のもとへ運び，それぞれが向き合う形で遊びが展開されたなら，安定した母子関係を想定でき，担当者とも安定した関係性を構築できるかもしれないと予測するであろう。一方で，子どもが1人で遊具を操作しはじめ，母親はそれに関心を示すことなく，傍観者的にその行為をながめているか，子どもとかかわろうともしないとなると，不安定な母子関係を想定できる。担当者は，子どもとの関係性構築で困難があるかもしれないと予測するであろう。

　また，道言協では，言語障害児の「生育歴調査」に関して，保護者による言語症状の課題やそれに関連する事項の気づきの時期を重視している。なぜなら，その理由の1つとして，保護者等が，子どもの課題にどのように向き合ってきたのかを知り，子育てに対する姿勢を把握できる可能性があるためである。したがって，上記に関する気づきの時期を，子育ての中心者である母親が明確に記憶していれば，その母親は子どもの課題を的確に把握しながら子育てを実践してきたので，子どもは母親によく見守られた中で成長してきたのではないかと担当者は予測するであろう。また，反対に，母親がこれを曖昧な情報でしか担当者に提供できないならば，その子どもは丁寧な子育てをされてこなかったかもしれないと，担当者は予測するであろう。

　このように，「現象を構造化すること」で，1つ目の「広義の科学性」の条件担保が可能となった。

(2)「条件開示」─構造化にいたる軌跡の明示化

　次に，言語障害児を対象としている「事例研究法モデル」では，自然科学の領域一般で実施される条件統制は不可能である。構造構成学によるとそれに代わる「条件開示」を採用すべきで，「条件開示」とは，構造化に至る軌跡を明示化することである。上述したように，この「条件開示」が，構造構成学では，2つ目の「広義の科学性」の条件として位置づけられている[35]。

　西條[42]によれば「条件開示」とは，「どのような関心や目的をもつ研究者が，何を対象とし，どのような観点からどのようにデータを収集し，どのよう角度からどのように分析をして，それにどのような観点から解釈を加えた結果得られたものなのか諸条件を開示」していけばよいという。これらの条件は，①研究者の関心・目的，②研究対象，③研究方法，④研究結果，⑤考察等に整理することが可能であろう。以下に，これらの観点から，「関心相関性」を軸に「言語障害児事例研究法モ

デル」を検討してみる。

①に関しては，言語障害児の事例研究の営みに参加したく，対象児の言語面に加えて内面性を含めた他の発達に関連した諸側面を理解したい，という関心を持つ実践家を想定している。そして，その実践家の関心に応じて相関的に「主観的－相互交流的側面」の認識論が選択されることになる。②は，言語障害児を対象としている。③では，①と②に基づいた「情報収集の視点」と「情報処理の視点」の2段階が設定された事例研究のすすめ方が呈示されている。「情報収集の視点」の段階で，実践家は，関心に該当する項目から情報を獲得する。そして「情報処理の視点」の段階で，「課題の仮説」を生成することになる。さらに，この課題を改善したいという目的や関心において，「臨床実践計画」を組み立てる。④に関して，これらの計画に基づいて実践することになり，⑤において，実践の見直しをはかる。

これら一連のプロセスには，「主観的－相互交流的側面」や「主観性・関係性」の認識論に基づいた言語障害児事例研究の展開について，構造化に至る軌跡の開示がされていると考えられる。そして，このことは，事例研究に必要と考えられた項目が，その展開を構造化する際に考慮した条件を開示することでもある。この「条件開示」によって読者は，事例研究の実践という特定の状況下で得られた「構造」であることを踏まえた上で，その「構造」の有効性やそのねらいを判断することが可能になる。また，読者が，この事例研究の中でも，どのような点に着眼してその展開を構想することが妥当なのかといった理解へつなげることもできよう。さらには，これらの条件を棄却したり，修正したり，反論したりすることも可能であるという「反証可能性」が担保されているといえる。この「反証可能性」が担保されたことで，「広義の科学性」を担保する2つ目の条件が満たされたことになる。そして，このことは，「主観的－相互交流的側面」においても，探求対象としての「現象」を「構造」で把握し，構造化に至る軌跡の開示をすることにより，言語障害児事例研究領域でこれまで不可能であった「広義の科学性」を担保することが可能になったことを示している。

結果として，「関心相関性」を継承することで，「言語障害児事例研究法モデル」には，一貫して「主観的－相互交流的側面」の認識論から子ども理解を総合的多面的に把握しようと努めていることが読み取ることができるであろう。ただ，これまで検討してきたように，科学性については，「言語障害児事例研究法モデル」においてその条件は認められたものの，このモデルを構築した道言協の研究の歴史において，科学性そのものに関して言及した資料はない。道言協が，モデルを構築するにあたり，言語臨床の科学性より言語臨床の実践性に関心が向けられてきたと考えられる。科学性に関しては，無自覚であったと推察される。

## 7節
## 「言語障害児事例研究法」の価値の基礎づけ

### 1．「関心相関性」の再継承

　以上，構造構成学の中核原理「関心相関性」とその科学論的基盤である「構造構成的構造主義科学論」の理路を採用することで，「言語障害児事例研究方法モデル」に「広義の科学性」を担保可能であることを論証してきた。しかし，問題解明の方向性でも指摘したように，本論においては研究方法の有用性という価値の問題による「信念対立」も解消されなければならない。なぜなら，「客観主義的科学論による客観的側面」の立場の実践家と「主観的－相互交流的側面」の立場の実践家に対して，「言語障害児事例研究方法モデル」に「広義の科学性」が担保可能であるという理路を提示するだけでは不十分であり，それと同時に，研究方法の有用性価値の問題を解明する理路の呈示が必要と考えるためである。そうすることで，「言語障害児事例研究方法」における「信念対立」をはじめとする諸問題を終焉させることが期待できる。そして，両者間に事例研究の価値に関する認識を変化させ，建設的なコラボレーションによる新たな事例研究方法を開発する契機になると考えられる。

　それでは，上述したように，「言語障害児事例研究法」の価値の基礎づけをするためには，どうすればいいのか。結論から言えば，それは構造構成学の中核原理である「関心相関性」を再び採用することで，このことが可能となる。繰り返しになるが，「関心相関性」とは，「存在・価値・意味は，主体の身体，欲望，目的，関心といったものと相関的に規定される[37]」という原理であった。この「関心相関性」を媒介にした価値についての説明をするために，西條[43]は「水たまり」を例にしている。「水たまりは通常歩くときに邪魔になるぐらいで積極的な価値はない」が，「砂漠で喉が渇いていたら，それは高い価値を帯びる」とし，「身体や欲望のありかたに応じて価値が立ち現れる」ことを的確に示した。

### 2．価値問題の解消に向けた例証

　「言語障害児事例研究法」の価値の問題による「信念対立」の解消は，その理路に「関心相関性」を組み入れることで，実現可能と考えられる。例えば，ある「客観主義的科学論による客観的側面」の立場の実践家Gが，事例研究を展開するために，その研究方法として「行動観察」を常に採用していたとしよう。そのGが，なんらかの関心のもと構造構成学を学習し，「関心相関性」を事例研究の理路に取り入れた後に，「言語障害児事例研究法モデル」による事例研究発表報告に遭遇し

たとする。するとGは，「この発表では，対象児の言語症状だけでなく，内面性を含めた他の発達に関連した諸側面を理解したいという関心に基づいて，「主観的－相互交流的側面」の認識論を選択しているのだな。それに該当する「生育歴調査」「家庭，学校，地域での対象児の様子」等の項目が選択されているのだろう。これらの調査項目から獲得した情報をもとに，対象児の実態，困っていることやニーズ等を明らかにしたいという関心に基づいて，「課題の仮説」を立て，「臨床実践方針」を生成しているのだろう。そして，その「方針」を実施するという目的を達成したいために，「臨床実践」がされるのであろう。このモデルには，論理に一貫性があり，子どもへのアプローチの認識は自身（G）と異なるだけなのだ。発表者の関心や目的に応じて，相関的に子どもへのアプローチの価値は決まるのだ。」という解釈が可能になる。このような理路を展開することができたなら，実践家Gは，この領域の研究方法の有用性の価値の認識を変えることができたと考えられる。

また，「主観的－相互交流的側面」を重視する実践家Hにとっても，実践家Gが獲得した「関心相関性」の観点に従えば，同様の理路で「客観主義的科学論による客観的側面」の立場に立つ事例研究法，例えば「ABC分析」においても同じように適用できる。ここでは，言語障害児を対象にし，「ABC分析」に基づいた事例研究報告に遭遇したHを想定してみる。するとHは，「この発表では，言語障害児の言語症状や行動を客観主義的に理解したいという関心に基づいて，「客観主義的科学論による客観的側面」の認識論を選択しているのだな。そして，その代表的アプローチである「ABC分析」を選択したのだな。この「ABC分析」による事例研究方法にも，その目的に応じて，行動を客観的に記述する方法である「行動観察」が選択されている。そして，「先行刺激」「行動」「結果」という項目が選択され，その子どもの言語症状や行動等が，これらの視点を通して把握されているのだな。このアプローチの論理には一貫性があり，子どもへのアプローチの認識が自身（H）と異なるだけなのだ。発表者の関心や目的に応じて，相関的に子どもへのアプローチの価値は決まるのだ。」という解釈が可能になる。このような理路を展開することができたなら，実践家Hは，実践家Gのように，この領域の研究方法の有用性の価値の認識を変えることができたと考えられる。

さらに，「客観主義的科学論の客観的側面」を重視する実践家と「主観的－相互交流的側面」を重視する実践家の両者において，それぞれの立場による研究方法の遵守があった場合の弊害については既に述べた。この文脈に「関心相関性」を媒介させると，研究方法の有用性が，それぞれの実践家の関心や目的に応じて相関的に決定されることが可視化され，実践家に自覚させることが可能になる。

これらのことは，当たり前のように思われる可能性もあるが，当たり前でなかったがゆえに，上述したような言語障害児事例研究における「信念対立」が生じてい

たと考えられる。西條は,「人間というのは当たり前のことを, 当たり前だからこそ, 当たり前のように忘れてしまう性質をもっている」ことを指摘した。そして,「当たり前のことを忘れないようにするにはそれを思い出すための概念」の必要性を強調している[44]。「関心相関性」は, まさしく当たり前のことを「思い出すための概念」として機能させることができる[44]。加えて,「関心相関性」は,「「価値」というものは, その対象自体に実在するものではなくて, 自分の関心と相関的に(応じて) 立ち現れてきたということ」[45]を自覚する理路としても機能する。このように「関心相関性」が機能することで, 何でもアリの相対主義を回避することも可能となる。

## 8節
## 「構造構成的言語障害児事例研究法モデル」の提唱

　これまでの論考を整理すると,「言語障害児事例研究方法モデル」は, 図Ⅱ-4-1にあるように言語障害児の事例研究の営為が展開されるように,「情報収集の視点」と「情報構成の視点」の2段階で構成される。そして, 段階ごとにその営為が展開されるために必要な視点の呈示がされている。いわば, それらは, 段階ごとに事例研究で必要とされる特定の事象それぞれに注目し構造化されているといえる。したがって,「言語障害児事例研究方法モデル」は,「臨床活動を上手に構造化する方法を支援する」ということが可能であり, 事例研究の展開を構造化していくことで, 科学性の条件を担保していくことができる。つまり, 実践家は, この「モデル」にある諸視点を起点として, 臨床の展開の「再現可能性」や, それがもたらす子どもの行動, 言動, 態度等の「予測可能性」をすることができるはずである。そして, 事例研究を展開する上で, 考慮した条件を含めた構造化に至る軌跡の開示を, その研究の発表等で明示化することで, 実践家は,「反証可能性」をすることも可能と考えられる。加えて,「言語障害児事例研究方法モデル」の有用性が理解されないという価値の問題に関して,「関心相関性」を再適用し, 事例研究方法の有用性価値の問題を解明する理路の呈示が可能になった。したがって,「言語障害児事例研究方法モデル」は, 構造構成学を適用することで,「広義の科学性」担保と価値の基礎づけのための理路が整理されたといえる。
　そして, それは,「構造構成的言語障害児事例研究方法モデル」として新たに呈示することが可能になった（図Ⅱ-4-2）。このモデルは, 上述の議論を踏まえたうえで,「言語障害児に立ち現れた「現象」の中から, その子どもの言語障害や言語発達等に関連した事象における客観的側面と主観的側面を構造化し, その構造化に至る諸条件を開示すること, および価値の基礎づけのための理路を提示すること」と

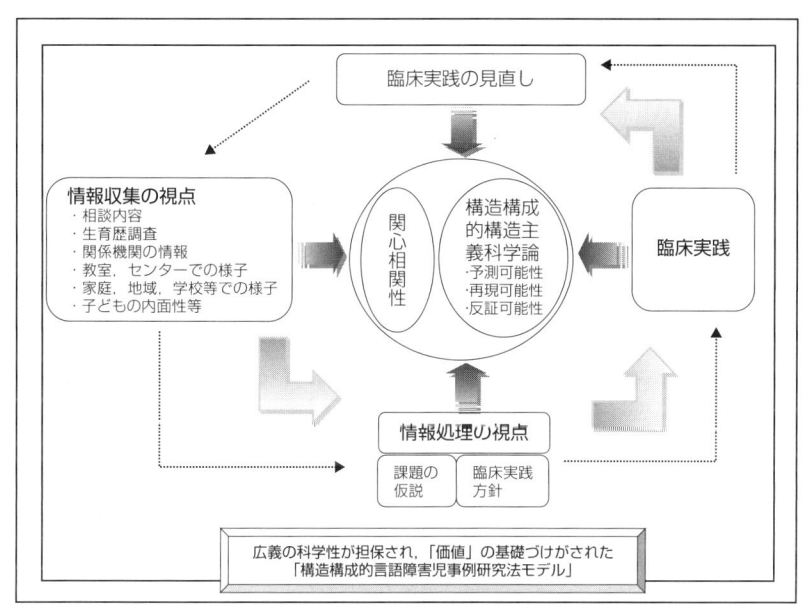

図Ⅱ-4-2　構造構成的言語障害児事例研究法モデル

して定式化することができる。これにより，「言語障害児事例研究方法」が抱えていた科学性の問題や事例研究の価値の問題等を解明させ，先述した言語障害児の事例研究法が制限されることによるデメリットの克服も可能となった。さらに，研究方法論上の「信念対立」を回避させる理路も整備された。

このように，構造構成学を導入することで，自分の研究や実践について，メタ認知的にその営みに関して，読み取ることができるようになる。実践家自身でこのことが可能になれば，他の研究や実践の発表に関しても，研究者や実践家の関心，研究目的，その背景となる認識論を読み取り，相手の研究や実践の立ち位置を了解できるであろう。それぞれのモデルのメリットを活かしつつ，言語障害児臨床に関連する「現象」について，より多面的に総合的に把握することが可能になると考えられる。

## 9節
### 本稿における意義と限界

「構造構成的言語障害児事例研究法モデル」の定式化の意義は，構造構成学を継承することで，言語障害児研究領域における「客観主義的科学論による研究方法」

と「主観的-相互交流的側面」の両方の方法論的優位性を活かしたまま，多元論的な研究方法を開発する理路が開かれた点にあると考えられる。

　しかし，本研究における限界に関しての指摘も必要であろう。まず，「構造構成的言語障害児事例研究法モデル」による実践について言及できなかったことがあげられる。今後は，このモデルが，公共性の高い事例研究として機能するのかどうか具体的に示す必要性があろう。

　また，構造構成学が2005年に西條によって初めて提唱された時点では，この領域を構成する主要概念が，「関心相関性」「現象」「構造」であった。しかし，その後，「契機相関性」[46]，「構造構成の本質観取」[47]，「構造構成的人間論」[48]等，新たな概念が提案され，構造構成学に取り入れられている。いわば，構造構成学自体が，深化・発展しつづけているといえる。本稿においては，この動向を踏まえた「構造構成的言語障害児事例研究法モデル」の提唱にはいたっていない。

　しかし，構造構成学の提唱者である西條は，この学問の志向性として，「パーフェクト・ソリューションよりも，ベター・オルタナティブ」[49]をめざし，「完全な解決ではなく，今よりマシになるような代案を模索する」[49]ことにあると述べた。これに従えば，本稿では，言語障害児事例研究の領域において，初期の構造構成学を継承し「構造構成的言語障害児事例研究法モデル」を提唱したことで，異なる研究方法の認識論を対立的ではない建設的な認識論に変化させる第一歩を踏み出したといえるかもしれない。今後は，日々進化続ける構造構成学の成果を射程にいれながら，「構造構成的言語障害児事例研究法モデル」がより公共性の高いモデルとなるように探究することが必要になると考えている[50]。

## 【註および文献】

［1］小川　仁　1982　言語障害児教育の歴史・現状・問題点　内須川　洸・中野善達（編）　講座言語障害治療教育2　総説Ⅱ　福村出版　pp.185-209.
［2］伊藤元信　2010　言語障害の研究入門―はじめての研究そして発表まで　協同医書出版社
［3］伊藤元信　1982　言語障害の研究　内須川　洸・笹沼澄子（編）　講座言語障害治療教育2　総説Ⅱ　福村出版　pp.176-199.
［4］Silverman, F, H.　1977　*Research design and evaluation in speech-language pathology and audiology*. Englewood Cliffs,NJ：Prentice-Hall. 伊藤元信・羽生耀子（訳）　1983　言語病理学・聴能学研究法　協同医書出版社
［5］山口　薫・佐藤方哉　1983　ことばの獲得―言語行動の基礎と臨床　川島書店
［6］Mowrer, D. E.　1977　*Methods of Modifying Speech Behaviors : Learning Theory in Speech Pathology*. Columbus, Ohio：C. E. Merrill Pub. Co. 伊藤元信（訳）　1984　言語治療の理論と実際―行動変容理論によるアプローチ　協同医書出版社
［7］McReynolds, L. V., & Kearns, K. P.　1983　*Single-Subject Experimental Designs in Communicative Disorders*. Baltimore：University Park Press. 西村弁作・小塩允護（訳）　1989　言語障害の実

験研究法―心理・言語臨床家のために　学苑社
［8］浅野俊夫・山本淳一（編）　2001　ことばと行動―言語の基礎から臨床まで　ブレーン出版
［9］山鳥　重　1985　神経心理学入門　医学書院
［10］Love, R. J., & Webb, W. G. 2001 *Neurology for the speech-language pathologist*. Boston : Butterworth-Heinemann. 田中隆一・伊林克彦・相馬芳明（訳）　2003　神経心理学を学ぶ人のための基礎神経学　第3版　西村書店
［11］Crystal, D. 1981 *Clinical linguistics*. Vienna : Springer-Verlag. 紺野加奈江・杉下守弘・宇野園子（訳）　1993　臨床言語学　西村書店
［12］大井　学　1995　言語発達の障害への語用論的接近　風間書房
［13］長崎　勤　1995　ダウン症乳幼児の言語発達と早期言語指導―認知・語用論的立場から　風間書房
［14］笹沼澄子・辰巳　格（編）　2005　言語コミュニケーション障害の新しい視点と介入理論　医学書院
［15］笹沼澄子（編）　2007　発達期言語コミュニケーション障害の新しい視点と介入理論　医学書院
［16］米本秀仁・高橋信行・志村健一（編著）　2004　事例研究・教育法―理論と実践力の向上を目指して　川島書店
［17］小村欣司・草山真一・施　慧佳　1996　聴覚言語障害児教育教室の現状と問題に関する調査研究―神奈川県における聴覚・言語障害児教育教室担当者調査から　横浜国立大学教育紀要, 36, 217-233.
［18］藤井和子・安藤隆男・笠原芳隆・村中智彦　1999　言語通級担当教員の特性と職務満足感　上越教育大学研究紀要, 19(1), 347-356.
［19］瀧澤　聡　2010　言語障害・難聴等のある子ども支援に従事する経験の浅い担当者への支援のあり方―北海道言語障害児教育研究協議会による研修（言難ABC）3カ年の成果・ニーズ・展望　北海道特別支援教育研究, 4(1), 1-8.
［20］鯨岡　峻　2005　エピソード記述入門―実践と質的研究のために　東京大学出版会
［21］北海道言語障害児教育研究協議会　2011年度（平成23年度）言語難聴教室便覧
［22］北海道言語障害児教育研究協議会運営委員会　研究主題の説明資料2011年度版
［23］道言協の設立経緯からして、会員構成が公立学校の教員だけでなく、療育関係者も含まれていた。この「子どもをとらえる視点」は，これまでのさまざまな立場の会員による協同研究の成果として考えられる。そして、その経過では，彼らの臨床実践の場に広範囲に適用可能な言語障害児臨床のための視点が，検討されてきたと考えられる。したがって，「子どもをとらえる視点」の中には，公立学校教員に必須の学習指導要領との関連による検討等は，提示されてこなかったと推察される。
［24］斎藤清二　2007　人間科学的医学　現代のエスプリ475　至文堂　pp.171-180.
［25］道言協による「子どもをとらえる視点」は，言語障害児ばかりではなく，難聴児やコミュニケーションに課題のある児も対象としている。
［26］池田　寛　2009　童元郷のけんきゅう　第1号，第2号，第3号，第4号　北海道言語障害児教育研究協議会
［27］西條剛央　2005　構造構成主義とは何か―次世代人間科学の原理　北大路書房
［28］［27］の p.158
［29］［27］の pp.179-181
［30］［27］の p.155
［31］［27］の p.108
［32］高橋　史　2007　構造構成的臨床心理学―折衷主義の再考と発展的継承　現代のエスプリ475　至文堂　pp.137-147.
［33］西條剛央　2007　構造構成主義とはどのような理論か―今，その深化を問い直す　現代のエスプリ475　至文堂　pp.215-227.
［34］池田清彦　1990　構造主義科学論の冒険　講談社

[35] 西條剛央　2008　研究以前のモンダイ　看護研究で迷わないための超入門講座　医学書院　pp.40-45.
[36] 西條剛央　2008　ライブ講義・質的研究とは何か　SCQRM アドバンス—研究発表から論文執筆，評価，新次元の研究法まで　新曜社　p.187.
[37] [27] の p.53
[38] 言語障害児臨床に従事する担当者は，事例研究として学術的な場等で発表報告したり，論文として投稿したりする場合，業務としての臨床活動の中から担当者が関わっている事例を選択することが多いと考えられる。したがって，本稿においてもそれを踏まえた上で議論した。
[39] 宮下照子　2011　学校支援の行動分析的アプローチの動向—内外論文から　仏教大学教育学部学会紀要, 10, 45-53.
[40] [27] の p.145
[41] [36] の pp.169-171
[42] [27] の p.156
[43] [35] の p.14
[44] [27] の p.79
[45] [33] の p.222
[46] 桐田敬介　2010　契機相関的—構造重複という視点—構造構成主義における自己—他者関係の基礎づけ　構造構成主義研究, 4, 131-161.
[47] 京極　真　2011　理論的研究の方法論としての構造構成的本質観取　吉備国際大学研究紀要，保健科学部 (21), 19-26.
[48] 京極　真　2011　医療関係者のための信念対立解明アプローチ—コミュニケーション・スキル入門　誠信書房　pp.37-58.
[49] [33] の p.222
[50] 本研究は，あくまでも筆者の個人的研究の報告であり，特定の立場からのものではないことを，明記しておく。

## 【謝辞】

　吉備国際大学大学院保健科学研究科・准教授であり，『構造構成主義研究』査読者の京極真先生には，本研究において大変貴重なご助言と励ましをいただきました。また，当編集委員会委員長の西條剛央先生にもご助言をいただきました。記して感謝申し上げます。

原著論文（研究）

# II-5 終末期理学療法教育における構造構成的協同臨床教育法の可能性
## ——理学療法臨床実習による教育実践を通して

池田 耕二

### 1節
### 問題設定

#### 1．終末期理学療法の重要性

　近年，高度医療，超高齢社会を迎えた日本においては，終末期医療は避けることができない問題の一つとなっている。それは医療の一翼を担う理学療法にもいえることであり，終末期医療の中で理学療法がどう貢献できるかは大きな課題である。そのため近年は癌をはじめ，難病，認知症，虚弱高齢者に対する終末期理学療法の在り方や必要性があらためて論じられるようになった[1][2][3][4][5][6][7]。今後は医療の高度化がさらに進み，終末期のあり方も変化すると予想されることから，終末期理学療法に対する重要性はますます増加し，それにともない終末期理学療法の専門性や専門教育の重要性も増してくると予想される。

#### 2．終末期理学療法における教育法の検討の遅れ

　このように終末期理学療法の必要性が増加してきたとはいえ，すべての理学療法士が終末期理学療法の必要性を十分に理解できているかといえば，現状はそうでもない。確かにホスピスや緩和ケア病棟を有する施設であれば，あからさまに終末期理学療法の必要性を否定する理学療法士はいないだろう。しかし，その他の施設の理学療法士の一部からは，ときおり「終末期患者に理学療法士ができることはない

のではないか」,「できることがあったとしても理学療法士が行う必要性があるのか」,または「終末期理学療法は理学療法士の自己満足であって,効果やエビデンスはない」といった意見を聞くことがある。また理学療法士を目指す学生の一部にも終末期理学療法の必要性を疑問視する意見があることが報告されている[8]。こうしたことから,現状では終末期理学療法に対する認識や理解が不十分であることは否定できないであろう。

終末期理学療法に対する理解が不十分であると,理学療法業界内における終末期理学療法の必要性に対するコンセンサスが得られにくいだけではない。もっと言えばこうした事態が続く限り,終末期理学療法の発展は阻害され,その結果として高度医療,超高齢社会における終末期理学療法の位置づけや価値も低くなる可能性があると考えられる。そのため終末期理学療法教育は理学療法業界における重要課題の一つとも言えるだろう。しかし,終末期理学療法に関する教育,とくに実践教育については,そのほとんどが施設に任されているというのが実情であり[9],どのような教育法が終末期理学療法教育に適しており,有効なのか,という点についてはほとんど検討されていない状態といえる。

### 3. 構造構成的協同臨床教育法の要諦

筆者は,以前から教える側と教えられる側がお互いに成長できる教育法として,構造構成的協同臨床教育法を提唱してきた[10][11]。そして,構造構成的協同臨床教育法を「お互いの関心を対象化し,それらをすり合わせて共通目的を共有した上で,その論件についての臨床の知やエビデンスを踏まえ,あるいは経験知から暫定的に構成した科学的構造を踏まえることによって,教育効果を高める教育法」と定式化してきた[10][11]（図Ⅱ-5-1）。本教育法は構造構成主義[12]をメタ理論におくことで教える側と教えられる側の人間関係の構築を促し,お互いの有している知識や技術を効果的に共有（伝達）することを可能にしており,すでに理学療法臨床実習において実践され,①意欲低下問題や,②基本的評価法ができないという問題,③動作分析ができないという問題を対象に学習効果をあげている[10]。また指導者と実習生の関心の共有が難しいような場合にも複数の指導者によってそれらを補う方法論的拡張が試みられ,学習効果向上の可能性が示唆されている[11]。

ここで構造構成的協同臨床教育法の特徴を簡単に説明していくと,本教育法は構造構成主義をメタ理論にしていることから,その理路には関心相関性といった現象学的思考法や哲学的構造構成,科学的構造構成が組み込まれていることになる。そして,それらの理路を教える側と教えられる側が上手に活用するところに構造構成的協同臨床教育法の特徴がある。そのため構造構成的協同臨床教育法においては,教える側と教えられる側の考え方がお互いに違うと感じた場合や相互理解が深まら

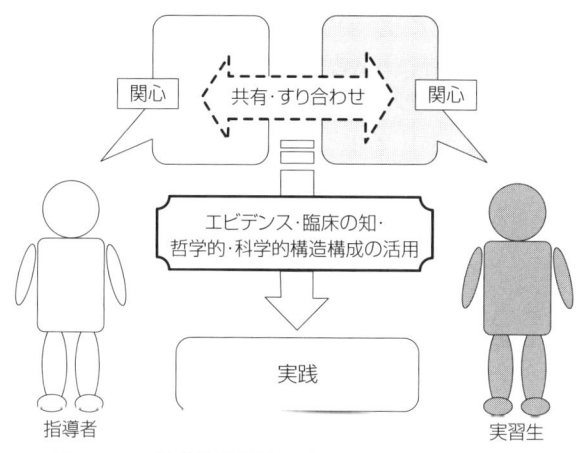

図Ⅱ-5-1 構造構成的協同臨床教育法の概念モデル

ないと感じた場合にも，現象学的思考法を実践し，自らの思考を停止させ相手の思考がどこから出発しているのかを考え理解しようとすることになる。したがって，教える側が，一方的に押し付けたり，教示するだけで終わるような教育にはならない。

また，理学療法の実践教育には不確定要素を多く含む知識も多いが，そうした知識の方が本に書いてある知識よりも実践では有効なこともある。しかし，そうした知識は，ときには客観性や再現性が低いことから，「いい加減である」と思われることが多く，知識として教育することが難しい場合も少なくない。しかし，本教育法に有る教育ツールとしての科学的構造構成を上手く活用することができれば，そうした知識に対しても広義の科学性を担保することができるようになり，「いい加減である」といった思いを回避しながら教育することが可能となる。

さらに理学療法実践教育には，多くの事象が絡み合うことから教えられる側が何から手をつけていいかわからなくなり，思考が停滞してしまうような場合がある。そのような場合には，上述した現象学的思考法と科学的構造構成を上手く活用することで，思考停滞の原因を探りつつ，思考を促すためのツールを科学的構造構成によって構築し，それを活用することで思考を促す教育が理論的に可能となる。

このように構造構成的協同臨床教育法は，現象学的思考法と教育ツールとしての科学的構造構成を上手く応用することで，多様な教育問題を解消できる可能性を有していると考えられる。しかし，本教育法の有効性や限界については未だ不明瞭な部分が多く，さらに検討を加える必要性が認められる。

そこで今回は，本教育法を理学療法臨床実習における終末期理学療法教育に応用

してみたところ教育効果をあげることができたと思われたので，3つの事例の経過を通して終末期理学療法教育における本教育法の意義と改善点を明らかにすることにした。なぜなら，これらのことを明らかにすることができれば，終末期理学療法教育における本教育法の有効性を示唆できるだけでなく，専門教育における本教育法の有効性や可能性も示唆できるようになり，しいては実践教育法としてもさらに深化することができると考えられるからである。

## 2節
### 終末期理学療法教育における構造構成的協同臨床教育法の実践報告

#### 1．事例1：終末期理学療法における思考停滞問題
#### (1) 構造構成的協同臨床教育法の導入に至るまでの経緯

筆者が勤める施設では終末期患者が多いことから，指導する際には臨床実習を始める前に，実習生に終末期理学療法のことをどう認識しているかを確かめることにしている。そこで実習生Aさんについてもいつもと同じように確かめたところ，Aさんからは「終末期理学療法といっても，理学療法士として何をすべきかわからない」，「終末期の患者に理学療法は何もできないのではないか」や，「理学療法をすると死期をはやめてしまうのではないか」，「理学療法に意味があるのかどうかと言われても，すぐに答えることができない」というような回答を聞くことができた。これらからAさんは終末期理学療法に対する理解が不十分であると思われた。また，そこからは不安を抱えている様子もみてとることができた。さらには，Aさんからはどこか終末期理学療法を不毛なものや意味のないものとして捉えていたり，思っていたりしているところがあるように感じられた。こうした現象は終末期理学療法に対して考えを深めないといった意味で思考停滞状態にあると考えることができ，筆者はこれを終末期理学療法における思考停滞問題と呼ぶことにした。

従来の理学療法ならば思考停滞問題は生じず，また大きな問題になることもない。しかし，終末期理学療法には無力感を感じバーンアウトしやすい構造[13]があるため，思考停滞状態が続き，理解が不十分なまま実践し続けると新たな問題の引き金になりかねない。そのため終末期理学療法における思考停滞問題はできるだけ早期に解消すべき問題と考えられる。そこで，本事例ではAさんの終末期理学療法における思考停滞問題の解消を目的に構造構成的協同臨床教育法を応用することにした。

#### (2) 構造構成的協同臨床教育法の実践
##### ①評価

本事例では構造構成的協同臨床教育法の応用に際して，最初にAさんの思考停

滞問題がどこからくるのかを考えることにした。そこで最初に考えられたのが理学療法士や理学療法士を目指す学生の心の中にあるとされる「右肩上がりの理論」である。右肩上がりの理論とは，機能回復を図り日常生活活動を向上させることで生活の質を向上させようとする理論だが，この理論が終末期にそぐわないことは今までも十分議論されてきた[5][14]。しかし，Aさんが「終末期患者は本当に良くなるのでしょうか？」というような質問を筆者にしてくるところをみると，Aさんは右肩上がりの理論を心の中で無意識に働かせ，終末期理学療法に対する理解を不十分にしているものと考えられた。

次に考えられたのは，Aさんが有していたと思われる理学療法士アイデンティティーである。あらためて言うまでもなく理学療法士には「患者を治療して治す，良くする」，「運動療法を行う」，「動作分析を行う」などといった理学療法士アイデンティティーがあると考えられる。Aさんも理学療法士を目指すものとして，こうしたアイデンティティーを有するような発言を繰り返していた。ただし，ここで筆者はあらためて理学療法士アイデンティティー自体を否定するつもりはない。なぜなら専門職である理学療法士には，理学療法士アイデンティティーは必要かつ大切なものと考えているからである。しかし，「治らない，あるいは治りにくい」，「運動ができにくい」，「動作があまり見られない」といった特徴を有する終末期患者に対しても，従来と同じように理学療法士アイデンティティーを過度に立ち上げてしまうと，「終末期理学療法には，理学療法士ができることはない」と考えてしまうようになり，理学療法士（実習生）によっては，心の中に大きな壁を無意識に作り出すものと考えられる。その結果，治療しても良くなることが難しいとされる終末期患者の理学療法を不毛や無意味なものと感じてしまい，思考停滞問題が生じるものと考えられる。

さらに，Aさんの終末期理学療法に対する理解を不十分にしているものとして考えられたのが，Aさんが有していた「終末期患者は臨死直前というイメージ」である。Aさんに幾度か終末期に対するイメージを聞いてみたところ，終末期患者はすべて臨死直前といった固定したイメージをもっていた。そして，それが「終末期には何もできない」といった極端な考え方を作り出しているようにも感じられた。そのためAさんに理学療法プログラムを立案させてみると，終末期だから危険であると必要以上に思い込み消極的な理学療法プログラムしか立案できなくなっていた。しかし，終末期患者は全てが臨死直前であるというのは誤解である。実際は臨死直前の患者だけではなく，ベッド周囲のことは自分でできる患者や退院に向けて歩いている患者など，様々な患者がいるのである。したがって当然ながら終末期理学療法も，緩和的なものから積極的にみえるものまで幅広くあるといえる。

これらのことからAさんの思考停滞問題は，右肩上がりの理論，理学療法士ア

イデンティティーの過度な立ち上げ，終末期患者は臨死直前という固定したイメージによって作りだされているものと考えられた。

### ②介入と成果

構造構成的協同臨床教育法においては，目的や関心を共有することから始めるため，筆者とAさんは最初に終末期患者の生活の質を高めることをメタ目的に共有した。そのうえで，右肩上がりの理論，理学療法士アイデンティティー，終末期患者は臨死直前という固定したイメージが終末期理学療法における思考停滞問題を生み出しやすいということを共有し，それらの解消を目的に以下の実践を行うことにした。

具体的な実践としては，右肩上がりの理論や理学療法士アイデンティティーを無意識に立ち上げると，「治療（運動）して良くする」という考えが強くなる可能性が高くなることから，戦略的に「治療（運動）して良くする」という考えを，一旦据え置くことにした。そのうえで，あらためて困った人を助けるという医療人としての原点回帰を促し「理学療法士（この場合，困っている人を助けることを職業とする1人の医療従事者としてのニュアンスを強くこめて）として，患者に何かしてあげられることや，できることはないか？」という問いをAさんに投げかけてみることにした。そしてお互いの思いをディスカッションすることにした。

その際には，父を亡くしたときの筆者の体験談を交えながらディスカッションした。その体験談とは，終末期の父には車椅子に乗って外出したいという思いがあったにも関わらず，理学療法士が積極的に関わることはなかったというものである。しかし，筆者はここでその理学療法士を批判するつもりはないことも伝えた。なぜなら，その施設では，すべての患者に理学療法サービスが提供できるほど理学療法士が配置されていないことを十分理解していたからだ。また看護師やその他の職員がベストを尽くしてくれたことにも十分感謝しているし，父も家族に車椅子に乗せてもらい外出できたので幸せだったと思う。しかし，こうした経験を通して，もし家族がいなければどうなっていたであろうか，また，どうして理学療法士が関わることができなかったのだろうか，理学療法士にできることはなかったのだろうか等の疑問を筆者は抱くようになった。そして，そうした疑問を通して，筆者は自分の大切な人が終末期を迎えたときに理学療法士としてできることを増やしておく必要性があると考えるに至ったことを伝えたのである。

こうした筆者の体験をAさんに話しながら，どう感じるかを聞くようにし，お互いに共通できる部分をすりあわせすることにした。また，「そこまでは考えられない」や，「今聞かれてもよくわからない」といったAさんの正直な気持ちを大切に受け入れながら，筆者の気持ちを押し付けることのないように配慮しながら，お互いの思いを確認するようにもした。そして，筆者がAさんの思いが整理できた

のではないかと感じたところを見計らって，あらためて「終末期患者に理学療法士ができることはあると思いますか」と問いかけた．

その結果，Aさんは「何かわからないけれども，あるいは少し怖いけれども，理学療法士（1人の医療従事者）として患者を少しでも楽にしてあげたい（緩和）」や「何か関わってあげたい」，「きっと何かできることはある」と発言するようになった．これらから筆者は，Aさんは終末期理学療法に対する必要性を認識しはじめていると理解した．

同じように，終末期患者は臨死直前という固定したイメージについても一旦据え置くことにし，終末期とはそもそも個人の捉え方や定義によって違ってくることを再認識させ，あらためて患者の身体症状は様々であることを教示し，終末期理学療法実践の多様性を感じてもらうことにした．その結果，Aさんは終末期理学療法といえども，みかけは社会復帰を積極的に目指す理学療法もあれば，緩和だけを目指す理学療法もあることを理解していった．

以上の介入を続けたところ，Aさんは右肩上がりの理論や理学療法士アイデンティティーを強く反映した「治療（運動）して良くする」という考えを基軸にした理学療法に加え，困った人に何かしてあげたいという医療人としての原点回帰による「理学療法士（困っている人を助けることを職業とする医療従事者の1人）として何ができるか」という考えを基軸にした理学療法（終末期理学療法）も理解するようになっていった．筆者はそうした変化をさらに後押しするために，終末期理学療法に対する理解を深めることは視野を広げることにつながり，その視野の広さはこの領域の理学療法士が多くの役割を担っていることを再認識させ，その結果としてAさんが身体機能の改善だけでなく心理面や家族ケアなど多様な視点からも理学療法を実践できるように働きかけた．

以上を踏まえて，Aさんに対する構造構成的協同臨床教育法による教育成果を具体的にあげてみると，たとえば終末期理学療法プログラム立案の模擬練習でいうなれば，ベッド上で動くことが出来なくなっている患者に対して，単に固まるから予防のために関節可動域運動を行うというだけではなく，そこには拘束感を和らげるための運動という意味合いや，コミュニケーションの一環などといった意味合いを含めながら関節可動域運動を立案できるようになっていった．また，毎日の関わりが単なる理学療法の実施ということだけにとどまらず，毎日，同じ時間に理学療法士が行くことが生活のリズムの形成につながることや，そうした実践が，家族にとっては関わってもらっているという安心感につながることを理解できるようになっていった．

当初，何をすべきかわからないといっていたAさんが上記のようなプログラムの立案や実践を自ら考えできるようになっていったことをふまえると，終末期理学

療法における思考停滞問題は解消に向かったと考えることができ，教育効果が認められたと考えられた。

## 2．事例2：終末期理学療法における非科学問題
### (1) 構造構成的協同臨床教育法の導入に至るまでの経緯

臨床実習を始める際に，いつものように終末期理学療法をどう思うかと実習生Bさんに問うてみたところ，「非常に大切なことである」や「理学療法としてこれからの分野だと思う」という発言を聞くことができた。しかし，一方で「科学的ではないので，どのように実践していいか分からない」や「曖昧な部分も多く，日によって症状も違うので，どうすれば良いのかよくわからない」，「具体的なエビデンスが少ないのでどうすれば良いのかわからない」などといった発言も聞くことができた。これらからBさんは，終末期理学療法の必要性を表面上は理解していても，深いところではいい加減なものとして，つまり非科学的なものとして受け入れているように感じられた。また，非科学的であるがゆえに自分の行っている実践が正しいのか分からなくなり，自己満足に陥らないかという不安も抱えていることが感じられた。

こうした状態をそのままにしていると，終末期理学療法は「いい加減なものである」と思い続けるようになり，やがては終末期理学療法の価値を低下させたり，理学療法士（実習生）の意欲低下や不安を増強させたりすることになる。そのため，これはできるだけ早期に解消すべき問題と考えられる。そこで筆者はこの問題を終末期理学療法における非科学問題と呼ぶことにした。

ここで終末期理学療法を非科学と思わせる原因がどこにあるのかをあらためて検討してみた。そうしたところ，それは，終末期患者は疼痛や呼吸困難などの主観的症状が主になってくるため客観的な評価が難しいとされるところや，日によって症状が違うことから再現性が低いと思われてしまうところに原因があるように思われた。そのため，客観性や再現性を重視する従来の科学的認識だけでは，どうしても終末期患者の症状は曖昧とみなされ，非科学とされやすい構造にあると考えられた。とくに物理などの自然科学を基盤とする理学療法（士）には，曖昧なものを非科学とするこうした傾向が強いように感じられる。実際，理学療法士である筆者も終末期理学療法は効果が曖昧であると指摘されたうえで，それは理学療法士の自己満足ではないかといわれた経験をもっている。だからこそ終末期理学療法教育では丁寧に非科学問題を解消し，「いい加減である」という認識を修正しておくことが必要になってくると考えられる。そこで本事例では，終末期理学療法の非科学問題を解消することを目的に構造構成的協同臨床教育法を活用することにした。

## (2) 構造構成的協同臨床教育法の実践
### ①評価
　本事例においてBさんと筆者が担当した患者は，主に緩和を目的に入院していた終末期高齢寝たきり患者であった。家族は少しでも楽になることや現状維持を望んでおり，できるだけ多くの人との関わりをもたせたいとも思っていた。患者の主な症状は疼痛と倦怠感，関節可動域制限等であり，患者の疼痛や倦怠感等の訴えは日によって違っていた。理学療法は疼痛や倦怠感の緩和，そして関節可動域の維持・改善，出来る範囲で基本的動作能力の向上を目指し，少しでも生活に満足感が得られることを目的に行った。

　患者の理学療法経過は一進一退であり，疼痛の軽減や倦怠感は軽減したりしなかったりと不安定な状態が続いた。また基本的動作についても全介助にて端坐位ができたり，できなかったりという不安定な状態が続いていた。こうした経過は終末期理学療法においてはよくある経過だが，Bさんには初めての経験であり，理学療法効果やそうした実践に対して「これでいいのか？」といった不安をもつようになっていた。その結果，終末期理学療法の必要性はあると思うが，終末期理学療法を非科学なものとして感じとるようになり不安は増長していったのである。

### ②介入と成果
　Bさんに対する最初の介入としては，筆者はまず「科学的とはどういうことか？」を問いかけることにした。ここでは科学哲学が目的ではないため，自分の思いをそのまま口に出してもらうことにした。その結果，最初は言いにくそうであったが，Bさんは「学校の先生や偉い先生が言っているようなこと」，「文献に載っているようなこと」，「学会でしているようなこと」などと発言するようになり，さらには客観性，再現性，統計学的有意差，一般化など，おおよそ従来からある科学論的認識を示唆する発言も繰り返すようになった。

　それらをふまえて筆者は，客観的ではなく不明瞭な部分も多くもつ人間を対象とする理学療法士が，そうした科学的認識だけで患者を捉えてしまうのはどうか？さらには理学療法としては不十分なものにならないだろうか？と問いかけることにした。そのうえで終末期理学療法のように身体以外のもの，たとえば死生観や信念なども多く影響するものには，広い意味での科学性が必要ではないかと促してみた。そうしたところ「そう思う」という返事が返ってきた。そこで，構造構成的協同臨床教育法の理路にある教育ツールとしての科学的構造構成を活用することにした。

　構造構成的協同臨床教育法が有する科学的構造構成とは，構造構成的-構造主義科学論[15]を基盤にした理路であり，それによると科学は関心にもとづき現象を構造化する営みとされている[15]。そのため関心と構造化に至る過程の開示ができていれば，反証可能性も開かれることになり広義の科学性が担保できると考えられる

のである。つまり，この科学的構造構成を終末期理学療法に上手く活用することができれば，広義の科学性が担保できるようになると考えられる。

　もう少し具体的に言うと，終末期患者に対して，どういった目的や関心のもとで，どういった理学療法を行い，どういった結果が得られたかを開示することができれば反証可能性が開かれることから，終末期理学療法実践に対する広義の科学性を担保することができるのである。また実践した理学療法の効果や妥当性についても，目的に照らし合わせたり，終末期理学療法の本質や原理を基準に検討したりすることが可能となる。よって構造構成的協同臨床教育法にある教育ツールとしての科学的構造構成を終末期理学療法に活用すれば，「いい加減なものである」という非科学問題をかわすことができると考えられるのである。

　このように終末期理学療法実践に科学的構造構成を活用した結果，Bさんは「そんな考え方もあるのですね。難しいことは分かりませんが，終末期理学療法も考え方を変えれば科学にもなるということですね，また効果の検証もできるということですね」と発言するようになった。そして，何よりもBさんの実践で大きく変化したと感じることができたのは，「終末期理学療法はいい加減である」と思われることを回避しようとして，できるだけ患者の疼痛や倦怠感に対する訴えを丁寧に聞きいれ，疼痛や倦怠感という構造を自らの関心のもとで構成し，多様な解釈を試みたところにあった。つまり，当初，Bさんは患者の疼痛や倦怠感を身体的要因だけでとらえることが多く，そうした解釈しかできなかったが，教育後は，不確かな要素でもある天気や1日の出来事，家族の訪問や家族に対する思い，仕事の内容や仕事に対する思いなど心理的な影響なども考慮し，疼痛や倦怠感などの主観的症状を多角的に解釈するようになっていったのである。

　一方，本患者に対する終末期理学療法の妥当性や効果については，筆者の知る限り，その時点では終末期理学療法の本質や原理は明らかになっていなかったので，実践した理学療法に対する本質的な妥当性や効果も厳密には検討できなかった。しかし，指導者，実習生，患者，家族が共通了解できる形で理学療法を進めることができたことや，理学療法の現状に患者，家族，理学療法士がともに満足していたことから，本患者に対する終末期理学療法には一定の妥当性があると考えることができた。その結果，Bさんの不安も減少していったと考えられた。

　以上のことから，Bさんの非科学問題は解消に向かったと考えられ，不安は減少し，理学療法実践も変化した。さらには，実践した終末期理学療法の効果も認められたことから，教育ツールとしての科学的構造構成を活用した本教育実践には教育効果が認められたと考えられた。

## 3．事例3：終末期理学療法における実践停滞問題
### (1) 構造構成的協同臨床教育法の導入に至るまでの経緯

　終末期理学療法教育では，終末期理学療法に興味をもち理解を示したとしても，「終末期の寝たきり患者を目の前にすると理学療法評価，プログラム立案等の実践ができなくなる」という現象が理学療法士や実習生にみられることがある。このように終末期理学療法には，理学療法士や実習生の思考停滞問題や非科学問題を解消したとしても，実践を停滞させてしまうほどの見えない力があることを認識させられることがある。たとえば癌などが原因で全身衰弱がはげしく，ベッド上で寝たきりになっている患者と対面し，その後に理学療法を行うといった場合がそれである。実習生は想像以上に全身衰弱している患者を目の前にし，何から評価を始めてよいのか迷ってしまい怖くて理学療法ができなくなってしまうのである。その結果，「しないよりしたほうが良い」といった消極的な理学療法や心理的な問題へとすりかえたカウンセリングもどきの理学療法を立案してしまうことになる。そこで，筆者はこのような問題を終末期理学療法における実践停滞問題と呼ぶことにした。

　筆者は終末期理学療法が確立できていない現状において，どのような理学療法も基本的に否定する立場をとらない。しかし，深く考えることなしに安易に消極的な理学療法や心理的な問題に逃げ込むだけの理学療法は避けるべきだと考えている。なぜなら消極的な理学療法や心理的な問題だけのアプローチだけなら，看護師や作業療法士，あるいは心理カウンセラーなど，他の職種の方がはるかに専門性を発揮し，適切な処置や対応ができる場合があると考えるからである。したがって理学療法士は自らの専門性に固執しないようにしつつも，専門職として第一義的には理学療法（運動療法，物理療法，装具療法等）によって患者にどう貢献できるかを，できるだけ考えるべきであり，その過程の中で多様な学問や手段を柔軟に駆使すべきであると考える。

　そこで本事例では，終末期理学療法を理解していると思われるのにも関わらず，終末期患者を目の前にすると消極的な理学療法や心理的問題に逃げ込む理学療法を実践しようとする実習生に対して，それらを解消することを目的として構造構成的協同臨床教育法を応用することにした。

### (2) 構造構成的協同臨床教育法の実践
#### ①評価

　本事例で実習生Cさんが担当した患者は，癌による終末期寝たきり患者であった。患者本人は起きたい，歩けるようになりたいと言っており，家族も無理のない範囲で起こしてあげたいと思っていた。そのため理学療法はできるだけ離床を目的に行うことにした。

　通常，終末期寝たきり患者は，疾患や長期臥床，栄養不足等によって体力が消耗

し，問診や簡単な評価さえも苦痛となることが多い。そのため，初期評価はできるだけ患者に負担がかからないように，簡単なコミュニケーションや観察から簡潔に行うことが必要となる。しかし，Cさんは，全身衰弱した患者の評価が不慣れなために簡潔に評価することができず，元気がない，落ち込んでいるという印象だけの評価に終わっていた。そのため理学療法では何をすべきかがわからなくなり，消極的な理学療法や話を聞くことだけを主体にした理学療法を立案していた。そこで筆者は，それらを解消するために構造構成的協同臨床教育法にある現象学的思考法（現象学的還元）と，教育ツールとしての科学的構造構成を併用した教育実践を試みた。

### ②介入と成果

具体的な指導としては，まず患者の障害像を理解するという目的を筆者とCさんとで共有したうえで，「元気がない，落ち込んでいる」という印象だけの評価を一旦停止することにした。そのうえで，なぜそう思ったのかを考えてもらうことにした。これは構造構成的協同臨床教育法が有する現象学的思考法にある現象学的還元を利用したものである。ここで，あらためて筆者とCさんはディスカッションを行い，お互いの印象や思いを話しながら，協同で患者の「元気がない，落ち込んでいる」という構造を構成していくことにした。つまり，科学的構造構成によって患者の元気がない，落ち込んでいるという印象（現象）を構造化することにしたのである。

その結果，患者からみてとれた，「元気がない，落ち込んでいる」といった印象は，①表情が乏しい，②声が小さい，③あまり話そうとしない，④息遣いが小さくあらい，⑤ノンバーバルなコミュニケーションが少ない，⑥食欲がない，⑦睡眠不足，といった構造から構成された。つまり，これらの構造がCさんに患者に元気がない，落ち込んでいると思わせていたと考えることができた。

次に，本構造を視点に理学療法の方向性を導くことにした。たとえば①表情を豊かにするには？　②声を出しやすくするには？　③話したくさせるには？　④息遣いをととのえるには？　⑤ノンバーバルなコミュニケーションを増やすには？　⑥食欲をふやすには？　⑦睡眠がとれるようにするには？どうすればいい？　と考えていくように促したのである。

その結果，Cさんの評価や解釈は進むようになり，①表情が豊かでないのは倦怠感があまりにも強かったことに加え，コミュニケーションを行う機会があまりにも少なく感情表出を行う機会が少なくなっていたこと，②声が出にくかったのは，コミュニケーションの機会が少なくなっていたことに加え，呼吸能力も低下していたこと，さらには，③話そうとしないのは，疲労感が強く食欲がないことに加え，睡眠不足のため体力の低下が生じ話したくなくなっていたこと，④息遣いがあらかったのは，倦怠感や体力低下のために呼吸が浅く早くなっていたこと，または呼吸機

能の低下，たとえば胸郭の可動性の低下等のために呼吸運動がしにくくなっていたこと，等のように解釈ができるようになっていった．

　また⑤ノンバーバルなコミュニケーションが少なかったのは，うなずきや上肢機能などの運動機能が低下していたために，それらが活用できなかったこと，⑥食欲と⑦睡眠については，心理的な不安定さが原因にあるとも考えられたが，運動（運度負荷）が少ないために食欲不振や睡眠不足が生じている可能性もあるのではないかと解釈できるようになっていったのである．

　このように構造構成的協同臨床教育法にある現象学的思考法（現象学的還元）と科学的構造構成を上手く活用することで，筆者とＣさんは患者の印象から協同で障害象を構造化し，それを視点にして評価やプログラムの方向性を導きだすことができた．つまり，臨床的な判断を促す教育ができたと考えられた．ただし，臨床の終末期患者は疾患や術後の体力消耗やうつ，または薬の副作用など，様々なものから影響をうけて複雑な症状を呈することが多いため，印象から構成した障害像の構造だけでは安易に判断できないことを教示し，医学的な確認事項やその他の職種からの情報も積極的に取り入れ，慎重に判断していくことが大切であることも指導するようにした．

　次に，本構造を視点にＣさんに具体的な理学療法を立案，実践させてみたところ，Ｃさんは少しでも表情を豊かにし，コミュニケーションを増やすためには，全身の倦怠感を軽減させることも必要であると考えるようになり，関節可動域運動（ストレッチ）やストローク（擦る），体位変換などを立案，実践することができるようになった．また，声が小さく，息遣いが浅く早いことからは，呼吸能力が低下していると考えることができるようになり，胸郭の可動性を広げるような運動や呼吸筋を促通するような運動を立案，実践できるようになっていった．さらには，呼吸が浅く早い状態を続けていると体力消耗にもつながると考えることができるようになり，そこからは呼吸リズムの改善を目的に深呼吸等を指導することもできるようになっていった．

　またコミュニケーションを増やす手段としては，ノンバーバルなものを少しでも増やすために，疲れたときは目を閉じる，あるいは首を振ってもらう，または理学療法が嫌な時は上肢を振るなど，ルールを決めて意思表示してもらうといったことも考えることができるようになり，Ｃさんと患者間のコミュニケーションの増加も図ることができるようになっていった．また，その際には頸部や上肢の運動機能が低下していることも分かったので，それらに対して運動療法を行うこともできるようになっていった．食欲や睡眠不足に対しては一定の運動負荷をかけるために，ベッド上でできる運動，具体的には上肢，下肢の屈伸運動をその日の状態に合わせて行うことができるようになった．また睡眠不足に対してはリラックスできていない

ことが原因の一つにあるとも考えられるようになり，リラクゼーションの指導や安楽肢位のセッティングもできるようになっていった。

　上記の理学療法を実践した結果，終末期患者は全身倦怠感が軽減し，理学療法自体を楽しみにするようになり，表情も少しずつ豊かになっていった。さらには深呼吸や呼吸教育によって浅くて荒い息遣いも少しずつ改善するようになり，声も出るようになっていった。体力についても少しずつ回復し，ギャッジアップや全介助車椅子座位が可能となり，食事も少しではあるが摂取できるようになり睡眠もとれるようになっていった。さらに患者や家族からは，もう自分では何もできないと思っていた様子だったので，座位ができたところで「うれしい」や「理学療法をしてよかった」という感想を聞くことができた。

　これらのことから本構造を視点にした終末期理学療法実践は一定の効果をあげたと考えることができた。ただし，こうした効果は全ての終末期患者にみられるわけではないので，本構造が絶対的に正しいということはないということを，筆者とCさんは最後にお互いに自覚することにした。

　本教育実践後，Cさんからは「理学療法士として興味の持てる分野だと思えるようになりました」，また「経験がない段階では，なかなかできるものではないと感じましたが，いつかはできるようになりたいです」，「何となく考え方や方法がわかったような気がしました」といった発言を聞くことができた。また「もっと早く，学校教育の段階で知りたかった」や「終末期は心理学的なアプローチだけと思っていたので理学療法士は何もできないと思っていたが，理学療法士にもできることがまだまだあるのだと実感することができた。ただ，自分ができるかどうかは分からないけど（笑）」といった発言も聞くことができた。

　このように構造構成的協同臨床教育法の理路に組み込まれてある現象学的思考方法（現象学的還元）と科学的構造構成を上手く併用することで，実践停滞問題は解消に向かい，Cさんは終末期の理学療法実践をスムーズに展開できるようになっていった。つまり，これらからは教育効果があったと考えられた。

### 3節
## 考察

### 1．終末期理学療法における構造構成的協同臨床教育法の意義

　3つの事例を通して明らかになった，終末期理学療法教育における構造構成的協同臨床教育法の意義は，①思考停滞問題を解消することで視野を広げ，柔軟な理学療法を実践できるようにすること，②「いい加減である」という非科学問題を解消し，学習意欲や自主性を養いながら，理学療法評価の能力をあげること，③実践停

滞問題を解消しつつ，解釈を深めた理学療法実践を可能にすること，にあると考えられた。また，①から③を通じて，④無気力やバーンアウト問題の予防も可能になることや，⑤教示するだけや押し付けるだけの教育を回避できることも重要な意義であると考えられた。その結果として，終末期理学療法における実践教育法として構造構成的協同臨床教育法は有効であると考えられた。以下に，その論拠について述べる。

　終末期理学療法教育には，従来の理学療法教育には見られない問題がある。それが本事例で提示してきた思考停滞問題，非科学問題，実践停滞問題である。これらの問題が教育上難しいのは，無意識の内に生じる否定的思いこみによってつくられてしまうため，実習生自身も気づくことができないところにある。そのため，いくら「終末期理学療法は大切である」と教育しても，暗黙のうちに学習が阻害されてしまい，実習生の理解が深まらないのである。したがって終末期理学療法教育では，無意識下の否定的思いこみを自覚させ，それらを上手く解消させることが重要になると考えられる。構造構成的協同臨床教育法は，指導者と実習生が関心を共有させながら実践する教育法であることから，お互いに問題を共有し，自覚することは得意とするところである。よって事例1のような思考停滞問題においては，知らず知らずのうちになぜ思考停滞が生じてしまったのかを適切に推察するように促すことが教育上のポイントとなる。

　事例1のAさんの場合は，右肩上がりの理論，理学療法士アイデンティティー，終末期患者は臨死直前という固定したイメージから思考停滞問題が生じていると推察し，それらを筆者とAさんが共有し，解消にむけて医療従事者の原点に立ち返るような問いを投げかけた。そしてディスカッションを通して医療従事者の原点から思考を再出発させた。その結果，Aさんは終末期理学療法を意味あるものと思うようになり，思考停滞問題は解消していったと考えられ，結果として理学療法の視野は広がり，柔軟な実践を可能にすることができた。これらのことから構造構成的協同臨床教育法は終末期理学療法が抱える思考停滞問題に効果があると考えられた。

　次に，事例2では非科学問題をとりあげたが，この問題はヒューマンサービスでは，誰もが経験する問題と考えられる。なぜなら，人間自体が不確かなものであり，いまだに解明されていない部分も多いからである。そのため医療においても非科学問題は避けることができない問題となる。そして，それがとくに著明になるのが終末期理学療法と考えられる。なぜなら終末期理学療法は，人間にとって多様かつ個別的である「生活の質」や，宗教や文化的背景を色濃く反映すると考えられる「死」という問題等を扱うためだ。したがって終末期理学療法教育では，いかに終末期理学療法を科学的に取り扱えるようにするかが教育上のポイントとなる。

　そこで，事例2では構造構成的協同臨床教育法にある教育ツールとしての科学的

構造構成を活用した。そうしたところ，Bさんは終末期理学療法を科学的に扱えることができると感じるようになり，曖昧模糊とした対象を扱っているために生じていた不安を軽減することができたと考えられた。つまり，構造構成的協同臨床教育法は，非科学的問題に対して有効と考えられた。

　また，終末期理学療法を科学的とするには，自らの関心を明確にすることや，現象を上手く構造化することが大切となる。そのため，Bさんの関心が養われ，それが原動力となって意欲や自主性も高まるようになった。また，現象の構造化の際には多くの情報を丁寧に取り入れながら，患者の障害構造を構成するという姿勢が養われるようになり，そうした姿勢は患者に対する解釈を進め，評価能力を向上させた。このように科学的構造構成を活用した教育は，学習に対する自主性を高め，患者に対する評価能力も高める効果を有していると考えられた。

　従来からも，患者の現象を見逃すなという指導や教育は行われてきたが，実際はいくら見逃すなと言っても，どの現象が大切なのかが実習生にはわからないため，実習生は情報過多に陥ったり，消化不良に終わってきた。また，指導者がこの現象が大切であると教示するだけの指導や教育もありはしたが，これは実習生自らが関心を養う教育とはいえない。よって科学の構想構成を活用した本教育は，科学というものを内面で再認識させることによって自らの関心を養い，現象を上手く捉えさせることができる教育法であると考えられた。

　事例3の実践停滞問題に対しては，構造構成的協同臨床教育法にある現象学的思考方法と科学的構造構成を併用し，臨床的思考を促進させ実践をスムーズに展開させることにした。実践停滞問題は，実習生が終末期患者を目の前にしたときに，迷いや怖さから実践が停滞してしまう問題であり，いくら頭で理解していても解消が難しい問題と考えられる。こうした場合，経験を積みながら慣れていくのを待つということも一つの教育法と考えられるが，そのままにしていると消極的な理学療法や心理学的アプローチもどきの理学療法を行う可能性が高くなることから，実践教育においては重要な問題でもある。したがって，終末期理学療法の実践教育では，できるだけ思考の展開を上手く行わせ，適切な理学療法を立案，実践できるようにすることが教育上のポイントとなる。

　そこで考えられたのが，構造構成的協同臨床教育法にある現象学的思考方法（現象学的還元）と科学的構造構成の合わせ技である。これらの合わせ技を用いて，終末期患者の障害構造を構成することができれば，それを視点に思考を展開させ，そこから評価や実践へとつなげることができるようになるため，実践停滞問題は解消すると考えられる。Cさんの場合も，患者の印象から思考をスムーズに展開することが可能となり実践停滞問題は解消した。そのため現象学的思考方法と科学的構造構成を活用した本方法は終末期理学療法にある実践停滞問題を解消できると考えら

れ，有効な教育法であると考えられた．

　終末期理学療法におけるアプローチ方法については，いくつかの著書[16]にまとめられてあるが，終末期理学療法における具体的な指導や教育法についてはあまり記載されていない．そのため終末期患者を目の前にして実習生や新人理学療法士がどう実践すればいいのかを迷っているときに，具体的にどのように指導すればいいかは明らかではない．したがって，そのような場合には現象学的還元と科学的構造構成を活用した指導法が有効になるものと考えられる．

　さらに，こうした実践は思考停滞問題や非科学問題，実践停滞問題の解消を通じて，内面から不安を軽減することができるようになるため，終末期理学療法にあるとされる無気力やバーンアウト問題も予防できると考えられた．また本教育法は，内面の変化を通した教育法でもあることから，押し付けるだけの教育を回避し，学習意欲を高め，自主性を養える有用な教育法であると考えられた．

## 2．終末期理学療法における構造構成的協同臨床教育法の改善点

　本研究から，終末期理学療法教育における構造構成的臨床教育法の改善点としては，①思考停滞問題に対処する際には，それがどこから生じているのかをより適切に推察できるようにすること，②科学とは現象を構造化するという理路であることをいかに理解しやすく教示できるかということ，③ディスカッションから最終的には1人で思考を展開させ，いかに実践できるようにするかということ等が考えられた．以下にその論拠を述べる．

　事例1の思考停滞問題の場合においては，各実習生の思考停滞問題がどこから生じているのかを詳細かつ適切に推察することが必要となる．そのため医療従事者の原点に立ちかえることができる問いかけ方やディスカッションの方法等を実習生ごとに検討していくことが必要と考えられた．また，本実践では医療従事者としての原点回帰を促すような問いかけから思考を再出発させたが，すべての実習生がそうした問い方が有効とはかぎらない．たとえば「自分にとって大切な人（家族や恋人，他）が，同じような状態になったとしたら，自分なら何をしてあげたいと思いますか？」といった問いかけが有効な実習生もいることだろう．そのため各実習生にあった問い方を検討し，改善していくことが必要と考えられた．

　また，事例2においては，いくら科学とは現象を構造化する営みであるといったところで，すべての実習生がすぐに理解できるとはかぎらない．そのため，これらの理路をいかに分かりやすく教示できるかは大きな課題であり，改善点でもあると考えられた．事例3では指導者と実習生が協同でディスカッションを行ったが，最終的には実習生が1人でこうしたことを自然にできるように援助していくことが必要であると考えられた．また患者の印象から構成された障害構造がいつも正しいと

は限らないことから,批判的に吟味する力を養うことや,構成した構造から思考を展開させるだけの理学療法基礎力も十分養っておくことが必要であると考えられた。

## 4節
### 本研究の限界と今後の展開

　本事例は,療養型病床における終末期理学療法教育実践であったが,癌センターやホスピス,緩和ケア病棟で行われるものとは,患者の状態やインフォームドコンセント,または治療方針,施設環境などに違いがあると思われる。そのため紹介した実践方法が別の施設で機能するかは不明である。また,すべての実習生において本実践が有効かも分からない。よって,これらについては今後の課題と考えられる。また本事例で実践された方法は,他の分野の理学療法教育にも応用できる可能性があるものの,その有効性については不明である。そのため今後の展開としては,他の分野の理学療法教育においても本方法を実践し,その有効性を検討することが必要と考えられる。

　一方,終末期理学療法実践をいくら科学的に捉えるようにしたとはいえ,それが有効かつ妥当であるかどうかは,目的や終末期理学療法の本質や原理から丁寧に検討する必要がある。本実践では患者,家族,理学療法士等が共通了解できる形で満足が得られたことから,実践した終末期理学療法を効果的であるとしたが,現状では終末期理学療法の本質や原理がどういったものかは不明であり,厳密にいえば実践した終末期理学療法の妥当性が検討できたとはいえない。

　よって,今後は京極が開発し,共通了解できていないようなテーマに対しても原理性の高い理路を提供することができるとされる構造構成的本質観取[17]を用いて,終末期理学療法の本質や原理を定式化し,それをもとに終末期理学療法実践の妥当性を検討しつつ,それを視点に終末期理学療法教育における構造構成的協同臨床教育法の有効性を検討することも必要になってくると考えられた。

### 【註および文献】

[1] 辻　哲也・里宇明元・木村彰男（編）2006　癌のリハビリテーション　金原出版
[2] 辻　哲也（編）2007　実践！がんのリハビリテーション　メヂカルフレンド社
[3] 恒藤　暁　2006　最新緩和医療学　最新医学社
[4] 加藤修一・小澤英輔・島田宗洋・黒川　純・西田茂史・笠原嘉子・高橋敬子・芦谷知子・菅澤佳子・野村真悠子　2010　筋萎縮性側索硬化症のホスピスにおける終末期ケア Palliative Care Research, 5(2), 137-144.
[5] 大田仁史　2002　終末期リハビリテーション　荘道社

［6］大田仁史・伊藤直栄・真寿田三葉　2003　実技・終末期リハビリテーション　荘道社
［7］大田仁史　2010　介護期リハビリテーションのすすめ　青梅社
［8］鈴木典子・井上登太　2010　理学療法士養成校における終末期リハビリテーションにおける意識調査
　　（http://www.jstage.jst.go.jp/article/cjpt/2009/0/2009_G3O1219/_article/-char/ja/　2010年7月現在）
［9］下稲葉圭一　2006　緩和ケアにおけるコメディカルの役割と人材の育成　4．理学療法士　ホスピス緩和ケア白書2006　pp.49-51.
［10］池田耕二　2010　構造構成的協同臨床教育法の構築へ向けて—理学療法臨床実習における実践事例を通して　構造構成主義研究，4, 104-130.
［11］池田耕二　2011　理学療法臨床実習を通じた構造構成的協同臨床教育法の方法論的拡張—臨床現場基礎力の欠如問題を通して　構造構成主義研究, 5, 218-219.
［12］西條剛央　2005　構造構成主義とは何か—次世代人間科学の原理　北大路書房
［13］中田加奈子・池田耕二・山本秀美　2010　3年目の理学療法士は終末期理学療法実践をどのように体験しているか？　理学療法科学, 25(4), 523-528.
［14］安部能成　2010　がん緩和医療における医学的リハビリテーションの臨床課題　緩和医療研究会誌, 17(1), 5-31.
［15］西條剛央　2008　ライブ講義　質的研究とは何か—SCQRMアドバンス編　新曜社　pp.153-192.
［16］終末期理学療法において，理学療法士がすべきことは，すでに引用している著書に記載されている。以下には海外の著書も紹介しておく。
Hanks, G., Cherny, N. I., Christakis, N. A., Fallon, M., Kaasa, S., & Portenoy, R. K. 2010 *Oxford Textbook of Palliative Medicine*. fourth edition. New York : Oxford University Press.
［17］京極　真　2011　理論的研究の方法論としての構造構成的本質観取　吉備国際大学研究紀要, 21, 19-26.

【謝辞】

　本稿を執筆するにあたり，貴重な助言をいただきました同僚の山本秀美氏，中田加奈子氏と，根気良く指導についてきてくれた実習生の皆様方には心より感謝申し上げます。

原著論文（啓蒙）

# II-6 「構造構成主義」を手短に紹介するのは難しい？
## ——エンジニアによる構造構成主義の解説図

白川 健一

## 1節
### 問題と目的

「構造構成主義」は，エンジニアの視点から見ても大変魅力的な思想体系であるが，その概要を満足感が得られる形で短く紹介することは大変難しい。入手しやすく記述がまとまっている文献として「構造構成主義とは何か」[1]を紹介することも多いわけだが，この本は専門家による検証に耐え得るように書かれていることもあり，会社の同僚や後輩に興味を持ってもらうための入り口としては敷居が高い。「研究以前のモンダイ」[2]の刊行により相当程度この問題は解消されると思われるが，こちらは応用分野の一つである看護研究に特化した書籍であるため，構造構成主義そのものに関する記述は限定的である。厳しい状況設定，例えば10分〜20分の持ち時間の中で，構造構成主義の骨格を素描することは不可能なのだろうか？

俯瞰的に全体像を把握するためには絵的な表現（図，表，マンガ）が使われる事が多い（人間が持つ空間／視覚優位の認識能力を反映）。構造構成主義の全体像を何かしらの図を用いて1〜2枚にまとめることができれば，入り口を広げる一つの手段になり得るだろう。本論文では試みとして次の2つの図を提示して，その可能性を探ってみた。

①思想全体をおりなす体系の中から，最も重要と思われるストーリー（原型）を提示した図。

②代表的な概念をとりあげて，関連が深いもの同士をなるべく近くに配置した上で，アイキャッチ的な説明を加えた図．

以下，読みやすさ（と書きやすさ）を優先して，論文調にとらわれずに解説を試みます．

## 2節
## 構造構成主義の絵的な紹介

「構造構成主義とは何か」に示されている諸概念の関係を，粗っぽくでもよいから一望俯瞰的に眺めると，どんな感じになるのだろうか？　この疑問を出発点として，構造構成主義の全体像を2枚の絵にまとめてみました（構造構成主義は非常に適用範囲の広い原理ですが，今回は信念対立の解消という主題に絞りました）．

図Ⅱ-6-1は，構造構成主義が提示する信念対立解消のシナリオ（原型）を表したものです．原理的な深度を表現するために「関心相関性」を図の中心に据えました．右上の動機・テーマから下に向かって，信念対立を解く一つのシナリオが（可能性として）示されています．左側には根本仮説／相対主義／パワーゲームといった，理論を構築したり信念対立を解消したりする上で障害となる事柄が配置されています．ここで示したシナリオの外見的（機能的）特徴は，先に示した様々な障害（落とし穴）を上手に避けつつ信念対立を再帰的に解消していることでしょうか．視点を内部に移せば，理路の屋台骨ともいうべき「関心相関性」が根本仮説を設けることなく「認識の基本構造」と上手に関係づけられていることや，それが「多元主義」や「自由の相互承認」を結果として帰結している構造が見てとれます．これらを読みとっていただければ，この図の一番の目的は達成されたといってよいでしょう．黒幕（ボスキャラ）のように背景に横たわる「主客問題」は気になる存在ですね．

図Ⅱ-6-2は，構造構成主義に登場する重要な概念を取り上げて，関連が深い項目をなるべく近くになるように配置を工夫したものです．哲学と科学が融合する様子を表現するために，全体のモチーフとして渦巻きを採用しました．種を明かせば「構造構成主義モデル　2007」[3]に示されている概念に注目して，それらを2つ以上含む短文（概念間の関連）を「構造構成主義とは何か」[1]から拾ってきて整理しただけです．キーワードをマーカーで色分けすることで，見逃していた概念間の関係を再発見できる可能性もありそうです．

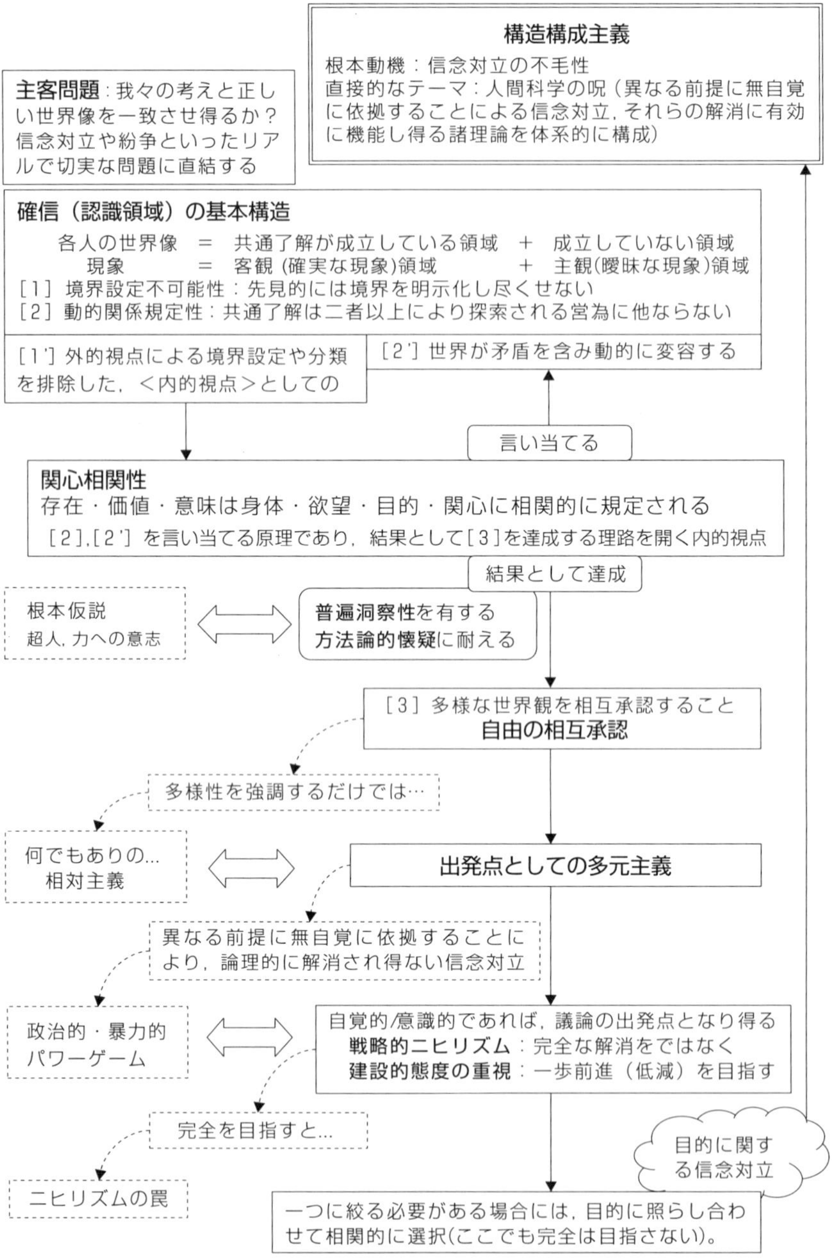

## 構造構成主義

**根本動機**：信念対立の不毛性
**直接的なテーマ**：人間科学の呪（異なる前提に無自覚に依拠することによる信念対立，それらの解消に有効に機能し得る諸理論を体系的に構成）

**主客問題**：我々の考えと正しい世界像を一致させ得るか？信念対立や紛争といったリアルで切実な問題に直結する

### 確信（認識領域）の基本構造

　　各人の世界像　＝　共通了解が成立している領域　＋　成立していない領域
　　　現象　　　　＝　客観（確実な現象）領域　　　＋　主観（曖昧な現象）領域
[1] 境界設定不可能性：先見的には境界を明示化し尽くせない
[2] 動的関係規定性：共通了解は二者以上により探索される営為に他ならない

[1'] 外的視点による境界設定や分類を排除した，＜内的視点＞としての
[2'] 世界が矛盾を含み動的に変容する

言い当てる

### 関心相関性
存在・価値・意味は身体・欲望・目的・関心に相関的に規定される
　[2],[2']を言い当てる原理であり，結果として[3]を達成する理路を開く内的視点

結果として達成

**根本仮説**
超人，力への意志
⇔
**普遍洞察性**を有する
**方法論的懐疑**に耐える

[3] 多様な世界観を相互承認すること
**自由の相互承認**

多様性を強調するだけでは…

何でもありの…
相対主義
⇔
**出発点としての多元主義**

異なる前提に無自覚に依拠することにより，論理的に解消され得ない信念対立

政治的・暴力的
パワーゲーム
⇔
自覚的/意識的であれば，議論の出発点となり得る
**戦略的ニヒリズム**：完全な解消をではなく
**建設的態度の重視**：一歩前進（低減）を目指す

完全を目指すと…

ニヒリズムの罠

目的に関する信念対立

一つに絞る必要がある場合には，目的に照らし合わせて相関的に選択（ここでも完全は目指さない）。

図Ⅱ-6-1　信念対立解消のストーリー（原型）

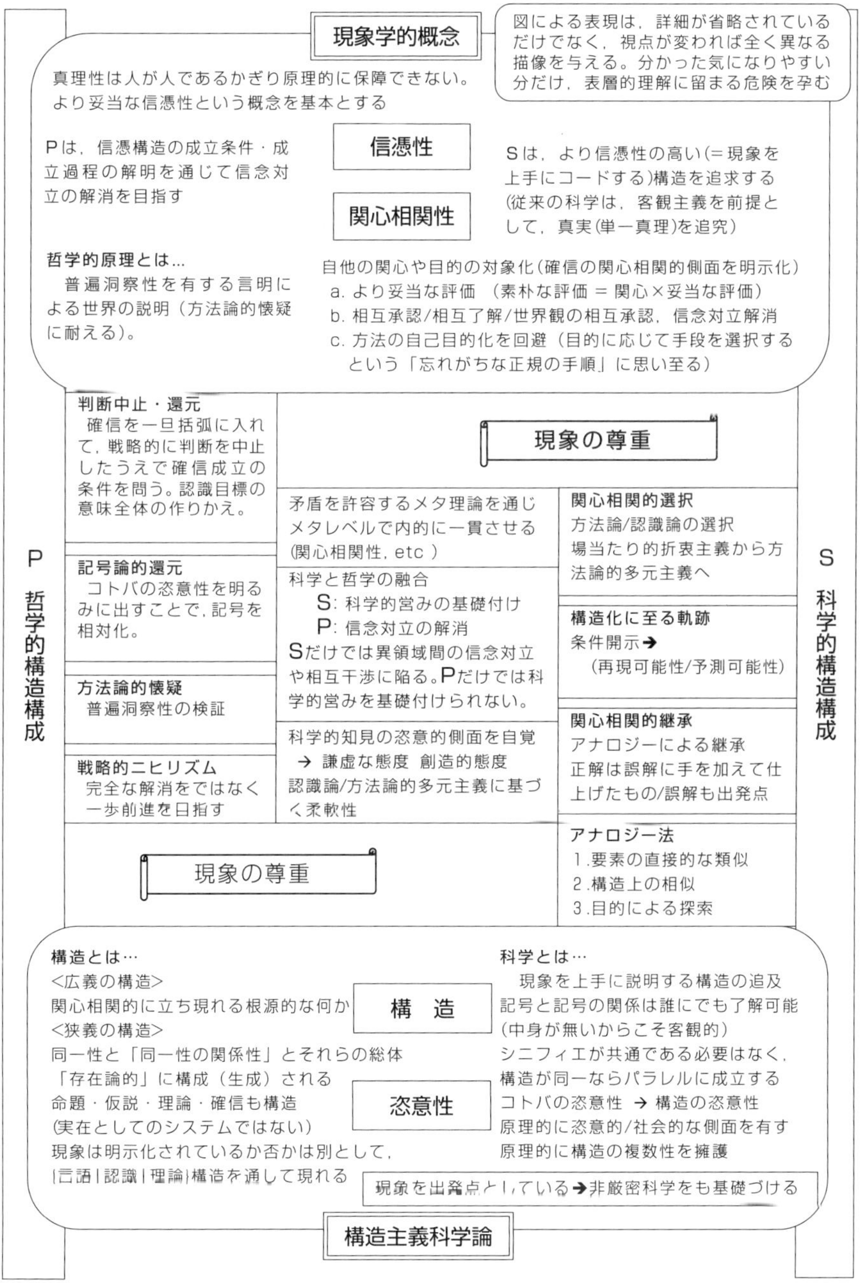

## II-6 「構造構成主義」を手短に紹介するのは難しい？

**現象学的概念**

図による表現は，詳細が省略されているだけでなく，視点が変われば全く異なる描像を与える。分かった気になりやすい分だけ，表層的理解に留まる危険を孕む

真理性は人が人であるかぎり原理的に保障できない。より妥当な信憑性という概念を基本とする

**信憑性**

Pは，信憑構造の成立条件・成立過程の解明を通じて信念対立の解消を目指す

Sは，より信憑性の高い（＝現象を上手にコードする）構造を追求する（従来の科学は，客観主義を前提として，真実（単一真理）を追究）

**関心相関性**

哲学的原理とは...
　普遍洞察性を有する言明による世界の説明（方法論的懐疑に耐える）。

自他の関心や目的の対象化（確信の関心相関的側面を明示化）
a. より妥当な評価（素朴な評価＝関心×妥当な評価）
b. 相互承認／相互了解／世界観の相互承認，信念対立解消
c. 方法の自己目的化を回避（目的に応じて手段を選択するという「忘れがちな正規の手順」に思い至る）

**P 哲学的構造構成**

**判断中止・還元**
確信を一旦括弧に入れて，戦略的に判断を中止したうえで確信成立の条件を問う。認識目標の意味全体の作りかえ。

**記号論的還元**
コトバの恣意性を明るみに出すことで，記号を相対化。

**方法論的懐疑**
普遍洞察性の検証

**戦略的ニヒリズム**
完全な解消をではなく一歩前進を目指す

**現象の尊重**

矛盾を許容するメタ理論を通じメタレベルで内的に一貫させる（関心相関性, etc）

科学と哲学の融合
S：科学的営みの基礎付け
P：信念対立の解消
Sだけでは異領域間の信念対立や相互干渉に陥る。Pだけでは科学的営みを基礎付けられない。

科学的知見の恣意的側面を自覚
→謙虚な態度　創造的態度
認識論／方法論的多元主義に基づく柔軟性

**関心相関的選択**
方法論／認識論の選択
場当たり的折衷主義から方法論的多元主義へ

**構造化に至る軌跡**
条件開示→
　（再現可能性／予測可能性）

**関心相関的継承**
アナロジーによる継承
正解は誤解に手を加えて仕上げたもの／誤解も出発点

**アナロジー法**
1. 要素の直接的な類似
2. 構造上の相似
3. 目的による探索

**S 科学的構造構成**

**現象の尊重**

**構造とは…**
＜広義の構造＞
関心相関的に立ち現れる根源的な何か
＜狭義の構造＞
同一性と「同一性の関係性」とそれらの総体
「存在論的」に構成（生成）される
命題・仮説・理論・確信も構造
（実在としてのシステムではない）
現象は明示化されているか否かは別として，｜言語｜認識｜理論｜構造を通して現れる

**構造**

**恣意性**

**科学とは…**
現象を上手に説明する構造の追及
記号と記号の関係は誰にでも了解可能（中身が無いからこそ客観的）
シニフィエが共通である必要はなく，構造が同一ならパラレルに成立する
コトバの恣意性　→　構造の恣意性
原理的に恣意的／社会的側面を有す
原理的に構造の複数性を擁護

現象を出発点としている→非厳密科学をも基礎づける

**構造主義科学論**

図 II-6-2　諸概念の関連

## 3節
## 絵的にまとめる方法

　実世界を分析する場合には概念の抽出が鍵となりますが，今回の分析対象は「構造構成主義とは何か」という書籍の形で諸概念の整理が既に成されているため，まとめる作業の大半は機械的／形式的なものに限られます。具体的には，以下のような作業を通して図を完成させました。

・本から鍵となるセンテンスを抜き出して要約版を用意する。抜き出す粒度の目安は1ページあたり1センテンス程度にしました。原論文の引用箇所や例を使った説明は読み飛ばして，記述の抽象度が高い文章を選ぶとよいでしょう。要約版を作る事が目的ですので，各章のタイトルや目的（西條先生のテキストの場合，それらの中で明示的に提示されている場合も多い）に沿う形で選びます。また，最終的な成果物として広く一般の人たちにアピールする図を念頭に置いているので，そういう視点から関心を惹きそうなセンテンスも拾っておきます。

　今後の作業のために，抜き出したセンテンスを電子的に参照できる形で保存しました。この時，本の記述をそのまま手で（紙と鉛筆で）書き写した後，あらためてパソコンに入力しました。文章をゆっくりとなぞることで体に沁み込ませたいという好みの問題が大きいのですが，こういう一見無駄な時間や無意識レベルの活動を大切にしたいとの思いもあります。

・1つの概念に注目してキーセンテンスを一通り眺める。今回は「構造構成主義とは何か」をサマライズする事が目的ですので，構造構成主義モデル[3]の中で明示されている各概念がどのような文脈・文章の中で使われているかを確認します。自然体で本を読むと，自分が共感する部分だけが記憶に残りがちです。そこで，機械的に精査しなおすことで各概念の使われ方を改めて確認しておきます。方法上の工夫として，計算機の検索機能を使うことで抽出の漏れを防止しました。

・上で列挙した各概念を2つ含むセンテンスを抜き出して，表形式を意識した構造で整理しなおす。例えば，＜構造と恣意性＞，＜構造と現象＞等の2項関係を整理します。列挙した概念がN個あれば，N×Nの全ての可能性について確認します（必ずしも全ての升目が埋まるわけではない）。この作業は機械的なものですが，虚心にテキストを見直す作業を通して，さらりと読み飛ばしていた概念間の関係に注意を向ける効果があります。構造構成主義という複雑な対象は，概念

間の二項関係という単純な切り口で把握しきれるものではありませんが，概念間の関係を整理する最初の入り口として，あるいは網羅性の検証という観点からは有効な方法と思います。一番の効能は，作業を通して何度も本を読み返すうちに，いつの間にか「構造構成主義」が馴染み深いものになる点でしょうか。

・整理した結果を眺めて，イメージが湧いてくるのを待つ。最後はどこからともなく降りてくるアイデア（例えば，科学と哲学の融合を中心に据えた渦巻き）などを頼りに，あれこれ試してみます。

## 4節
## 図による表現の効果と限界

### 1．図による表現の効果

「構造構成主義」について10分や20分で他の人に説明するのは本当に難しい。いくつかの概念を断片的にとりあげてみたところで，話す方も聞く方もなんだか不満足な状態になりがちです。ここで示したような図があると，話の端緒として，あるいは話題を選択するときのメモ（忘備録）としても有効に使えるのではないでしょうか。透明な下敷きに挟んでおけば，いつでも参照できます。ある程度ボリュウムもあるので，「諸概念が体系的に示されている」という実感が得られるとの期待もあります。図を使った説明で興味を持ってもらえた人には，「構造構成主義とは何か」などの書物を紹介することになるでしょう。あるいは，本を読む習慣を持たない人達に構造構成主義について簡潔なイメージを提供することで，信念対立解消の方法がより広く共有されるものと期待しています。

### 2．図による表現の限界
#### (1) 許容されるいい加減さとは？

図Ⅱ-6-1には，一つの流れの中に論理的な推論と恣意的な物語の展開とが，それらを区別することなく詰め込まれています。形式を重んじるのであれば，視点（議論の水準）によって2〜3枚の図に分けるべきかもしれません。今回は，本論の目的である『絵的あるいは直観的な全体像の把握』という目的に照らして，連想が働く部分のつながりを優先させて，なかば強引に一枚にまとめました。

#### (2) 図解という手段の弊害

提示された図に囚われて表層的な理解に留まってしまう危険性や，各自が作図という行為を通して理解を深める営みが制約される点は気になるところです（最初に図が提示されると，それに引きずられてしまう）。注意を促すために，図による表

現が万能ではないことを含め図Ⅱ-6-2の右上に付記しました。
### (3) 参照ページの付加は有効か？
　図に示された各項目について，「構造構成主義とは何か」[1]の対応ページを付加すれば，図で全体のつながりを把握しながら本で詳細を確認するような使い方もできそうです。ためしに今回の図について対応ページを付加してみましたが，キーフレーズは10章のまとめからの引用に偏っていることが判りました。索引機能を目指すのであれば，それに沿った図の改良が必要と感じています。

## 3．単純化の度合い
　改めて図を見直してみると，短い時間で紹介するための図としては複雑すぎる感が否めません。各概念に対応するキーフレーズがスラスラと出てくる専門家の方から見ると，余計な文字情報が多すぎると感じる事も多いでしょう。一方で，図に含まれる補助的な文字情報が，説明する時に役に立つ場面もありそうです（私のような非専門家の場合には特に）。図を簡略化してメモを別途用意するというのも一案ですが，今回は文章による補助的な説明を図に残し，説明する時の工夫により図の複雑さを補う方針を採用しました。図に含まれる全ての情報を説明するのではなく，「まず大まかな構造に注目して一通り説明した後，その時その場の興味に応じて部分的に掘り下げる」といった工夫が有効だと思います。この辺りは目的やメディアの制約（例えばプレゼン資料に特化するとか）毎に考えなおす必要がある部分として，今後の課題という形でここに挙げておきます。

## ●◆● 5節 ●◆●
## 執筆の背景

### 1．執筆の背景
　「構造構成主義とは何か」[1]は，専門書であるにもかかわらず，読んでいて元気が出る不思議な本でした。私の職業は，人工衛星のシステム設計やソフトウェア開発に従事するエンジニアです。仕事の上で様々な図を使っているせいか，絵的に全体を把握できないと分かった気になれない性分です。そこで，本の内容を素人なりにもう少し理解したいと考えて絵的に整理した結果が，今回提示した2つの図ということになります。出来上がった図は，構造構成主義の簡潔なイメージを与えるものであり，構造構成主義を広く紹介する際の一助になり得るものと思います。
　図や論文は，会社務めの傍ら，あえて表面的な理解を心がけて（あまり悩まずに），こつこつとまとめたものです。アマチュアであることの利点は無知故の大胆さぐらいでしょうか。関連文献の調査も不十分で，批判に対する責任ある応答もむずかし

い。そういう点から論文というには無理がある事は承知しているつもりです。しかしながら，図による直観的な理解の促進という目的に照らせば，関連文献の調査などは問題にならず，主要な文献の素読だけでも目的を達成し得るとの判断から，本誌への投稿を決めました。素朴な理解を助け，裾野を広げる方法の一つとして，図による表現の有効性という観点から批判していただき，各自の目的に応じて改良・工夫を加えていただければ幸いです。

## 2．エンジニアが構造構成主義に惹かれる理由

「問題を解決する時の方法の選択」も構造構成主義の重要なテーマですね。その道のプロと呼ばれる人たちに期待される能力は，既存の理論や方法に関する知識を広く集めて，それらの前提や限界を見極めたうえで，目的と制約（状況）に応じて適切に選択できる事でしょう（応用が利くということ）。教科書は古典として尊重すべきだけれど，自分が習い覚えた理論や手法がただ一つの正解ではない。理論や方法の仮定／前提／適用限界をどうやって押さえていくか。学問や技術が高度化・細分化していく中で，原理的なところを素朴に理解する，あるいは伝える工夫がますます重要になってくるものと思います。そういった問題意識を据えていることも，構造構成主義に惹かれる理由の一つです。

## 6節
## おわりに（謝辞に代えて）

何はともあれ，こういった事を原理的に深く考えている研究者・専門家がいて，実践を助ける理路が学術レベルの体系（Body of Knowledge）として存在するってことは，それだけで，とても心強いことだと感じます。拠って立つべきグランドセオリーというか，個々の人が意識するしないにかかわらず，時代の雰囲気を作る力と言ってもよいけれど，構造構成主義にそういった可能性を見出している人も多いのではないでしょうか。好きなフレーズを一つ選ばせてもらえば「出発点としての多元主義」。思い返してみると，構造構成主義との最初の出会いは，「科学の剣　哲学の魔法」[4]でした。魔法剣士の皆さんの活躍ならびに，構造構成主義の理路の発展と実世界への展開を期待しています。

## 【註および文献】

[1] 西條剛央　2005　構造構成主義とは何か—次世代人間科学の原理　北大路書房
[2] 西條剛央　2009　研究以前のモンダイ　看護研究で迷わないための超入門講座　JJNスペシャル

医学書院
［3］西條剛央・京極　真・池田清彦（編）　2007　構造構成主義の展開―21世紀の思想のあり方　現代のエスプリ475　至文堂　p.217.
［4］池田清彦・西條剛央　2006　科学の剣　哲学の魔法　北大路書房

再録論文

# II-7 構造構成主義による人間科学の基礎づけ
## ——科学哲学の難問解明を通して

西條 剛央

### 1節
### 問題と目的

「構造構成主義（Structural constructivism）」は、『構造構成主義とは何か』[1]においてはじめて体系的な姿を現すこととなった。それはフッサールの「普遍学（Universalwissenschaft）」[2]の確立といった理念を継承したものであり、最近では「主義であり主義ではない」といった特性と、学的ツール性を強調するために「構造構成学」（Structural constructology）という別称も選択可能な呼び名として提示されている[3]。

また、構造構成主義は様々な考え方が「信念対立」に陥ることなく諸学を基礎づける学的基盤（普遍学）たることを基本モチーフとしている。ここでいう「信念対立」とは非明示的、明示的を問わず異なる前提や規範、関心、枠組、コトバといったものに依拠することで構造上生じる対立のことを指す。したがって、特定の前提や価値観に依拠する程度が高いほど、それとは異なる前提に依拠する枠組みと相容れる（基礎づける）ことは論理上できなくなるため、異なる前提にディペンド（依拠）するもの同士は理論上信念対立を越えることはできない。実際、哲学の歴史を概観すれば、真理主義 vs.相対主義、実念論 vs.唯名論、合理論 vs.経験論、観念論 vs.唯物論、主知主義 vs.感覚論、一元論 vs.多元論、独断論 vs.懐疑論、構造論 vs.生成論といったように信念対立の歴史といっても過言ではない。そして「諸学の女王」

である哲学の信念対立は，その他のあらゆる営みの対立の源泉にもなっていたのである。

　これを裏返せば，信念対立を解消するためにその理路がどれだけ有効たりうるかは，哲学の原理性の深度——できるだけ特定の前提に依拠せずに共通了解可能性に開かれた理路たりうるか——を験すための有効な方法的指標となることがわかるだろう。すなわち，「信念対立」は哲学の原理性の深度を測る"指標課題"として位置づけることができるのである（ここで「原理性の深度を測る指標課題としての信念対立」として定式化しておく）。様々な枠組み（思想・認識論・メタ理論）の関係を調整し，調停，促進するためには，それらの立地点と同じ地平ではなく，より高深度の原理的，超越論的領野が必要になる。そうした領野において創出される普遍的に了解される可能性の高い理路——それを「原理」と呼ぶのだが——だけが専門領域やパラダイム，テーマ，認識論といった壁を越えて，多種多様な枠組が混在する人間科学を基礎づけることが可能になる。そうした諸学の基礎づけというモチーフのもとで設計，構築された諸原理からなる方法的体系が「構造構成主義」なのである。

　特に人間科学は総合・学際領域として多くの抽象的な難問と同時に研究実践上の問題を抱えている。たとえば，①論理実証主義，反証主義，帰納主義の限界，そして通約不可能性といった科学哲学上の難問をどのように越えるかという問題，②サイエンス・ウォーズとして顕在化した科学と科学哲学との信念対立，③領域やテーマ，方法，理論といった壁を越えた科学性の基礎づけ，④理論や方法論，認識論やパラダイムを異にすることによる信念対立や没交渉，⑤非建設的な研究評価や査読の問題，⑥理論と実践の対立といったものが挙げられる。そのため当初は人間科学に焦点化して構造構成主義を体系化したのである。

　しかし構造構成主義の潜在的射程はそれ以上のものとなっており，体系化されてからこの間に，人間科学的医学，医療論，感染症，実践原理論，看護学，看護学教育，障害論，QOL理論，チーム医療，医療教育，異職種間連携，作業療法，理学療法，臨床心理学，心理療法論，認知運動療法，精神医療，認知症アプローチ，リハビリテーション論，ソーシャルワーク，EBM，EBR，NBM，インフォームドコンセント論，パターナリズム論，歴史学，国家論，メタ研究法，質的研究法，質的研究論，事例研究法，統計学，実験研究論，生態心理学，社会学，教育学，教育指導案作成法，心理学論，アサーション理論，自己効力理論，メタ理論構築法，文学論，理論論，他者論，メタ理論構築法，健康不平等論，妖怪論，縦断研究法，ダイナミック・システムズ・アプローチ，発達心理学，英語教育学研究法，英語教育，日本語教育，音楽教育，議論論，学融論，信念対立論，助産学，社会構想法，職業リハビリテーション，地域福祉活動評価法，メタ科学論といった様々な分野やテー

マに導入・応用されている[4]。

またその一方で，構造構成主義の理路それ自体も様々な観点から精緻化されており[5][6][7][8][9]，特にその科学論は精密で機能的な枠組みへと深化（進化）を続けている[10][11][12]。しかしその科学論は研究実践に直結する認識論的側面に焦点化したものとなっており，科学哲学の文脈に即した議論は十分とはいえない。したがって科学哲学史を踏まえ，その理路や機能を批判的に吟味することは，領域横断的に多くの理論・方法論・知見を生み出しつつある「構造構成主義プログラム」に資するという点でも，さらなる応用可能性を拓くという点でも，そしてその理路をあらためて検証するという点でも意義があると考えられる。

以上のことから本論文では，①科学哲学を巡る難問解明を通して，「科学や理論を巡る哲学的難問を解き明かして問題性を構造上解消してしまう解明の理論」であり，「多種多様な枠組みのあり方や関係を調整・基礎づける学的基盤となる理論」[13]といえる構造構成主義の理路とその機能を検証していくことを第一の目的とする。それによって②構造構成主義の科学哲学的側面から人間科学をあらためて基礎づけることを第二の目的とする。なお，ここでいう「基礎づけ」とは「当該学問を巡る難問を解き明かし，問題性を構造上解消してしまうことで，その営みを矛盾なく言い当てること」，ということになる（本論では紙面も限られていることから必要最低限の理路の積み重ねにより論証を行っていく。そのためはじめて構造構成主義に触れる人にとっては理解しにくい部分があると思われるが，引用文献にて詳しく論じてあるので随時検証してもらいたい）。

## 2節
## 科学哲学史を通した科学哲学の難問の同定

1900年前後の「科学の危機」を契機として，科学の前提となる認識論的基盤を問い直そうとする思潮が芽生え，科学哲学が生まれた。そこから始まる100年あまりの科学哲学史を概観していき，科学哲学の難問とは何かを見定める。

### 1. 論理実証主義と帰納主義の論理的困難

科学哲学史上でまず挙げられるのが，ウィーン学団による「論理実証主義（logical positivism）」[14]である。そこでの科学哲学上の重要なテーゼを挙げるとまず「意味の検証可能性」がある。これは有意味な命題は経験的，科学的手続きによって検証可能でなければならないというものであり，「検証可能性」を基準に科学の命題と形而上学的命題を区別しようとした。しかしながら後述するように，さまざまな論理的欠陥があることが明らかになり，物理学への「還元主義」と「統一科学」を夢

見た論理実証主義は衰退していくことになる。

　1959年,『科学的発見の論理』[15]を公刊することで,論理実証主義の論理上の破綻を克服すべく台頭したのがポパーであった。彼が「科学と疑似科学との区別をはっきりさせたい」[16]という明確なモチーフから提唱した「反証主義」の議論に沿って,帰納,検証,反証といった手続きの論理的難点を確認していこう。

　帰納法とは,個別的な出来事（単称言明）から一般的・普遍的な法則（全称的理論）を見出す推論方法である。したがって,帰納主義者は科学理論は観察された事実に基づかねばならないという立場に立つ。素朴な実感としては特に問題はないように思えるが,ポパーはヒュームに倣い「帰納といったものは存在しない。全称的理論は単称言明から導出できないからである」[17]と帰納主義を否定した。すなわち,「一回起性の出来事」（単称言明）の集積は決して普遍言明（例：全ての○○は□である）を導くことはない,と主張したのである。確かに100, 1000, 10000の事例を観察したとしても,観察したのはその数の範囲内においてのみであり,それ以外のものに当てはまる（普遍言明たる）保証はないことになる。これは「帰納法の難問」といえる。

　またポパーは,論理実証主義が理論的拠り所としていたウィトゲンシュタインによる「意味の検証基準」に対して「ところが,この基準はあまりに狭すぎる（しかもあまりに広すぎる）。それは科学から事実上その性格を有しているほとんどすべてのものを締め出してしまう（他方占星術などを閉め出すには実際に成功していない）」ため科学と非科学の境界設定基準としては「まったく不適切」であると論じた。また科学的知見の絶対性を志向するかぎり,「検証」は二つの前提から結論を導き出す「後件肯定の誤謬」と呼ばれる誤った推論ということになるのである[18]。

## 2．ポパーの反証主義と原理的欠陥

　ポパーは「ある理論に科学的身分を与えうるか否かの判定基準は,その反証可能性,反駁可能性,ないしテスト可能性である」[19]として「反証（反駁）可能性」を科学の条件と主張した。単称言明は,普遍言明が真であることは導けないが,それが偽であることを導くことができることから,科学は反証可能性を備えていなければならない,としたのである。したがって,ポパーはいかなる出来事が起ころうとも常に正しいトートロジカルな記述（「全ての猫は猫である」）と,いかなる出来事によっても原理的に反駁し得ない構成になっている反証不可能な記述（「何が起きても神様の思し召しである」）は,科学理論の記述とは認めないとした。したがってポパーの考えによれば,例外事象が見つかったときにそれを含んだ形で法則を拡張する帰納主義のやり方は,反証可能性を担保することはできないため科学ではないことになる。

またポパーの科学観は「外部世界」や「真理」を前提としており，人間の認識の限界ゆえにそれに到達することはできないが（可謬主義），推測と反証の繰り返しにより真理に近似していくことができる，というものであった[20]。ポパーは純粋な観察がありえないという理由から「科学は観察から理論へ進んでいくのだという信念」は間違っており，科学は疑問や問題から始まると考えたのである。しかし，ポパーは観察そのものをすべて否定しているわけではなく，「理論の虚偽性だけは経験的な証拠から推論されることがありうるのであって，その推論は純粋に演繹的なものなのである」[21]と言っているように，理論を反駁する際には観察事実（経験的証拠）から推論してもよいと考えていた。

また「われわれは帰納を行っているのだなどという，よく主張される心理的事実を，皆さんが独断的に信じてさえいなければ……」[22]と述べているように，ポパーは帰納を行っていないと信じていた。しかし，たとえば，いくつもの観察結果からAa，Ba，Ca，Daといった形で同じ"a"（共通事実）を同定（identify）できなければ，すなわち帰納できなければ，言語の同一性（identity）自体が成立せず，したがって観察も記述も命題も反証も成立しないことになる。これが「帰納の根本問題」であり，これは共通了解可能性に直結する問題である以上，演繹，帰納，類推，アブダクションといった推論形式，そして検証，観察，実験，統計といったあらゆる手続きの根底をなす「科学哲学上の根本問題」といえよう（これは「帰納法の難問」とは異なりより根本的な難問となる）。

## 3．クーンのパラダイム論の台頭

クーンは『科学革命の構造』[23]において，科学的営みとその変遷について説明する理論「パラダイム論」を展開した。特にそこで提示された「通約不可能性」のテーゼは，多くの誤解を招きながらも，科学哲学界に大きな衝撃を与えた。それは科学を一つの文化的営みとして相対化するものであり，その後ファイアーベントにより徹底されることになる。そうした動向に対して，ポパー等の実在論派は痛烈な批判を加え，実質的な信念対立の様相を呈することになった[24]。詳細は後述するが，パラダイム論は通約不可能性という新たな難問をもたらしたが，科学哲学上の認識論的問題を解消する理路として受け取られることはなかったのである。

## 4．社会的構築主義の意義と限界

ではこうした難問について社会的構築主義を背景とした科学論は有効性を発揮しうるだろうか。「社会的構築主義（social constructionism）」とは，「現実は言語により社会的に構築される」という認識形式からなる認識論である。社会的構築主義は科学主義神話を破壊するという意味で，偶像破壊的な役割を果たしたが，その破

壊力は自らをも相対化するものであり，建設的に科学を基礎づける代案となる枠組みではなかった[25]。この思潮が，科学者と科学哲学者の間の「サイエンス・ウォーズ」[26]という信念対立の最たる事件に発展したことからも，その認識論的限界は明らかであろう。社会的構築主義はモダニズムの問題を真っ正面から解決，克服するのではなく，モダニズムそれ自体の否認，否定，相対化を志向した。社会的構築主義を認識論とした科学論がこうした難問を正面から克服する理路を持たないのは当然の帰結なのであり，むしろ相対化に帰結する理路はそれ以上の認識論的な可能性がないことを明らかにした点にこそ本質的な意義があるともいえよう。

## 5．科学哲学上の難問とは

　次に帰納の根本問題をどのように克服していけばよいか考えていこう。誰にとっても「現象から言葉（同一性）の引き出し方」が同じになるためには，たとえば①客観的な外部世界の実在と，②各人の認識構造が同一であることの二つの条件を満たせばよい。こうした条件を満たせば，誰もが現象から同じ言葉（同一性）を引き出せることになるため，一回起性の出来事をいくつも観察して，そこから共通の事実を見出すことは客観的に保証されることになる。一見これで問題は解決したようにみえる。

　しかしながら，我々には外部実在が完全に同一であることも，認識構造が完全に同一であることも保証することはできない。たとえば，同じ赤色のバラをみても，それが完全に同じモノとして実在し，同じ赤として見えている保証はどこにもない。たとえ脳を調べて，同じ部位が活性化していたとしても，それが完全に同じ赤として見えている保証にはならない。したがって，外部世界の実在は先験的に前提にすることはできず，また池田の言うように「認識構造の同一性の仮定は，間違っているか，あるいはどうひいき目にみても少なくとも反証不能な仮説である」[27]ということになる。

　これに対して，反証不可能であってもそうした根本仮説的前提を置くことで説明できればよいではないか，と考える人もいるだろう。確かに，なぜ帰納が成立するのかのみを経験的に説明するならば，誰にとっても同じ客観的な外部世界が実在しており，人間の認識構造が同じだから，同じものを正しく帰納（同定）できるといったように説明することは難しいことではない。

　しかし，外部実在と認識構造の同一性を根本仮説とした説明の原理的欠陥は，認識結果がずれたときに顕在化する（そうした事態を説明できない）。その場合，外部世界は誰にとっても客観的なものである以上，どちらかの認識構造に問題があることになる。そして自分は間違っていないと確信すれば，その相手が間違っていることになるため，相手の認識構造が歪んでいるといった判断がなされることになっ

てしまう。ここから信念対立まで一足飛びであることは理解できよう。

またこの構図を敷衍すれば，現象から導き出されるものがクロかシロかという判断――それは知覚と同時に価値判断を含む――も同一でなければならないことになる。そのため人間科学がこうした前提に依拠するかぎり，そもそも多様な立ち現われ方をする意味や価値といった領域を基礎づけることができなくなってしまうのである。

以上のことからも，原理的に解明すべき難問を根本仮説に依拠した説明によって片付けることによって，基礎づけられる領域が限定されるばかりでなく，同じ出来事から異なる世界像（出来事・意味・価値）を帰納した他者を即座に誤りとみなす排他的態度につながっていくことがわかるだろう。

以上のことから，帰納の根本問題を解明するためには①特定の根本仮説的前提に依拠することなく，②何でもありの相対主義に帰着せずに，③現象から同一性（構造）を導出する過程を基礎づける必要があることがわかる。加えて，④クーンの提示した通約不可能性をはじめとする難問をも同時に克服する理路である必要がある。

つまり，上記の①～④の条件をすべて解消する首尾一貫性のある理路を構築することで「科学哲学の根本問題」は解消されることになる。

さらに総合領域としての人間科学の基礎づけという観点から付け加えれば，ポストモダニズムを背景に質的研究といわれる数量化しない研究手法が学際的な広まりを見せていることから，⑤質的研究と量的研究の信念対立に陥らないよう，双方の価値を減じることなく等価に位置づける理路であることが求められる。その際，⑥質的研究とノンフィクション小説やドキュメンタリーとの差異化といった新たな問題も生じていることから，そうした問題も同時に解決しつつ，⑦帰納，反証，検証，類推といった推論形式や，観察，インタビュー，実験，質問紙，統計といった多様な研究手法を用いる人間科学の営みを基礎づける枠組が求められている。

## 3節
## 構造構成主義による科学哲学の難問の解消と人間科学の基礎づけ

以上を要約すると現代科学哲学の難問は，「外部実在」や「言説」といった特定の前提に依拠することなく，何でもありの相対主義に帰着せずに，現象から同一性（構造）の引き出し方を基礎づけ，通約不可能性のテーゼを越えて共通了解可能性を担保した上で，科学性を基礎づけるにはどうすればよいかといったものであった。次にこの難問について一定の解明を与えた構造構成主義の理路を概観していく。

## 1．中核原理としての関心相関性

　「関心（志向）相関性」とは，竹田[28]がニーチェ[29]の「力の思想」やハイデガー[30]の気遣い（関心）の議論を踏まえた「欲望相関性」という概念を，フッサール[31]の志向性を原理として構造構成主義の中核概念として定式化したものである[32]。これは，存在，意味，価値といった対象構造は，身体・欲望・関心のありかたと相関的に発現する，という原理である。たとえば，通常何の価値もなく目にも入らない（存在化しない）水たまりも，砂漠で死にそうなほど喉が渇いていたら貴重な存在として立ち現れ，極めて高い価値を帯びることになる。したがってこの原理を詳しく表記すれば「身体・欲望・関心・目的相関性」というものとなる[33]。哲学的起源を重視するならば「志向相関性」という呼称を採用すべきだが，あらゆる研究は研究者の「関心」を起点としていると考えられることから，ここでは「関心相関性」と呼ぶ。

## 2．方法の原理とメタ理論工学

　この関心相関的観点を敷衍して「方法とは何か」に答えたものが「方法の原理」である。方法とは必ず①特定の状況・制約下で，何らかの目的を達成するために使われる。そのようなものを我々は「方法」と呼んでいる，といってもよい。したがって，方法とは①特定の状況（制約）下で，②特定の目的を達成される手段ということになり，その有効性は①状況（制約）と②関心（目的）に照らして判断されることになる[34]。これは「方法」が必要なあらゆる領域——それはほとんどの領域がそうであろう——に妥当する原理となる。

　なお，実際にこの原理は，東日本大震災において「ふんばろう東日本支援プロジェクト」という数千人を有する日本最大級の総合支援プロジェクトの思想的基盤として大きな力を発揮した。行政を通して物資が届かない状況において，3000カ所以上の避難所，個人避難宅エリア，仮設住宅を対象に3万回以上，15万5千品目以上の物資を届けた物資支援をはじめとして，家電プロジェクト，重機免許取得プロジェクト，学習支援プロジェクトといった20以上の実効性の高いプロジェクトを具現化した。というのも，未曾有の複合大震災においては，既存の方法が通用しないことが多かったことから，時々刻々と変化する被災地の「状況」にあわせて有効な方法をその都度打ち出していくためにゼロベースで考える原理が有効性を発揮したのである。

　この「方法の原理」は普遍洞察可能性を備えているため，メタ理論を構築する方法にも導入可能である。まず①当該領域で何が問題となっているのか課題関心を設定する。②その問題を解決するために有効な道具立て（概念・原理・理論・思想的枠組み・概念）を選択，創出，導入し，③理論的齟齬をきたすことなく内的整合性

のある形で，④当該領域を基礎づけることが可能な理論を作ることになる。「目的を達成するためにうまいこと動くものを作る」という意味で「工学」という用語を用いれば，これは「メタ理論工学」[35]ということができる。その際，「より小数のものによって為されうることが，多くのものによって為されるのは無駄である」[36]という「オッカムの剃刀」も有効となる。こうした方法的筋道自体，正しい道具立てを巡る信念対立に足をとられることなく，広い意味での反証可能性を残すために採用された「メタ方法論」に他ならない。本稿も基本的にこの枠組に沿って展開されることになる。

### 3．不可能性のなぞの解明

まず通約不可能性をはじめとする不可能性のテーゼ解明に向けて補助線を引いておく。突き詰めて考えれば，自分の判断の正しさを自身で確信することはできるが，その判断の是非を判断するのも自分であり外部に出ることができない以上，自分の判断を絶対的に正しいということを保証することはできない。したがって，完全な観測，絶対的な予測，完璧な論理，絶対的境界設定，指示の完全性，完璧な再現性，絶対的な判断，完全な翻訳，絶対厳密な基礎づけ，絶対的正当性，絶対的不可疑性といったものはその種類を問わず不可能といわざるをえない。

原理的には「完全な○○」といった類のことを保証することは不可能なのである。それにもかかわらずそうした完全性を前提としたとき，その不可能性が露わになり難問として立ち現れるのである（後述するが「科学と疑似科学との境界問題」などもその典型である）。構造構成主義ではこうした何らかの絶対化（完全性）を起源とした難問は「絶対化起源のアポリア」[37]として定式化されている。

ではどうすればよいのか。まずは「絶対化起源のアポリア」を視点として，完全性，絶対性といったものは最初から不可能であることを前提にすればよいのである。これは最終的に不可能性に回収されないための「戦略的ニヒリズム」[38]という原理である。これによってあらゆる完全性の不可能性を前提とした上で，よりよいあり方を志向する理路が確保されるため，不可能性の"なぞ"は原理上解除されることになる。しかしながら，不可能性の難問を解除することと，共通了解可能性を基礎づけ，通約不可能性を乗り越え，科学性を基礎づけることとは別の話（別種の難問）である。引き続きこれらの問題について論じていこう。

### 4．探究の底板としての現象[39]

次に構造構成主義における現象，存在論，言語論，構造論を個々説明した上で，それらを接続することで共通了解可能性の基礎づけを行う。まず信念対立に陥らず，領域や専門を越えて基礎づけるためには，特定の先験的前提に依拠しないことが重

要になる。デカルトの発明した「方法的懐疑」によって敢えて疑ってみることにより，可能な限り根本仮説性が低く，多様な認識論的立場の立場から了解可能な共通地平となる"底板"を導出する必要がある。そしてそれこそが「現象」概念に他ならない。ここでの「現象」とは「立ち現れ」のことを意味する。この「現象」は，「外部世界」とは異なる。ここで方法的懐疑により敢えて疑ってみる。たとえば，目の前にある机やパソコン，この論文も，夢の中でこれは絶対現実だと思い込んでいることがあるように，原理的にいえば，すべて外部世界だと思っていても夢である可能性は排除できない。それでも「現象」というのは，立ち現れていれば内実は問わないため，それには外部世界も夢も幻もすべて含まれる。したがって，現象に外部世界は包摂されることになる。

　この論文の存在は夢ではないかと疑ったとしても，疑っていることを含め「そのように立ち現れている」ということ自体は確かであろう。しかしながら，さらに方法的懐疑を徹底すれば，その現象も現象以外の何かでない，ということを保証することはできないことがわかる。仮に，認識の根底から何者かに偽られているとしたら，疑っているということも，疑っているということ以外の何かである可能性は原理上排除できない。そもそもここで使っている言語や論理自体が他者と同じ保証もなく，常にそれ以外の何ものかでありうる。

　このように徹底的懐疑論者からすれば懐疑はあらゆることに及ぶと強弁することは可能であるため，そういう人にも了解を得られるほどの原理性を保つためには，あくまでも方法概念として「現象」を捉えた方が妥当であり，この「現象」概念の妥当性は関心相関的に，すなわち「異なる認識論的立場を超えて了解可能な共通地平を設定する」という目的（関心）に照らして判断されることになる。その結果，「なるほど，確かに現象を方法概念として位置づけることでこの目的を達することができる」と了解されたときにはじめて，「現象」はあらゆる学問の共通地平として機能する原理になるのである。

　人間科学には方法論として大別すれば量的研究と質的研究，あるいは質的研究といわれる枠組みの内部だけでも，認識論から推論形式，個別技法に至るまで多種多様な枠組みがあるが，基本的には「何か」を探求（構造化）していく営みであることから，その「何か」が外部世界の出来事であっても，意味や価値といった内的なことであっても，この「現象」を方法概念とすれば基礎づけることが可能になる。またそれは心や意味といった主観的な事象も，身体やモノ，外部環境といった客観的な事象も一元的に扱える理論的基盤が整ったことを意味する。それによって，客観主義や素朴実在論が前提とする「主観から独立自存する外部世界」も，社会の構築主義者が前提とする「社会」や「言説」も，物語論が前提とする「物語」や「意味」も，「立ち現れ」という概念によって包括的に言い当てることが可能になる。「現

象」を置けば，認識論の内実はどうであれ，立ち現れていることには変わりはないためである。

## 5．関心相関的存在論

では存在とは何か。構造構成主義の存在論にはロムバッハの「構造存在論」[40]を継承発展する形で導入している。構造構成主義的には，存在とは現象の分節のことであり，関心相関的に立ち現れた何か（広義の構造）ということになる（関心相関的存在論）[41]。たとえばこの論文の「存在」は，可視光線を知覚する身体構造において，"そのように"受け取っているものである。それと同様に，風景やその流れ，周囲のモノ，他者といった様々な「存在」は，このような身体－欲望－関心構造をもつ身において，そのように発現してくるものであって，いかなる生物にとっても共通している純粋な「客観的存在」ではないが，身体や認識構造が同型であれば，他者と同型の「存在」が発現することはありうることになる。

なお，誤解が多いので確認しておくと，構造構成主義において原理的には「現象」＝「私の現象」ではない。離人症のようにそのような信憑が取り憑かないことは原理上ありうることを考えれば了解できよう。では私と何か。構造構成主義において「私」とは，現象分節の起点としての構造，ということになる。原理的には現象＝私ではないのだが，現象分節の構造場としての私が現象と同一視された時点で，「私に立ち現れた現象」ということが理論上可能になり，「私」＝「構造場」——ハイデガー流にいえば「現存在（ダーザイン）」——として位置づけられることになる。つまり私とは現象分節の起点場としての〈構造〉であり，知覚される場であり，意識の場でもあり，行為の場としての〈構造〉，ということになる[42]。

## 6．関心相関的言語論[43]

構造構成主義において「コトバ」とは現象の分節（広義の構造）に，特定の「名」（シニフィアン）が付与されたもの，と考える。そしてその名づけも関心に応じてなされる。イヌイットにとって雪の名はたくさんあるように，関心のあるものは細かく名づけられることになる（関心相関的言語論）。こうした構造構成主義の言語論はソシュールの一般記号論[44]を理論的起源としている。ソシュールは，コトバは現実の忠実な「反映」や「写像」ではなく，本来社会的なものであり恣意性は排除できないと主張した。紙に書きつける道具をペンと呼ぶのは先人がペンと呼んでいたからに他ならない。「ペンを取ってきて」と言ったときにペンを取ってきてもらえるのは言葉が現実を忠実に反映しているからではなく，原理的には"これ"を「ペン」と呼ぶといったようにコトバの使い方（ルール）の同型性が高いからなのである。したがって，"これ"を「ゆんぼ」と呼んでもよく（対応恣意性），その場

合取ってきてくれないかもしれないが，そのコトバの使い方が了解されれば持ってきてもらえるであろうし，"芯の部分"だけを「ペン」と呼んでいる人がいても（分節恣意性），ペンはとってもらえるであろう。

## 7．関心相関的構造論

そして「コトバとコトバの関係形式」を狭義の「構造」と呼ぶ。たとえば，[ 2 $H_2 + O_2 = 2 H_2O$ ］といった化学式も，相対性理論［$E = mc^2$］も「コトバとコトバの関係形式」に他ならない。科学の文脈においてそれは，理論，仮説，法則，モデルといったように枠組みや文脈によっていろいろな呼び方をされる。そして構造はやはり関心に応じて，様々な方法を用いて構成される。構造構成主義において，狭義の「構造」とは関心－方法相関的に構築された「コトバとコトバの関係形式」なのである（関心相関的構造論）。

## 8．関心相関的存在論－言語論－構造論による共通了解可能性の基礎づけ

以上を踏まえ，ここでは関心相関的存在論－言語論－構造論による共通了解可能性の基礎づけ[45]について説明する。さて，現象とは立ち現れであり，関心相関的に分節された広義の構造が存在であり，名づけられたものがコトバであり，コトバとコトバの関係形式が構造であった。

ここでは「現象」は「同じ」であることを前提としない。しかし，現象の同一性を前提とせずどのように共通了解可能性を担保可能な理路を構築できるのだろうか。これがこの難問の核（コア）に他ならない。初めてこの難問を打開する理路を拓いたのが25年ほど前に「構造主義科学論」[46]を創唱した池田清彦である。池田は「私とあなたが探鳥会で見た現象（私とあなたに「あっ，クマタカだ」と叫ばせた現象）は異なっているかもしれません。それらの現象から引き出した同一性（クマタカというシニフィエ）も異なっているかも知れません」として，それぞれの現象が同じであるとは限らないが，そうであったとしても，現象からのコトバの引き出し方が同型であれば，話せば話すほど同じ現象について語っているという確信は深まるということが起こると論じた。これこそが共通了解の確信成立の条件を担保する理路になっているのである。

関心相関的存在論－言語論－構造論は，さらにこの理路を存在論的な議論を経由して精緻化させたものに他ならない。すなわち，現象からの広義の構造の引き出し方（現象の分節化）が同型で，広義の構造に対するコトバの名付け方が同型で，そのコトバを使った構造化（理論化）が同型であれば，話せば話すほど同じコトについて話しているという確信は深まる，ということが起こる。これをより明示的に示すために簡略化した式（図Ⅱ-7-1）を用いて説明する[47]。

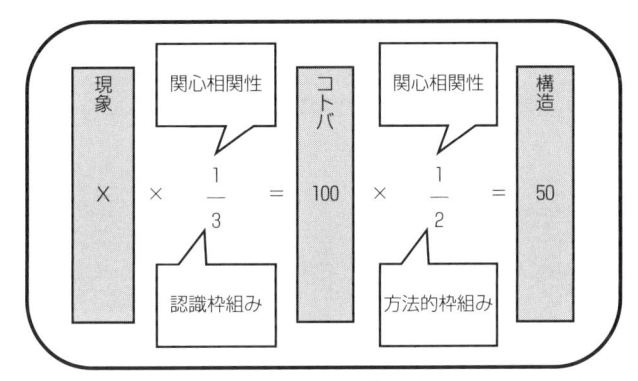

図Ⅱ-7-1 関心相関的存在－言語－構造論による共通了解可能
性の基礎づけ（文献［11］のp.148から引用）

　本来，現象の分節と名付けは別なのだが，ここでは便宜的にひとくくりにして書かれている。たとえば，「コトバ」から「構造」化するまでの間に媒体として入っている「関心相関性と方法的枠組み」に１／２を代入したとすると，同型であれば良いため２／４でも３／６でもかまわないが，答え（構造）は同じ50となる。逆に「コトバ」が100のとき「現象からのコトバの引き出し方」の媒体である「関心相関性と認識枠組み」に１／３が入るとしたら，X×１／３＝100，すなわちX＝100×３となり，Xは300となる。「関心相関性と認識枠組み」のところは完全に同一である必要はなく，同型であれば良いため，２／６でも３／９でも答えは同じになる。あるいは，そこが1.08／3.25といったように少しずれていても，四捨五入すればわかるように，少なくともコミュニケーションに齟齬をきたさない程度には共通了解は可能になる。このように考えれば，「現象からのコトバの引き出し方が同型」であれば，「同一の現象」を前提としなくても，原理上は同じ答え（現象）が導けることがわかるであろう。「現象からのコトバの引き出し方が同型であれば，話せば話すほど同じ現象について語っているという確信は深まる」というのはこういう事態を意味する。
　これで現象の同一性を前提としなくとも，「現象からのコトバ（構造）の引き出し方の同型性」によって構造の共通了解可能性がより厳密に基礎づけられたことになる。そしてこの関心相関的存在論－言語論－構造論は科学性の基礎づけの認識論的基礎となる。なお，これは（後述する「科学の解釈学」のように）必ず共通了解が可能であることを保証するものではないことに注意が必要である。あくまでも共通了解の可能性を担保する理路であり，共通了解を保証する理路とはモチーフが決定的に異なる。したがって当然「現象からのコトバ（構造）の引き出し方」が同型

でなければ，そうした共通了解の確信が深まることはないことになる。しかしながらそれは何でもありであることを意味しない。同型性を高めるために相互の関心を対象化した上で，言葉の使い方の同型性を確認しつつ議論していけば良いためだ。次に通約不可能性の問題を通してこのことを確認していこう。

## 9．包摂・共有不可能性の超克

次に通約不可能性を超克するための理路を整備する。クーンが「遺憾ながら『科学革命の構造』を読んだ大多数の人はその用語が私にとって果たしている中心的機能を捉え損なった」と述べているように「パラダイム」という用語はおおきな誤解にさらされてきたこともあり，クーンが企図していない形で研究実践上の難問として立ち現れることになった。ここではまずそうした難問の一つである包摂不可能性（共有不可能性）とそれに付随する認識論間トライアンギュレーション——これは一つの事象に関する研究で複数の方法，データ，理論を用いるものである[48]——の問題に焦点化し，構造構成主義の観点からそれを超克する理路を提示する。

包摂・共有不可能性とは，特に認識論が異なるパラダイム間において深刻な問題となる。背反する認識論は異なる前提に依拠しているため，お互いを包摂することはできず，また認識論の違いを契機とした信念対立を自覚的に解消，回避することは難しい。素朴に方法論間のトライアンギュレーションなどを推奨する立場もあるが[49]，しかし方法論は暗黙裡に特定の認識論（世界観）に依拠しているため，この包摂・共有不可能性を超克することなく，方法論間のトライアンギュレーションを基礎づけることはできない。

では，構造構成主義によればどのように超克可能となるか。まず認識論は現象に立ち現れた根本仮説的構造として捉えられることになる。たとえば客観主義は「世界は外部に独立自存する」という世界像に関する根本仮説であり，社会的構築主義は「現実は社会的に言語によって作られる」といった根本仮説ということができる。そして認識論は世界観に関する根本仮説である以上，どの世界観が正しいかという問いは成立しない。そうではなく，関心や目的に応じてどの世界観が有効かという観点から選択されることになる（関心相関的認識論選択）。これによって背反する認識論間の信念対立は構造上解消することが可能になる。またこれによって目的に応じて有効な根本仮説として認識論を選択する方法的筋道を確保することが可能になったことから，異なる認識論に依拠する二つ以上の認識論間トライアンギュレーションを行う理論的基盤も確立できたといえよう[50]。この「認識論の原理」により包摂・共有不可能性としての通約不可能性を解消可能となる。

## 10. 通約不可能性の超克

　次に，クーンの企図を踏まえた上でその難問を解決するために，それが明確に現れている『科学革命の構造』の15年後に公刊された「パラダイム論再論」[51]に焦点化して検討する。そこではクーンはパラダイム論の主眼は「模範事例」「見本例」にあったことを繰り返し主張する。その論文の解説者の伊藤が「クーンは見本例修得を子供が水鳥の分類を学習していく過程とパラレルに考えている」と指摘しているように，クーンは見本例（標準事例）を基軸としたコミュニケーションを通して学範（パラダイム）ごとに異なる学範（discipline）を修得していくことを主張したのであった。

　では，これが何を意味するのだろうか。伊藤が「見本例をパラダイムの典型に据えることによって，パラダイム論に，わけても通約不可能性の問題に，何か新しい展望が開けるだろうか。残念ながらクーンの論文はこれについてはほとんど何も述べていない」と主張しているように，通約不可能性の問題をクリアする理路として十分な議論ではなく，実際そのようには受け取られていない。

　したがってここでは構造構成主義の理路によって，クーンのモチーフを実質化するための方法を提示する。結論からいえば，これは構造構成主義に組み込まれている「ソシュールの一般記号論」[52]と丸山圭三郎の「記号論的還元」[53]により解消可能である[54]。以下，科学というコトバがどのように獲得（構築）されていくかがまとめられている議論[55]を参照に概説する。

　まず「科学」というコトバの同一性（シニフィエ）を頭の中で構築していく過程は，クーンの例でいうジェーンが「白鳥」「ガチョウ」「アヒル」といったコトバを習い覚えるプロセスと同じである。「あれは白鳥だよ」「それは白鳥じゃなくてガチョウ」「それは白鳥じゃなくてアヒルだよ」と教わっていくことで，「白鳥」というコトバの同一性（シニフィエ）を構築，獲得することになる。それと同じで，たとえば「質的研究などという曖昧なものは科学ではなく，対象を数量化した上で推測統計学を用いて，実験により検証を重ねていくことが科学なんだよ」と教わることで，そのようなものとして「科学」というコトバの同一性（シニフィエ）を獲得していくことになる。

　つまり「科学」というコトバは，他のコトバとの差異を基軸として成立するコトであり（コトバの差異性），根本的には恣意的なコトなのだが（コトバの恣意性），それをそのように呼ぶのだと先人から倣い覚える形で同一性（シニフィエ＝内実）が構築されていくため，そうした差異性，恣意的な側面は顕在化せず（コトバの弊盲性[56]），ある事柄に対応するコトバが外部世界に実在するかのようにコトバは実体化するのである（コトバの物神化[57]）。コトバに対応するものがそれ自体として実在しているという「実念論」はこうして生じることになる。さらに，科学という

コトバはアヒルやガチョウのように対応する物体がない抽象概念である。そのため，そのシニフィアン（呼び名・表記）とシニフィエ（内実）とのズレに気づきにくく，「科学とは○○である」という答え（確信）は絶対的なモノとして実体化，絶対化しやすくなってしまうのである[58]。

このようにソシュールの一般記号論や丸山圭三郎の記号論的還元を方法視点とすることで，「科学」をはじめとする特定の学範内で絶対化（実体化）した記号を解体，相対化することが可能になる。さらに関心相関的言語論によれば，関心に応じて名づけられることになるため，異なる枠組においてどのような関心のもとで，どのような意味で使われているのかをあらためて問い直し，相互理解を深めていくことが可能になる。こうした理路は言語による完全な理解可能性や翻訳可能性を保証するものではないが，——そうした完全性を前提とすると「絶対化起源のアポリア」によって不可能性テーゼに回収されることになるため構造構成主義では「戦略的ニヒリズム」を採用するのは先に述べた通りである——異なるパラダイムに依拠する研究者達の共通了解可能性を高めることが可能になるのである。これによって通約不可能性の問題を越える「方途」を得たことになる。

## 11. 境界問題のアポリアの解消

ところで，先ほど科学と疑似科学の線引き問題は「絶対化起源のアポリア」の一種であると述べた。「科学」も「疑似科学」もコトバであり，こうした模範例を基軸とした先人とのコミュニケーションを介してそのシニフィエ（内実）は各人ごとに構築されていくことになる。多くの場合，自分の常識に反しており周囲の人が疑似科学と呼んでいるものを疑似科学だと思うことから，「疑似科学」の内実は各人によって異なる。コトバの同一性が同じ保証はない以上，科学／疑似科学といった厳密な境界設定ができないのは当然のことなのである。それにもかかわらず，科学や疑似科学を実体化して，明確に線引きできるモノのように捉えることから解きがたい難問として立ち現れるのである。

しかし，だからといって科学とは何かを言い当てられないわけではない。科学というコトバで人々がコミュニケーションできている以上，その本質を言い当てることは可能である。なお，ここで言う「本質」とは，真理や実体的なものではまったくなく，それをそれたらしめているようなあることがらのポイントを的確に言い当てたものを意味する。それでは次に科学的営みの「本質」について考えていこう。

## 12. 科学とは何か——構造主義科学論

すべての科学といわれる営みに通底するポイントは何か。高木が「この定義は世界で最も簡明な科学の定義だと考えられる」[59]と述べているように，現存する科学

論の中で最も原理的で的確な定義を与えているものは先ほど共通了解可能性の基礎づけに用いた「構造主義科学論」[60]だと思われる。それは，外部世界の実在といった先験的前提を置くことなく，科学とは現象を上手に説明（予測，制御）できる同一性（構造）を追究する営みであることを論証したものである。言い換えれば，科学とは，より予測や制御に役立つ構造を追究する営み，ということができる。

ここでいう「現象」とは先に解説した構造構成主義における「現象」すなわち「立ち現れ」を意味する[61]。コトバは一回起性の事象のみをコードせずに，必ず複数の事象をコードする。例えば，「犬」は今，目の前にいる犬ばかりでなく，昨日見た犬も，明日見る犬もコードする。したがって，コトバとコトバの関係形式である構造もまた一回起性の事象のみでなく，複数の事象をコードする。この中には未来の事象も含まれうるため，原理的には，構造は未来の事象に対する予測可能性が担保されることになる。たとえば，$2H_2 + O_2 = 2H_2O$ といった化学式や，$E = mc^2$（相対性理論）といった「構造」は時間性を捨象したところに成立しているが，事象をうまく構造化している限り，予測可能性は担保できることになる。

そして，一回起性の事象は時と場所を同じくして再現することは不可能であるため，事象の再現可能性を担保するためには，結局その事象に関する構造が記述できるかどうかにかかる。すなわち構造を記述すれば，構造がコードする事象を作り出すことは原理的には不可能ではなくなるため，再現可能性も保証されることになるのである。このように，構造主義科学論は科学の営みの中核を言い当てたものであるため，質的／量的を問わず妥当する理路となる。

ここで「『外部世界の実在を前提としない』と宣言するだけでは不十分である」と思われる人もいるかもしれないが，構造主義科学論はそれを宣言したことに意義があるのではなく，「外部世界の実在」を前提としなくとも，共通了解可能性を担保し，科学の営みが成立することを論証した点に意義があるのである。また関連して，構造主義科学論については，その原理性ゆえに「誰もこの定義には反対しない科学理解となるが，同時に，その特有性もどこにあるのかよくわからない」と考える人もいると思われる。その点について補足すれば，構造主義科学論や本論の意義を受け取るためには，先験的な前提を置くことなく，誰もが論理的に考える限りその件についてはそのように考える他ない，といわざるをえないような深くて強い理路を提示するのが，原理的な哲学の営みであり，本論はそのような関心（観点）から論じられているということを押さえておく必要がある。

## 13. 理論の原理と科学理論の原理[62]

では科学理論とはどのようなものと考えればよいのだろうか。構造構成主義の理論の原理においては，理論がコトバでできている以上，恣意性は排除できず，また

コトバが現実の反映でない以上，理論も現実を反映したものではない，ということになる。そしてあらゆる理論はコトバによって人間がこしらえたものであるため，それは常に間違っている可能性を排除することはできない。この意味では，構造構成主義は「可謬主義」の立場を取る。ただし，外部実在や真理を仮定しない点などでポパーのような伝統的な「可謬主義」とは異なる「構造構成的可謬主義」というべきものである[63]。また構造構成主義においては，すべての理論は関心相関的にコトバで作られた現象を上手に説明するツールとして捉えられる。また構造主義科学論によれば科学の本質とは予測と制御にあることから，科学理論は「現象の予測や制御に役立つ構造」として定義される（「科学理論の原理」）。しかし何でもアリの相対主義にはならない。目的に応じてより有効な理論を選択すればよいためだ。さらに構造構成主義は，目的の妥当性を問う理路をも備えていることにより，いわゆる相対主義の"anything goes"に帰着しない理路となっている。「理論の原理」とそれに基づく「科学理論の原理」の要諦は以上となる。

## 14. 科学的方法の原理

では科学的方法とは何か。関心相関的観点からすれば，構造主義科学論の定義——科学とは現象を上手に説明（予測，制御）できる構造を追究すること——に照らして有効な推論形式や研究手法は科学的研究として正当化されることになる。すなわち，帰納，演繹，アブダクション，類推（アナロジー）といった推論形式は，すべて現象を上手に説明（予測，制御）できる構造を追究するという目的に照らして有効であるかぎり科学的推論の方法として用いることは正当である，ということができる。同様に，観察，インタビュー，質問紙，実験といった研究法は，さしあたり現象を上手に説明（予測，制御）できる構造を追究するという目的に照らして有効なものは科学的研究法ということができる

## 15. 帰納法と一般化可能性の根本問題

ただし，構造主義科学論は主に自然科学を念頭に体系化されたものであるため，自然科学においては単独で機能する科学論といってよいのだが，この理路をそのまま用いるだけでは帰納法の抱える斉一性の問題はクリアすることができない。そして，これは帰納法を基軸とする研究にとってはより深刻な問題となる。たとえば100匹のカラスを観察して「すべてのカラスは黒い」という命題を提起したとしても，101匹目のカラスは白い可能性は排除できない。これが単称明言の積み重ねが全称的理論（普遍命題）を導けない，という「帰納法の難問」であった。

帰納主義を保証するための道筋はいくつかあるが，最も安直な方法として「すべての同じ名でくくられる出来事や対象は，完全に同一構造である」という根本仮説

を導入することが挙げられる。この一点が保証されていれば，すべての人間の知覚／認識／言語／文法／解釈／記述のあり方も完全に同一であるから，同一の事象から同一の構造を引き出すことができるようになる。さらにすべての同一の名でくくられる対象は同一の構造を持つことになるため，一事例から得られた知見は，次の一例に当てはまる「普遍的構造」を備えている，ということになる（一見するとこうした理路は整合性がとれているようにみえるが，しかし後述するようにこの理路には原理的欠陥があるため構造構成主義はこの理路を採用しない）。

　実際これと同型の前提は研究実践レベルにも導入されている。たとえば個の分析に特化したPAC分析の創始者である内藤は「特定個人を詳細に分析することは，個別的普遍性だけなく，共通的普遍性の解明をも目指すことになるのである」「一人のまた単一集団の『個』の中には，全ての人間にまた全ての集団に共通する原理が包含されていると考えられるのである」と述べて，自らの「個」へのアプローチを正当化している[64]。しかし，こうした根本仮説の導入は他のところに問題を発生させてしまうのである。そのことをみてみよう。

　帰納法は研究対象の同一性が高いと考えられる（高いとみなせる）場合には，経験レベルでは特に問題にならない。たとえば，自然科学が対象とする事象，たとえば水は東京でも大阪でも室内でも屋外でもおよそ０度で凍るだろうと予測できるように，どの蛇口から出た水も基本的には同じ水と見なすことに大きな問題はない。しかし，それに対して人間科学が扱う親子関係，子育て，病院，病気，教育，教室，授業，障害，非行，ボランティアといっても千差万別であり，素朴に同じ事象とみなすことは難しい（無理があることが多い）。これは，研究が対象とする事象の一回起性性（同じことが一回しか起これない程度）の高さにも関係する。たとえばカウンセリングにおいて特定の事例に焦点化して研究する場合，そこでのクライエントとセラピストとのやり取りは，その時点での，その二人だからこそ生じた一回起性性の高い事象であり，その知見と同じことが本当に他のクライエントとセラピスト間で生じるとみなせるかといえば，それは極めて難しいといえよう。

　人間科学の中でも特に対象の同一性を前提とできない領域ほど，一般化が重視されるのはこのためである。そのため（小数）事例研究に対して「それは他の事象に一般化できないのではないか」と批判がなされることになる。数量的研究はこの一般化の問題に対して推測統計学によって一般化の道を開いてきた。とはいえ原理的にいえば厳密な一般化は不可能な点では量的研究も同じなのである[65]。たとえば，2010年8月時点で原発の安全性に関する意識調査を行ったとする。その知見が全数調査であったとしても，無作為抽出と推測統計学により一般化が担保されていたとしても，福島原発が水素爆発を起こした東日本大震災以後に，人々がそのように考えていると一般化することはできるかといえば，「否」であろう。このように

対象となる社会自体が変化する社会科学において，原理的には量的研究も同じ問題を孕むのだが，実質的により問題にされやすいのは質的研究である。対象の同一性を前提とできる程度が低く一回起性性が高いにもかかわらず，多くの数が取れないため推測統計学によって確率論的に一般化可能性を担保することもできないという袋小路に陥り，科学的ではないといった批判に対して有効な反論をなし得なかったのである。しかし「帰納法の難問」を原理的に解決する理路が存在しなかった以上，この一般化の難問を解けずにいたのはやむを得ないことであった。

## 16. 構造構成主義による一般化可能性と反証可能性の担保

構造構成主義はこうした科学性を巡る難問を解決し，人間科学にも妥当する広い意味での「科学性」を担保するために「構造化に至る諸条件の開示」を科学性の条件として加えている。すなわち，提起された構造は，どのような関心や目的を持つ研究者が，何を対象とし，どのような観点からどのようにデータを収集し，どのような角度からどのように分析をした結果得られたものなのか，その条件を開示していくことによって，その構造（仮説・理論・結果・モデル）がどのような条件の下で得られた（構成された）ものなのか明示的に示すのである。

構造化に至る諸条件が開示されないならば，その知見を受け取る側はそこで示された知見の有効性や限界を判断することができない。しかし条件開示さえされていれば，現場で提起された構造も，特定の条件下で得られた構造であることを踏まえた上で，読み手がその構造の有効性や射程を判断することが原理上可能となる。それにより他者がその限定を踏まえつつ研究を吟味して「これは構造化に至る条件をみる限りこの患者さんに症例に似ているから（似ていないから）適用できるかもしれない（できないかもしれない）」といったようにより適切にその射程を判断できる条件を整えることが可能になる。このように当該知見を他の対象に当てはめて考える際の判断材料となる情報を埋め込むことによって，「アナロジー（類推）に基づく一般化」を担保する理路となっているのである。

また先の共通了解可能性の基礎づけと同型の方法で，関心相関的存在論－言語論－構造論によって，現象からのコトバの引き出し方が同型で，コトバから理論を構成するやり方が同型であれば，反証可能性が基礎づけられることになる[66]。したがって構造化に至る諸条件を開示することによって，広い意味での反証可能性も担保されることになる。

ここでの議論をまとめると，構造構成主義においては「現象の構造化」に「構造化に至る諸条件の開示」という条件を加えることで，構造主義科学論の予測可能性，再現可能性，制御可能性に加え一般化可能性，反証可能性といった広義の科学性を担保することが可能になるのである。

ただしこれは本稿で提示した理路が唯一正しいものだと主張するものではまったくない。科学的研究の条件についていえば，たとえばもしこれ以上厳しい条件（例えば構造の再現性や実験による検証）を科学性の条件とするならば，一回起性の現場の臨床実践を構造化する研究の科学性を担保することができなくなってしまい，そうした研究を科学的営為から排除することになってしまう。また逆にこれ以上緩い条件（例えば記述しさえすれば科学である／公共性のあるテクストを用いれば科学である）にしようとするならば，ノンフィクション小説も日記も科学ということになってしまい，もはや科学というコトバを使う意味がなくなってしまう。したがって，さしあたり本稿の目的に照らせば，こうした定義が最も原理的かつ機能的であろう，ということなのである。したがって，既存の基準，たとえば量的研究の「信頼性」や，質的研究における「ラポール形成」「厚い記述」といったものはすべての研究に通底する原理的基準ではなく，特定の関心や対象の性質に応じて有効な場合にのみ導入されるべきローカルな方法概念ということになる。

なお，本論は３つの反証可能性に開かれていることを付言しておく。第一に本稿の目的に照らして，理路の論理的整合性を検証可能となっており，また第二により機能的な代案（理路）を示すことによる反証可能性に開かれている。第三に，関心それ自体の妥当性を問い直せる[67]という意味で反証可能性に開かれている。

## 4節
## 構造構成主義による科学性の基礎づけの射程と応用

### 1．質的研究の科学性の基礎づけ

こうした構造構成主義の理路によって従来科学性が担保できないとされていた小数例に基づく質的研究の科学性を担保することが可能になる。そのことを質的研究によって得られた具体的な構造モデルを例に説明してみよう。以下の研究（図Ⅱ-7-2）は，SCQRM（構造構成的質的研究法）[68]により，東日本大震災において学校管理下で95％以上の児童が死亡，行方不明になった大川小学校の悲劇はなぜ起きたのかを構造化したものである[69]。これを例として，事例的研究においていかに科学性や一般化可能性を担保可能か概説していく（《　》は概念やカテゴリーを指す）。

そこで大川小学校の悲劇はなぜ起きたのかを明らかにするために，SCQRMにより教育委員会の調査記録，関連記事が掲載されている550本以上の新聞や書籍，文献といった入手可能なあらゆる資料を検討し，また現地での遺族や生存児童，地域住民，市の職員，専門家等への聞き取り調査を重ねるトライアンギュレーションにより構造化を行った。

すると《「警報のカラ振り」と大津波の経験がないことよる油断》や《学校側の

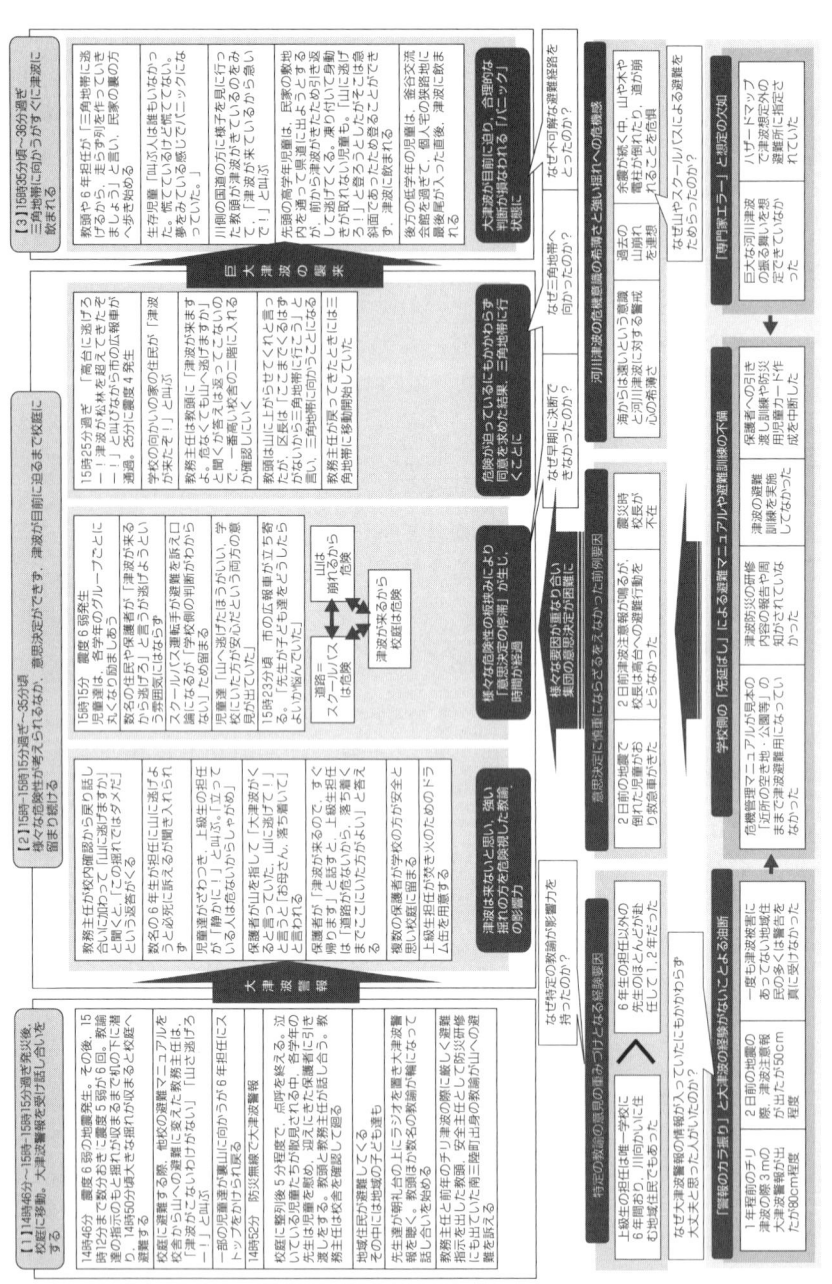

図Ⅱ-7-2 大川小学校の悲劇はなぜ起きたのか？（西條他，2013）

「先延ばし」による避難マニュアルや避難訓練の不備》,《「専門家エラー」と想定の欠如》といった背景要因がある中で,《河川津波の危機意識の希薄さと強い揺れへの危機感》を持った赴任歴の最も長い地元に住む教諭に《特定の教諭の意見の重みづけとなる経験要因》が働き,《津波は来ないと思い,強い揺れの方を危険視した教諭の影響力》につながったことがわかった。また《学校側の「先延ばし」による避難マニュアルや避難訓練の不備》が《意思決定に慎重にならざるをえなかった前例要因》につながり,「大津波がきているため裏山に逃げた方がよい」「道路＝スクールバスは危険である」「山に避難するのは危険である」といった《様々な危険性の板挟みにより「意思決定の停滞」が生じ,時間が経過》したためこの悲劇が起きたと理解可能になった。

この構造を視点とすることで,こうした要因が重なった場合に同様の悲劇が起こりうると「予測」することが可能になる（予測可能性・再現可能性）。またこうした悲劇を避けるためには,《学校の津波に対する避難マニュアルの整備や訓練》を十分行うことにより,特定の人の主観的判断に引っ張られることなく,《様々な危険性の板挟みにより「意思決定の停滞」が生じ,時間が経過》することなくスムーズに避難行動が可能になる,といったように構造モデルを踏まえた適切な介入をすることで,未来を制御できる可能性が生じる（未来の命を救える可能性が生じる）。これは「制御可能性」を担保していることを意味する。このように関心対象となる事象を上手に構造化していれば,予測可能性,再現可能性,制御可能性が生じるのである。

また,構造化に至るまでの過程（諸条件）を開示することによって,読者はこの「構造の射程（有効性や限界）」を判断しやすくなる。たとえば図Ⅱ-7-2では,《学校側の「先延ばし」による避難マニュアルや避難訓練の不備》があったならば「この学校でも同じような悲劇を招く可能性がある」と類推することができる一方で,大津波の経験があり,津波の想定がされており,避難マニュアルが整備され,十分な訓練がなされている学校には当てはまらないだろうと類推することが可能になる。このように,どのような過程を経て得られた結果（構造）なのかが十分に記述されていることによって,「アナロジー（類推）に基づく一般化」を適切に行うことができるようになるのである。これは「一般化可能性」が担保されていることを意味する。こうしたことからも「事象の構造化」と「構造化に至る諸条件を明示すること」の二つを「科学性を担保するための条件」（底板）としたことで一般化可能性を担保することにもつながることがわかるだろう。

## 2．ヴィジュアル・ベイスド・リサーチの基礎づけ

構造構成的－構造主義科学論によって,映像などの視覚情報を活用した研究,あ

るいは映像をみせることで共通了解可能性が高まる事象を扱う研究に対して，科学的に基礎づけることも可能になる。身体の運動などに関する研究においては，コトバによる説明はその技術を理解しマスターするための一助とはなるのだが，それだけでは非常に理解しにくい。また写真をベースとした説明は有効であり，そうした書籍や論文はあるが，動きとは流れであり時間を含んだ変化の在り方そのものであるため，スタティックな写真を用いた説明から読者が動きを再現（再構築）するには限界がある。

したがって映像とコトバの双方を用いることは有効な手段となる。たとえばより機能的な身体運用の質を探究する古武術[70]やそれを介護に応用した「古武術介護」[71]といった試みが現在注目されており，そうした試みはDVD付きの専門書の中で構造化され，提示されている。

しかしながら，構造主義科学論によれば現象をより上手に説明する同一性（コトバ）の追求である，ということになるため，コトバ以外の視覚情報は基本的に基礎づけることができない。実際，多くの学術誌（学会誌）ではヴィジュアル情報を含むURLやDVDを付けることは暗黙裡ながらに認められていないのが現状といってよい。

それに対して，構造構成的－構造主義科学論においては，構造とは「コトバ」（構造主義科学論における構造概念）に限定されるものでない。つまり，名付けられる以前の「関心相関的に立ち現れた何か」である「広義の構造」という方法概念が組み込まれており，それには"動き"や"姿勢"，"触感"といった情報も含まれうる。そして，関心相関的存在論－言語論－構造論によれば，現象から広義の構造の引き出し方（分節の仕方）が同型であり，かつそれに対するコトバの言い当て方が同型であれば，共通了解可能性は担保できることになる。したがって，この理路によれば，我々が日常生活で行っているように，「これをこうしてこうすればこうなる」といったヴィジュアルをベースにした指示語による共通了解を理論的に基礎づけることが可能になる。さらに構造化に至る過程を開示することで，科学性を担保することも可能になるのである。つまりこの理路によって，たとえば論文に映像情報をリンクさせたURLを記載したり，DVDを添付した上で，コトバによる構造化と連動させ説明することは科学的に正当である，といえるようになる。これは「ヴィジュアル・ベイスド・リサーチ」の基礎づけを意味する。これは運動学への導入やビジュアルエスノグラフィーにおける科学性の基礎づけなどにも応用可能であり，人間科学の射程を拡げることになるだろう。

## 5節
### 科学哲学上の難問群に対する従来の取り組みとの比較

　以上，構造構成主義（構造主義科学論）により科学哲学の根本問題を解消可能であり，人間科学の科学論を基礎づけることが可能となることを論じてきた。しかし構造構成主義が台頭するまでもなく従来の科学哲学は科学哲学上の難問を解消してきたのではないか，より原理的で機能的な枠組はすでにあるのではないだろうか，といった疑問を持つのは自然なことである。したがってそうした可能性を検討するために，次に科学哲学上の難問群に対する従来の代表的な取り組みを概観していこう。

#### 1．伊勢田哲治の「科学と疑似科学の線引き問題」

　まずポパーと同様に「境界設定問題」（demarcation problem）に取り組んだ伊勢田哲治の「科学と疑似科学の線引き問題」に関する議論[72]を検討してみよう。そこでは「線引き問題」について科学の方法論，発展，実在論，機械論的世界観，政策意思決定といった様々な観点から議論した後，「科学の成功の候補」として「経験的十全性」や「弱い意味での再現性」「強い意味での再現性」などを挙げている。さらに「方法論については，どういう方法論が科学の成功を支えているかについて，科学哲学の議論の蓄積がある程度の見通しを与えていると思う」として，「さまざまな方法論はあるけども，それらを統一して理解するための視点としてはベイズ主義が役に立つのではないかというのがわたしの立場である」と持論を展開する[73]。しかし「ベイズ主義」は「現代の帰納主義」の考えに他ならない。伊勢田もそれを踏まえ，しかし帰納主義は「ヒューム派の懐疑主義の議論によってうち破られたのではなかったか？　これについてはちょっと釈明が必要だろう」として次のように述べる。

> 　ヒュームの問題には何世代にもわたって哲学者がとりくんできたが，原理的な解決は得られていない。しかし，原理的解決が得られていないといっても，なんらかの帰納的推論はわれわれが生きていく上で無しではすまされない。たとえば，朝起きて顔をあらい朝食を食べて学校へ行く，それだけのことを考えても，蛇口をひねれば昨日と同じように水がでるとか，昨日食べて大丈夫だったものが今日急に毒物になったりすることはまずないとか，道行く車は昨日と同じ交通ルールにおおむね従うとか，無数の帰納的決断を行っている。（略）帰納的推論をするなといってもできないのである。というわ

けで，ベイズ主義を選ぶか選ばないかにかかわらず，帰納主義の考え方はどうしても必要だろう。以上がヒュームやポパーには悪いけれど，帰納的な考え方を復活させる理由である。[74]

　これは一見もっともなようにみえる。先ほど指摘したように確かに帰納は誰もが行っている。それは正しい。しかし伊勢田の「帰納的推論をするなといってもできない」という「釈明」は，ゼノンのパラドクスに対して「目の前にいる亀を抜かすなといっても抜かしてしまう」と言っているのと等しいことに注意しなければならない。論理と経験のズレからくるパラドクスをそのパラドクスを構成する経験に依拠して解くことは背理なのである。横山輝雄[75]がゼノンのパラドクスに対する反駁は，実際に歩いてみせたりすることによってではなく，運動の不可能性の主張のどこに論理的欠陥があるかを示すものでなくてはならないと指摘するように，ヒュームの帰納の不可能性の主張にどこに論理的欠陥があり，どのように考えればその難問を解明できるかを示すものでなくてはならない。
　そして最終的に，「線を引かずに線引き問題を解決する」として「統計的検定法自体が間違っていると積極的に論じる議論はほとんどない」ことを根拠に「『成功』した科学の事例の間にどれくらい統計的相関があるかを考える必要があろう」と具体的見通しを与えている[76]。しかしこれは「科学と疑似科学の哲学」というよりは，「科学と疑似科学に関する実証的研究」といった方が相応しく，原理的解決からは遠ざかっているといえよう。
　実は，こうした倒錯は，難問の哲学的「解明」という営みの本質を捉えていないことから必然的にもたらされるものなのである。では，そもそも哲学的難問の解明とはどういうことだろうか。それは，「この矛盾の必然性が十分了解でき，そのことによってパラドクスとして現れていた謎が奇妙なものとは感じられなくなり，そこには探究すべき問題がなにひとつ残らないというかたちで問題が終わること」[77]を意味する。そしてそれこそが科学的営みに回収されない，哲学独自の機能と意味に他ならないのである。

## 2．野家啓一の「科学の解釈学」

　次にフッサールの「生活世界論」，ガダマーらの「解釈学」，ハーバーマスの「認識関心」といった道具立てを組み合わせることによって，実在論に依拠することなく，主観主義や何でもありの相対主義に陥らず，共通了解を保証し，通約不可能性を越えるべく科学哲学の難問に挑んだ野家啓一の「科学の解釈学」[78]を検討する。
　以下その概要[79]を示す。まず科学においては＜論証のアプリオリ＞は認識関心の違いによって選択されるものであるためパラダイム・チェンジは起こるが，それ

は日常生活には及ばないため，そこでは相互理解（共通理解）の基盤となる「生活形式の一致」によって「自然というテクストの同一性」は保証され，さらに「解釈共同体における認識関心の同一性」を基軸とすることで解釈共同体内における共通了解も保証できる，といった議論を展開している。そして，そのセクションの最後に「われわれは主観的観念論に陥ることなしに，実在論を捨てることができる」[80]とダメットの言葉を引用して締めくくっていることからも，野家は実在論に依拠せずに，かつ何でもアリの主観的観念論に陥ることなく，共通了解の基礎を築こうと試み，かつそれに成功したと考えていることがわかる。

　しかしながら，その理路はいくつかの原理的欠陥を有しているといわねばならない。まず，そこでは，理論的負荷性や通約不可能性といったパラダイムの拘束性は「文化的営み」である科学や科学的事実には妥当するが，日常生活（直接的経験や知覚的事実）には及ばないと繰り返し主張しており，直接的経験や知覚的事実をもって共通了解を保証するという理路となっている。しかし，科学的営みと日常生活を先験的に分けることは原理上不可能といわざるを得ない。さらに言えば，我々は日常生活においても理論的負荷性を排除することはできない。「重力」や「慣性の法則」「無意識」といった概念枠組みからなる「理論」を視点として世界を捉えていることを考えてもそれはわかる。また科学における「前近代と近代」といったパラダイムの違いだけでなく，隣の研究室の研究者ともわかりあえないことがあり，だからこそ実際様々な信念対立が研究者間で生じている。養老孟司はこれを「バカの壁」[81]と呼んだが，あえてクーンのパラダイム論を敷衍した言い方をすれば，こうしたわかりあえない事態をある種の通約不可能性と呼ぶことも可能であり，科学の解釈学はそうした問題を解消するものにはなっていないのである。

　また「生活形式の一致（同一性）」「自然というテクストの同一性」「解釈共同体における認識関心の同一性」といった一致や同一性を基軸に共通了解を保証するという論理構成は，共通了解（相互理解）が成り立つ理由（構造）しか説明していない。実際には，科学の現場のみならず日常生活においても——そもそもこの二つを先験的に分けることはできないのだが——，共通了解が成立した（わかりあえた）と思ったらそうではなく，はたまたそう思っていたら実は成立していた，といったことはありうるのであり，一致による保証といった考え方では，こうした共通了解が抱える動的で複雑な事態を言い当てることができない[82]。これは「客観」と「主観」をいかに一致させるか，という近代哲学が陥っていた難問に対する現象学以前の構えと基本的に変わりはないことがわかるだろう。現象から同じ出来事を抽出し同じように解釈し同じ意味や価値を見いだすことを保証する理路は，自分の認識を絶対化し，それと相容れないものに対する排他的な認識態度を生み出すことになる。そして認識は行動を規定することから，信念対立という現実的問題として顕在化す

ることになるのである。

　次に通約不可能性に関する野家の議論[83]をみてみよう。野家は通約不可能性について「特定のパラダイムにコミットすることによって，逆に異なるパラダイムへ接近する方途が得られる」と述べている。そして異なるパラダイムは「あくまでも『窓をもったモナド』どうしの共同体として捉えられるべきもの」であり，「そのときはじめて，通約不可能性は他者理解の超えがたい＜壁＞としてではなく，むしろ自己理解のこの上ない＜鏡＞として新たな姿を現わすはずである」と締めくくっている。確かに異なるパラダイムを鏡として自己理解が促され，自らのパラダイムを相対化し，自覚化できれば，他のパラダイムと接近できる可能性はある。しかしながら，これは自らのパラダイムを一つの前提として自覚化できる可能性としての第一条件に過ぎず，「異なるパラダイムへ接近する方途」にはなっていない。

　以上のことから，豊富な知見と洞察力を駆使して，科学哲学の難問に挑み独自の議論を展開した我が国では稀少ともいえる科学哲学者の議論を検討してきたが，やはり原理的な解明には至っていないことがわかるだろう。また野家によれば科学の解釈学は，ドイツの科学論の新たな動向としてエルランゲン学派による「構成主義的科学論」，フッサールの生活世界論に基礎を置く「現象学的科学論」，超越論的語用論に基づく「解釈学的科学論」といった三つの立場の共通項とも重なるものであり，またそれが英米の「新科学哲学」の主張と重なり「共鳴」しあうものであるため，上記の検証はドイツの「新科学論」および英米における「新科学哲学」の理路の限界とも重なってくるといえよう。

## 3．渡辺恒夫の「科学論」

　次に，心理学における多元主義のメタサイエンス的基礎を構築しようと試みている渡辺恒夫[84]が，構造構成主義を批判的に検討する論文[85]中で独自の科学論を展開しているので検討してみる。そこでは「自然科学と人間科学（精神科学）の二分法に発した対立と論争は，いまなお，人間科学の中で自然科学的方法（説明）と人間科学固有の方法（理解・解釈）との対立として，形を変えて続いている」[86]といったように「科学的方法の二元論」のステージに留まっている。したがって「科学の解釈学」を基軸に「自然科学と人間科学とをともにより広い＜知＞のパースペクティブの中に位置づけ直そう」[87]とした野家の問題設定の方が先んじているといえよう。野家がディルタイではなくガダマーに可能性を見出した理由もそうであるように，ディルタイの「狭義の解釈学」は「狭義の人間科学」における「理解」の方法論として重要な役割を果たしたものの，自然科学のアンチテーゼとして台頭した性質上，理解と説明の双方を包括する総合領域としての広義の人間科学を基礎づける原理性は備えていない。

また渡辺は「体験というものは，作品，つまりテクストとして表現することによって，データとしての公共性を獲得することができる」ことを踏まえ，「データの公共性こそが，科学と哲学の分かれ目とみなすのだ」と述べている[88]。しかし，単に公共性のあるデータを用いただけで科学となるならば，文学的評論でも日記やブログを集めただけでも科学ということになるであろう。これは必要条件を十分条件と取り違えているのであり，「データの公共性」は少なくとも科学性の必要条件にしかならないため，それだけで科学ということはできないのである。科学の条件を「データの公共性」に求めるところをみると，データやテクストの実在（同一性）を前提としているのは間違いないようなのだが，その一方で「独我論者であってさえも人間科学の研究は可能だ」とデータの"公共性"を前提とした奇妙な"独我論"を展開している。このように渡辺の科学論は「データ・ベースド・ソリプシズム」とでもいうべき独自性の高いものではあるが，科学哲学上の難問解明に資するものではないことは明らかであろう[89]。

## 4．『科学論の現在』

　金森修と中島秀人により編纂された『科学論の現在』[90]では社会的構築主義を始めとする懐疑論的相対主義の限界を踏まえて台頭してきた海外の動向がレビューされている。たとえば「欧米におけるレギュラトリー・サイエンス論争の一つの到達点」[91]とみることができる「認識論的現実主義（epistemological realism）」[92]というべき考え方は，懐疑論的相対主義者に対して，すべての科学的言説は同じ程度不確実であると断言できるのか，そしてそのような形ですべての科学的言説を脱構築してしまった後には何が残るのかと疑問を呈する。そして自らは個々の論争についてどちらがより高い科学的妥当性をもった結論であるかを，相対的に評価することで「解決」しようというものである。このことからもわかるように，レギュラトリー・サイエンスは，個々の問題を多角的に——いわば科学的に——検討し，どちらが科学的に妥当か判断しようという科学論としては素朴な立場であり，科学哲学上の難問解明に資するものではない（そもそも目的が異なる）。

　またギャリソン[93]は「反還元主義」という考えを展開しており，「理論・実験・実験装置」というカテゴリーを中心としてそれぞれの3つは一枚岩ではなく，それらがレンガのようにずれているということを論拠に，それらの個別カルチャー間に半自律的な相互作用がもたらされ，科学は安定するという議論を展開している。これは理論，実験，実験装置といった3つを前提（根本仮説）を置く図解的なイメージによって科学を説明するものだが，やはり科学論の主客問題を超克可能な認識論的基盤を提供するものではない。

　こうしたことからいずれも科学哲学の難問を解明するものではないことがわかる。

実際に，先に挙げた『科学論の現在』の「あとがき」にて金森修は「海外の『最先端』を追っかけ的になぞるだけでは，まったく不十分なのだ，ということは，とくにこの分野ではしっかりと認識しておく必要がある。『最先端』が『最良のもの』だとはとうてい言えないという現状認識をもつからこそ，なおさら私はそういいたい気持ちに駆られる」[94]と述べているのは，こうした実情を踏まえてのものと考えられる。

　以上，既存の科学論が難問を解明するものであるか検討してきたが，いずれも科学哲学の根本問題を解決できていないことがわかる。それに対して，構造構成主義は，通約不可能性といった不可能性のテーゼを越えて，外部実在や言説といった特定の前提に依拠することなく，何でもありの相対主義に帰着せずに，科学的営みを基礎づけるにはどうすればよいかといった科学哲学の超難問を解明し，帰納，検証，反証といった営みを理論的に基礎づけた上で，信念対立に陥ることなく，量的研究・質的研究を原理的に等価に扱いうる科学論的基盤を整備したことから，そのメタ理論（原理論）としての深度の違いは明らかであろう。

　先に紹介した金森は次のように続けている。「英米圏の科学論が『危機的状態』にあると私は言ったが，我が国の科学論は，まだその段階にさえ達していない。(略)彼らもまた，苦しんでいる。われわれは文字通り手探りで，我が国の科学論を作り上げていかねばなるまい」。構造構成主義（構造主義科学論）は我が国を代表する科学哲学者のこうした志を原理論として実質化したものに他ならないのである。

## ●◆● 6節 ●◆●
## 構造構成主義の批判的検討法と今後の課題

　最後に構造構成主義に対する批判的吟味の方法について少し述べておこう。「同じ論」と呼ばれる典型的批判[95]の一つとして「構造構成主義などといっても〇〇と同じであり，そんなものに意義はない」という批判は想定される。確かに，すべての理論はコトバでできているという部分だけとってみれば，社会的構築主義と同じということができ，またコトバ（理論）は恣意性を排除できないという部分だけとってみれば構造主義と同じだということは可能である。しかし，多数の原理の体系からなる構造構成主義に従来の思想的エッセンスが部品として組み込まれているのは当然であるため，それだけでは批判として成立しない。

　たとえば藤原はニュートンの功績について「微分法ではフェルマー，積分法ではワリス，両者の関係についてはバロー，という手本があった。力学については，運動の三法則のうち，二つはガリレイのものだし，天文学においては，二十二年間にわたる超人的観察と，信じられぬ洞察力により見出された，ケプラーの三法則があ

った。独立した三分野，数学，力学，天文学のそれぞれにおける諸成果を，完全無欠な有機体として統一したのが『プリンキピア』[96]であると述べているように，万有引力の法則に対してフェルマー，ワリス，バロー，ガリレイ，ケプラーと同じだと批判するのは批判として成立していないことは明らかであろう。それと同様に，さきの藤原の説明になぞらえるならば，認識論（現象学）ではフッサールと竹田青嗣，存在論ではロムバッハ，記号学ではソシュールと丸山圭三郎，構造論と科学論は池田清彦といったように，現象学，存在論，認識論，記号学，構造論，科学論，といったそれぞれの領域の諸成果を人間科学の原理として有機的に統一したのが「構造構成主義」なのである。したがってやはり理論のごく一部だけを挙げて同じだと批判しても批判として意味をなさない，ということになる。逆にいえば，そうした批判を意味あるものとして成立させるには，その理論体系全体を捉えた上で，本稿の目的に照らして，他の理論の方がいかにシンプルかつ十全な形で科学哲学上の難問をクリア可能なのかを論証すればよいのである。

そうした形で今後様々な思潮と対比させることにより構造構成主義の意義や補完点を浮き彫りにできよう。これまでも，構造主義，社会的構築主義，構成主義，客観主義との差異化については『構造構成主義とは何か』の9章で論じられている。特に構成主義（constructivism）との違いについては Neimeyer がまとめた客観主義と構成主義との対比表[97]に加筆する形で明記してある[98]。

またプラグマティズムとの差異化ついては京極が簡単に比較している[99]が，「プラグマティズム」といっても，パース，デューイ，ローティといった論者によって思想的態度はモダニズムとポストモダニズムほど大きく異なることから，あらためて構造構成主義との異同を論じる必要があろう。紙面も尽きてきたことから，ここではそのポイントのみを示すと，まず「関心や目的そのものの妥当性を問い直せる理路を備えているか」という点が挙げられる。その他にも，"原理性の深度を測る指標課題としての信念対立の超克"という観点から検討することで，その原理性の違いが明らかになると考えられる。

また構造構成主義の思想的系譜に位置づけられる「現象学」そのものが思想的混乱の渦中にあることから，その交通整理をしながら，異同を明確にすることも優先課題の一つとして挙げられよう。したがって，ここで現象学との差異について簡単に触れておく。構造構成主義は，その基本的理路として現象学的な考え方を採用しているが，「超越論的主観性」といった用語は戦略的に用いない点などその道具立て（用語）や理路の組み立て方はさらに深化している。現象学は「私」や「主体」「主観」といった用語を用いて主客問題を解こうとしたゆえに，現代思想の諸相において「主意主義」や「独我論」といった批判——フッサールは「誤解」というであろうが——を受けることになり，再三，主客の難問に回収されてきた。構造構成

主義においては,「現象」という用語を戦略的に採用し,現象における分節（広義の構造）として「私」を明示的に位置づけることで,そうした批判に回収されることなく,より明晰に主客難問を解き明かしたのである。

　2002年,我が国を代表する科学哲学者の一人である戸田山和久は『知識の哲学』の最後で次のように述べている。

　　　　　新しい認識論という単独の研究プログラムはまだ存在しない。しかしわれわれは『最初の土台から新たに』認識論を再構築すべき時代に生きている。（略）わたしはわくわくしている。新しい学問を生み出すことに哲学として関わることができるという体験はめったにあることではないからだ。[100]

　そして2005年,構造構成主義という認識論のもとで新たなプログラムが始動し,現在100を越える学際的な領域やテーマに導入されており,いままさに新たな時代を迎えている。今後も引き続き,構造構成主義を継承・応用した新たな理論や方法論の開発も望まれる。また構造構成主義をさらに原理的で汎用性の高い枠組みへと精緻化し続ける必要がある。その際,無闇に改編して原理的な精度を落とすことなく,根本モチーフや目的を踏まえた「メタ理論工学」[101]を方法的視点として新たな原理や理路が付け加えられ,精緻化していくことが求められる。

付記：本論は以下の論文を科学基礎論学会の許可を得,再録したものである。
　　西條剛央　2013　構造構成主義による人間科学の基礎づけ―科学哲学の難問解明を通して　科学基礎論研究, 40 (2), 37-58.

## 【註および文献】

[1] 西條剛央　2005　構造構成主義とは何か―次世代人間科学の原理　北大路書房
[2] Husserl, E. 1973 *Cartesianische Meditationen*. Haag: Martinus Nijhoff, S. 浜渦辰二（訳）　2007　デカルト的省察　岩波書店　p.33.
[3] [10] のp.130
[4] 現在書籍・論文だけで200本以上が公刊されている。以下の構造構成主義文献リスト参照。
　　https://sites.google.com/site/structuralconstructivism/home/literature_database
[5] 苫野一徳　2008　構造構成主義による教育学のアポリアの解消―教育学研究のメタ方法論―構造構成主義研究, 2, 88-110.
[6] 京極　真　2008　「方法」を整備する　「関心相関的本質観取」の定式化　看護学雑誌, 72 (6), 530-534.
[7] 桐田敬介　2009　契機相関性の定式化へ向けて―構造構成主義におけるその都度性の基礎づけ　構造構成主義研究, 3, 159-182.

[ 8 ] 桐田敬介　2010　契機相関的－構造重複という視点—構造構成主義における自己－他者関係の基礎づけ　構造構成主義研究, 4, 131-161.
[ 9 ] 山口裕也　2010　自己効力理論をめぐる信念対立の克服—存在－言語－構造的還元の提起を通して　構造構成主義研究, 4, 71-103.
[10] 西條剛央　2009　JNN スペシャル　看護研究で迷わないための超入門講座—研究以前のモンダイ　医学書院
[11] 西條剛央　2008　ライブ講義・質的研究とは何か　SCQRM アドバンス編—研究発表から論文執筆，評価，新次元の研究法まで　新曜社
[12] 西條剛央　2010　「科学的である」とはどういうことなのかといった難問をどのように考えればよいのか？—難問を見極める構造構成主義の10の視点　International Nursing Review, 33(2), 27-32.
[13] 西條剛央　2007　メタ理論を継承するとはどういうことか？—メタ理論の作り方　構造構成主義研究, 1, 11-23.
[14] Kraft, V.　1950　*Der wiener kreis: Der ursprung des neopositivismus, Ein kapitel der jungsten philosophiegeschtchle*. Springer Verlag・Wien, 寺中平治（訳）　1990　ウィーン楽団—論理実証主義の起源・現代哲学史への一章　勁草書房
[15] Popper, K. R.　1959　*The logic of scientific discovery*. London: Hutchinson. 大内義一・森　博（訳）　1971／1972　科学的発見の論理（上／下）　恒星社厚生閣
[16] Popper, K. R.　1963, 1965, 1969, 1972　*Conjectures and refutations: The frowthe of scientific knowledge*. London: Routledge & Kegan Paul. 森　博・石垣寿郎・藤本隆志（訳）　1980　推測と反駁　法政大学出版局　p.58.
[17] Popper, K. R.　1976　*Unended quest: An intellectual autobiography*. 森　博（訳）　2004　果てしなき探求—知的自伝（上）　岩波書店　p.162.
[18] 野家啓一　2004　科学の哲学　放送大学教育振興会　p.105.
[19] [16] の p.64
[20] 西條剛央　2007　原理の欠陥とは何か？　西條剛央・菅村玄二・斎藤清二・京極　真・荒川　歩・松嶋秀明・黒須正明・無藤　隆・荘島宏二郎・山森光陽・鈴木　平・岡本拡子・清水　武（編）　エマージェンス人間科学—理論・方法・実践とその間から　北大路書房　pp.34-39.
[21] [16] の p.93
[22] [16] の p.89
[23] Kuhn, T. S.　1962　*The structure of scientific revolutions*. Chicago: The university of Chicago Press. 中山　茂（訳）　1971　科学革命の構造　みすず書房
[24] Lakatos, I., & Musgrave, A.（Eds.）　1970　*Criticism and the growth of knowledge*. London: Cambridge University Press. 森　博（訳）　2004　批判的知識の成長　木鐸社
[25] [ 1 ] の p.110
[26] 次の文献に詳しい。金森修　2000　サイエンス・ウォーズ　東京大学出版会
[27] 池田清彦　1988　構造主義生物学とは何か　海鳴社　p.242.
[28] 竹田青嗣　1994　現象学は〈思考の原理〉である　筑摩書房
[29] Nietzsche, F.　1880-1888　*Der Wille zur Macht*. 原　佑（訳）　1993　権力への意志（上・下）　筑摩書房
[30] Heidegger, M.　1927　*Sein und Zeit*. Halle a.d.S.: Niemeyer. 細谷貞雄（訳）　1994　存在と時間（上・下）　筑摩書房（上）pp.25-101.
[31] Husserl, E.　1076　*Die Krisis der europäischen Wissenschaften und die transzendentale Phänomenologie: Eine Einleitung in die phänomenologische Philosophie*. Haag: Martinus Nijhoff, S 192, 細田恒夫・木田　元（訳）　2006　ヨーロッパ諸学の危機と超越論的現象学　中央公論新社　p.141.
[32] [ 1 ] の 4 章
[33] なお，桐田はロムバッハの理路を援用し，関心相関性と表裏の関係にある「その都度の存在・意味・価値といった諸契機の発現（生成・変化）と相関して，そのつど志向性の立ち現われも変貌し

ていく様相を言い当てる」原理である「契機相関性」を定式化した。
桐田敬介　2009　契機相関性の定式化へ向けて―構造構成主義におけるその都度性の基礎づけ　構造構成主義研究, 3, 159-182.
[34]　[10] の lecture 1
[35]　西條剛央　2007　メタ理論を継承するとはどういうことか？―メタ理論の作り方　構造構成主義研究, 1, 11-27.
　　なお，こうした理論構築法は「関心相関的メタ理論構成法」とも呼ばれる。また既存の枠組みに適切な道具立てがない場合には「関心相関的本質観取」によって新たな原理（理路）を生みだし，組み込むことになる。それについては文献［6］参照。
[36]　渋谷克美　1997　オッカム「大論理学」の研究　創文社　p.25.
[37]　[1] の p.123
[38]　[10] の p.65
[39]　[10] の pp.65-67, [11] の pp.128-131
[40]　Rombach, H.　1971　*Strukturontologie : Eine Phanomenologie der freiheit*, Freiburg / München, Germany : Verlag Karl Alber Gmbh. 中岡成文（訳）　1983　存在論の根本問題―構造存在論　晃洋書房
[41]　では，時間とは何か。私なりに手短にいえば，構造構成主義において時間とは現象分節の動的なパターンや変化のありようから導き出された構造であり，現象分節の変化それ自体の基底にあるかのような構造，ということができる。現象分節の変化それ自体を引き起こしている，といった信憑として取り憑く構造といってもよいだろう。
[42]　なお構造構成主義において「他者」とは，それ自身が現象分節の起点となっているかのような＜構造＞という点で「私」と同型性が認められる（確信される）私以外の構造，ということになる。これは言動や思考が同一であり，思考の内実が同じであり，行動も同一で完全に予測，制御可能ということではまったくない。知覚や認識，感情，行為が生起する起点場として現象分節の起点となっているかのような構造の同型性が認められる者，ということなのである（そしてそれは表情，振る舞い，身体，言語といった全体を通した交流を通して確認されることになる）。なお，構造構成主義に関しては自己‐他者関係の基礎づけに関する論文（文献［8］）があるがそれとは異なる理路となっている。
[43]　[11] の第22回, pp.132-134
[44]　[10] の lecture 3
[45]　[11] の第22回
[46]　池田清彦　1998　構造主義科学論の冒険　講談社（初出は以下。池田清彦　1990　構造主義科学論の冒険　毎日新聞社）
[47]　[10] の pp.147-148
[48]　Holloway, I., & Wheeler, S. 1996　*Qualitative research for nurses*. Malden : Blackwell Science. 野口美和子（監訳）（2000）ナースのための質的研究入門―研究方法から論文作成まで　医学書院
[49]　萱間真美　2007　質的研究実践ノート―研究プロセスを勧める clue とポイント　医学書院
[50]　[10] の lecture9, 10, 11.
[51]　Kuhn, T. S.　1977　Second thoughts on paradigms in the structure of scientific theories. In T. S. Kuhn (Eds.), *The essential tension*. Chicago : The University of Chicago Press. 伊藤春樹（訳）　1985　パラダイム再論　現代思想, 13(8), 60-82.
[52]　Saussure, F., & Komatsu, E. (Ed.)　1910-1911　*Troisieme cours de linguistique general*. Oxford : Pergamon. 影浦　峡・田中久美子（訳）　2007　ソシュール一般言語学講義―コンスタンタンのノート　東京大学出版会
　　Saussure, F.　1910-1911　*Troisieme cours de linguistique generale : D'apres les chaiers d'Emile Constantin*. Pergamon Press. 相原奈津江・秋津　伶（訳）　2003　一般言語学第三回講義―エミール・コンスタンタンによる講義記録　エディット・パルク

[53] 丸山圭三郎　1983　ソシュールを読む　岩波書店
[54] クーンはソシュールを知っていたかは定かではないが，記号論的還元の端緒を掴んでいるのは確かである．しかし，一般記号論を踏まえていないため議論が方法視点にまで昇華されていない．
[55] ［12］に同じ．
[56] ［1］の pp.91-92
[57] 丸山圭三郎　1983　ソシュールを読む　岩波書店　p.299.
[58] ［1］の p.98
[59] 高木廣文　2010　質的研究と科学について考える　*International Nursing Review*, 33(2), 12-16.
[60] ［45］に同じ．
[61] 構造主義科学論は不可疑性として「私」を起点とするが，構造構成主義（あるいは構造構成的－構造主義科学論）においては探究の底板を設置するという目的に照らして方法概念として「現象」を置いている点で異なる．
[62] ［10］の lecture3
[63] 西條剛央　2007　原理的欠陥とは何か？　西條剛央・菅村玄二・斎藤清二・京極　真・荒川　歩・松嶋秀明・黒須正明・無藤　隆・荘島宏二郎・山森光陽・鈴木　平・岡本拡子・清水　武（編）エマージェンス人間科学―理論・方法・実践とその間から　北大路書房　pp.34-39.
[64] 内藤哲雄　PAC 分析実施法入門―「個」を科学する新技法への招待　ナカニシヤ出版　p.11, 13.
[65] ［11］の pp.100-102
[66] ［11］の pp.185-186
[67] ［5］で関心の構造化に至る軌跡の開示として論じられている．
[68] 西條剛央　2007　ライブ講義・質的研究とは何か　SCQRM ベーシック編　研究の着想からデータ収集，分析，モデル構築まで　新曜社
[69] 西條剛央・今野大庫・大泉　智・大熊隆靖　2013　大川小学校の悲劇はなぜ起きたのか？ SCQRM による構造化と再発防止案の提案　構造構成主義研究．
[70] 甲野善紀・田中　聡　2005　身体から革命を起こす　新潮社
[71] 岡田慎一郎　2006　古武術介護入門［DVD 付］―古の身体技法をヒントに新しい身体介助法を提案する　医学書院
　　 岡田慎一郎　2009　DVD+BOOK 古武術介護実践編　医学書院
[72] 伊勢田哲治　2003　科学と疑似科学の哲学　名古屋大学出版会
[73] ［72］の p.255
[74] ［72］の pp.255-256
[75] 横山輝雄　1999　社会構成主義と相対主義―「サイエンス・ウォーズ」の哲学的問題　哲学雑誌，114, 130-143.
[76] ［72］の p.261
[77] 竹田青嗣　1989　現象学入門　日本放送出版協会
[78] 野家啓一　2007　科学の解釈学　筑摩書房
[79] ［78］の pp.30-137
[80] ［78］の p.137
[81] 養老孟司　2003　バカの壁　新潮社
[82] 西條剛央　2007　探求主義のさらなる探究のための基礎づけ　西條剛央・菅村玄二・斎藤清二・京極　真・荒川　歩・松嶋秀明・黒須正明・無藤　隆・荘島宏二郎・山森光陽・鈴木　平・岡本拡子・清水　武（編）エマージェンス人間科学　理論・方法・実践とその間から　北大路書房　pp.51-55.
[83] ［78］の pp.138-153
[84] Watanabe, T.　2010　Metascientific foundations for pluralism in psychology. *New Ideas in Psychology*, 28, 253-262.
[85] 渡辺恒夫　2008　構造構成主義か独我論的体験研究か―主客の難問 vs.自他の難問　構造構成主義

研究, 2, 111-133.
- [86] [78] の p.121
- [87] [78] の pp.99-100
- [88] [85] の pp.128-129
- [89] 「オーガナイザーの思惑にしたがわなくとも，公然批判してもかまわない」といった渡辺氏の言及に応えて，率直な見解を書かせていただいた。
- [90] 金森　修・中島秀人（編著）　2002　科学論の現在　勁草書房
- [91] 中島貴子　2002　論争する科学—レギュラトリー・サイエンスを中心に　金森　修・中島秀人（編著）　科学論の現在　勁草書房　p.196.
- [92] van Zwanenberg, P., & Millstone, E. 2000 Beyond skeptical relativism : Evaluating the social constructions of expert risk assessments. *Science Technology & Human Values*, 25(3), 259-282.
- [93] Galison, P. 1997 *Image and Logic*. Chicago : The University of Chicago Press.
- [94] 金森　修　2002　あとがき　金森　修・中島秀人（編著）　科学論の現在　勁草書房　pp.268-269.
- [95] [1] の pp.202-203
- [96] 藤原正彦　2008　天才の栄光と挫折—数学者列伝　文藝春秋　pp.27-28.
- [97] Neimeyer, R. A. 1995 Constructivist phychotherapies : Features, foundations, and future directions. In R. A. Neimeyer & M. J. Mahoney (Eds.), *Constructivism in psychotherapy*. Washington : American Psychological Association. pp.11-38.
- [98] [1] の p.180
- [99] 京極　真　2007　作業療法の超メタ理論の理論的検討—プラグマティズム，構成主義，構造構成主義の比較検討を通して　人間総合科学会誌, 3(1), 53-62.
- [100] 戸田山和久　2002　知識の哲学　産業図書　p.251.
- [101] [35] に同じ。

再録論文

## Ⅱ-8 日本最大級となった「ふんばろう東日本支援プロジェクト」は，どのような支援をどのように実現したのか？
### ——構造構成主義を基軸としたボランティアリテラシーの射程

西條 剛央

### 1節
### ふんばろう東日本支援プロジェクトはどのような支援を実現したか？

#### 1．はじめに

1000年に一度といわれる未曾有の大震災が東日本を襲った。私は仙台出身であり，親戚は津波で行方不明となった。そんな中，南三陸町に物資を届けに行ったことをきっかけに「ふんばろう東日本支援プロジェクト」（以下「ふんばろう」）を立ち上げた。その活動は瞬く間に全国に広がり，数十のプロジェクト，支部，運営チームと約3000名のメンバーを擁する日本最大級のプロジェクトに成長した。まず以下に活動の概要を示す。

#### 2．物資支援プロジェクト

2011年4月1日に立ち上げた「物資支援プロジェクト」を通じて総計3000カ所以上の避難所，仮設住宅，個人避難宅等に3万5000回以上，15万5000個以上に及ぶ直接支援を実現した。また被災地のお店から購入したものを被災者に届ける仕組みの「復興市場」を通じて約4万6000個以上の物資支援が行われた。さらにインターネットショップAmazonの「ほしい物リスト」を援用することで家電や自転車，生活物資など3万4000個以上を届けることができた。個人の要望に基づく物資支援は2012年3月末で終了し，2012年4月より外部団体やふんばろう内のニーズ調査に

基づく物資支援へ移行した。また2012年4月からは，被災地で飼い主を失った動物を保護している人や団体に対して餌などの物資を支援する「動物班」が立ち上がり，1万個以上の物資支援を実現している。

さらに「大量物資支援プロジェクト」では，岐阜県，愛知県，宮城県，福島県，大分県，大阪市，仙台市，横浜市で行き場を無くした大量の物資や，さらに株式会社ニトリ，三井不動産販売株式会社，ライオン株式会社，シンガポールのNGOマーシーリリーフが提供してくれた物資などをマッチングして，4tトラック200台分以上もの膨大な物資を被災者に届けた。

## 3．家電プロジェクト

2011年5月に入ると「家電プロジェクト」を立ち上げた。行政や日本赤十字社の支援が受けられない個人避難宅をはじめとして，冷蔵庫，洗濯機，炊飯器，扇風機，アイロン，冬物家電など，総計2万5000世帯以上に家電を届けた。この全国に被災者に向けた家電支援をきっかけに，被災者の様々なニーズをアンケートをとることで心の支援につなげる「絆プロジェクト」を立ち上げ，さらに福岡大学の長江信和准教授の「ユビキタス・カウンセリング」などと連携して，被災者の心をケアする人材を育成するMHF（メンタル・ヘルス・ファシリテーター）の資格取得の講座を開催するなど物から心の支援につなげていった。

## 4．重機免許取得プロジェクト

同じく5月には自立支援を目的とした「重機免許取得プロジェクト」を立ち上げた。これは被災した人たちに重機の免許を取得してもらい，復興事業での雇用につなげようというプロジェクトである。職を失った被災者が復興関連の仕事に就きたくても，重機の免許がないためなかなか働き口が見つからなかったことから，寄付を集め免許取得を支援することを提案して始まった。これまで現地の企業と連携しつつ，1000名以上の免許取得の費用を全額サポートした。さらに即戦力が求められる被災地の現場に対応できるようマンツーマンの教習によるスキルアップトレーニングのプロジェクトも行った。

## 5．漁業支援プロジェクト・サンドバッグ

7月頃立ち上げた「漁業支援プロジェクト」では漁船や漁具を支援した。特に，ワカメの養殖に欠かせないサンドバッグを提供する「サンドバッグプロジェクト」は全国の支援者を巻き込み，総計10万枚以上のサンドバッグを南三陸町の30浜以上の漁師さん達に渡していき，漁業再開の後押しとなる支援を実現した。

## 6．ミシンでお仕事プロジェクト

　次第に被災したお母さんたちから「支援物資の服のサイズがあわない。ミシンがあればお直しして活用できるのに」「仮設住宅のカーテンの裾が短く冷たい空気が入ってきて寒いので裾ぬいをしたい」といった要望があがってきた。また「町も仕事もなくなったが，子どもが小さくて外に働きに出ることができない。仮設住宅の中でミシンを使った仕事をしたい」といった現地の声を受けて「ミシンでお仕事プロジェクト」を立ち上げた。

　これは，被災したお母さん方にミシンやアイロン，裁縫セットなどのミシンセットをお渡しする「物資支援」と，ミシンを使えるようになるための講習会による「人材育成支援」，そしてミシンをお仕事につなげるための「自立支援」の3つ柱からなる。400人以上方々にミシンセットを渡し，スキルアップ講習会などを実施してきたところ，サークルがいくつも立ち上がり，初回の講習会参加者が先生となって他の人にミシンの使い方を教えるといったつながりが生まれた。その後「ポケモンチャリティバッグプロジェクト」「物づくりプロジェクト」として作品を売り出し，東北で被災した女性たちの雇用を生み出して自立した生活を営むためのサポートを行った。

## 7．手に職・布ぞうりプロジェクト

　また現地のお母さんの自立支援として「手に職・布ぞうりプロジェクト」も立ち上げた。南三陸・陸前高田・石巻・東松島で布ぞうりの講習会を行い，コミュニティ作りを支援。さらに希望者にはスキルアップ講習を行い，商品として売れる布ぞうりを作れるよう指導し，ふんばろうのネットワークを活かして販売した。現在は「布ぞうりサポーターズ」としてハギレやミシン糸など，布ぞうり作りに必要な素材を提供してもらえる企業と現地の編み手さんをつなぎ，また全国の支援者から着古しのTシャツを集めるといった後方支援の活動を行っている。

## 8．就労支援プロジェクト

　被災自治体に配分されている国の予算を就労支援に活用するため，雇用・人材支援のノウハウを持つ株式会社パソナと資格取得のスキームを持つ株式会社日建学院と連携することで「就労支援プロジェクト」を立ち上げた。2012年7月より，陸前高田市と連携して，地域のために働きたいという希望を持つ人に対して，地元の産業を支える上で必要な知識やスキルを習得できる研修機会を提供し，終了後には市内企業で働ける場をコーディネートすることで，企業の人材採用と個人の就職決定の双方をバックアップする「就労創出支援プロジェクト」を実施した。大船渡市では，同様の趣旨で建設業界に特化して「震災復興建築人材育成・就職支援プロジェ

クト」を進めた。このように地域の復興・産業振興に取り組む企業と，仕事を通して地域の復興・産業振興に貢献したいという個人を円滑にマッチングする仕組みづくりと実践に取り組んで成果をあげた。

## 9．おたよりプロジェクト

　また2011年7月には，協力関係にあった中村祐子氏が立ち上げた「お手紙プロジェクト」の姉妹プロジェクトとして，中村氏のノウハウ提供のもと，全国の支援者からの手紙を集めて被災者に直接届ける「おたよりプロジェクト」を始動させた。それはスタッフが家電プロジェクトやハンドメイドといった他のプロジェクトと連携しながら，家電などの必要物資と一緒に，全国の支援者から預かった手紙を一人ひとりに届けるプロジェクトだ。あわせて640名に手紙が届けられ，またこうした活動は現地の人の話を傾聴することで，自然と心の支援にもつながっていった。

　さらに津波被災地には当時郵便局もなく，ハガキや切手が入手しにくいという声に応えるために，全国の支援者から集めた切手約2万2500枚，ハガキ約5万2900枚，レターセット約9500セットを被災地に送った。これによって物資や手紙を送ってくれた人との手紙のやりとりがはじまり，被災者と全国の支援者とのご縁をつなぐ役割も果たした。「ふんばろう」でいつしか合い言葉となった「支援から"始縁"へ」を積極的に実現するインフラとしての役割を担ったのである。「おたよりプロジェクト」は活動から一年が経過したところで現地のニーズも少なくなってきたことから活動を終えたが，心温まる手紙のやりとりを中心に，2012年3月，チャリティブック『被災地からの手紙　被災地への手紙――忘れない。』[1]として刊行された（現在「翻訳班」と「電子書籍プロジェクト」により英訳化が進められている）。

## 10．ハンドメイドプロジェクト

　被災地に手作り品を送る「ハンドメイドプロジェクト」には，家庭にいながらもできる支援として50代や60代の方も数多く参加した。このプロジェクトは2011年の夏の「扇風機プロジェクト」の作業の過程で生まれた。被災地に扇風機を送る作業をしている時に，箱の中に手作りのアクリルタワシを入れる人がいた。当時，被災地はまだ水が不自由でタワシが重宝されたので，それを見た女性スタッフが，タワシや小物を作業の息抜きにつくるようになったのである。夏場には被災地から，「ドアを開けて風通しよくしたいが，仮設住宅の中が丸見えになるから暖簾がほしい」という声が届いた。そうした希望に応えて手作り品を送るうちにプロジェクトは拡大し，秋ごろからはTwitterやホームページ経由で手作り品の公募が始まった。ピークは年末のクリスマス・オーナメントの募集であり，日本全国，海外からも品物が届き，このときだけでその総数は1万点を超えた。そうして集められた手作りの物

資はスタッフによって仕分けされ，ラッピングを経て被災地でのイベントで配られたり，仮設住宅等で無料配布された。ハンドメイド品の物資支援の他に，ハンドメイドのワークショップを開催し，被災された方々に手作りの楽しさと笑顔を広げる活動もおこなわれた。

## 11. ガイガーカウンタープロジェクト

　放射線を正しく計測できるよう高性能のガイガーカウンター（放射線量計）を正しい測定方法や知識とともに無料で貸し出す「ガイガーカウンタープロジェクト」を立ち上げた。まず測定の専門家をリーダーとして講習と実習を重ね，スタッフが正しい放射線測定法を習得した。その上で，貸出システムと運営体制を整え，2011年8月にガイガーカウンターの貸出を本格始動させた。その後，要望に答える形で貸出対象エリアを，茨城県，栃木県，群馬県，宮城県へと拡大していった。さらに利用者や一般の方を対象としたガイガーカウンターの使用法の講習会を開催した。また『やっかいな放射線と向き合って暮らしていくための基礎知識』[2]を福島県内の全中学校，高校，図書館，公民館図書室などに贈呈していった。

## 12. PC設置でつながるプロジェクト

　被災地では，当初からパソコンのニーズは多かったが，高額であることに加え，プリンターやソフトウェア，ウイルスセキュリティソフトなど一式揃える必要があり，また中古パソコンを送る際には通常の家電と異なり中身を完全に消去し，再インストールする作業が必要など壁は高かった。しかし，ヤフージャパン，富士通，NTTデータ，トレンドマイクロ，ボストン・サイエンティフィックジャパン，IBM人材ソリューション，アイ・ディ・ケイ，日本マイクロソフトなどの諸企業の協力により，1000台規模の支援が可能になり，「PC設置でつながるプロジェクト」が本格始動した。宮城支部のチームを中心に，要望のあった公共スペースに次々と設置していき，被災地三県，200カ所以上の仮設住宅のインフラを整備した。被災地で放課後学校を運営する「NPOカタリバ」にもパソコンを100台規模で支援するなど，被災地で実効性の高い支援を行っている団体のインフラ整備のバックアップも行った。また，PCを活用できるようになりたいという現地の要望に応じて「PCふれあい教室プロジェクト」も始動させた。

## 13. 学習支援プロジェクト

　狭い仮設住宅や，自宅の1階が被災し2階だけで生活している家庭では，集中して勉強できるスペースがない。また震災前は勉強を見てくれた家族も，子どものために時間を割くことが難しくなっているのが現状である。加えて，塾や予備校も十

分に復旧しておらず，学校の校舎自体が被災している地域も少なくない。今，子どもたちにとって最も大事なことは，安心して勉強できる環境を確保することである。また子ども達も深く傷ついている。みんなで集える学び場を作り，子ども達に寄り添うことで自然な形で心のケアにつなげることができないか。そうした問題意識から塾などの十分な学習環境がない地域を中心に「学習支援プロジェクト」を立ち上げた。

具体的には，被災三県の各地で，学習サポート会「学び場・ふんばるんば」「寺子屋・いきいき世代」を開催。仮設住宅の集会所や学校などの施設をお借りして，小学生～高校生まで少人数の勉強会を行い，受験勉強や授業復習のサポートができる大学生・社会人を派遣した。2012年度より，ボランティア指導者の派遣に加え，現地スタッフに指導を業務委託することによって今までよりも高い頻度で学習会を行えるようにした。

また受験の直前対策や学校授業の復習を促進するため，「PC設置でつながるプロジェクト」と連動しつつ，ニッケンアカデミーのインターネット教材と問題集を使って，約200名の小中高生に無償で教材提供を行った。また学習内容に関する質問や相談も受け付け，特に中3生に対しては担任制をとることで電話やメールなどで定期的に学習アドバイスを行うなど遠方からのサポートの仕組みも充実させた。

## 14．エンターテイメントプロジェクト

2011年初夏，緊急支援や必要支援がようやく落ち着き始めた時期に，アートの力で被災地へ元気を届け，被災された方々の心を潤す目的で「エンターテイメントプロジェクト」が発足した。現地のニーズを拾い，多ジャンルのアーティストがコラボして，被災した小学校への楽器や花の提供，避難所・仮設集会所でクラシックやジャズ演奏・エアリアル・人形劇・絵画等を通して喜びや癒しを届ける活動を行った。第2ステージは心の希望支援を目的として復興イベントプロデュースや仮設での様々なイベントに参加し，また歌謡曲伴奏や音楽・アートのワークショップなど来場者参加型のエンターテイメントも積極的に実施した。また被災地外ではゴスペルフラダンス・演劇・音楽・朗読・ストリートオルガンといった様々チャリティーイベントを通して支援の輪を広げていった。

## 15．給食支援

石巻市などの被災自治体の小中学校では，2011年の夏になっても魚がのっているご飯と牛乳パックといった簡易給食が続いていた。育ち盛りの子どもたちがあまりに不憫だということで，給食のおかずなどを支援する「給食支援プロジェクト」を始動させた。これは要請があった小中学校で2011年11月中旬まで続けられた。

## 16. うれしいプロジェクト

　演出家の宮本亜門氏をリーダーとして，「ふんばろう」の自立支援に寄付されるチャリティオークション「うれしいプロジェクト」が立ち上がった。事務所の壁を越えて，市村正親，成宮寛貴，藤原紀香，大竹しのぶ，木村佳乃，佐藤隆太，森山未來，城田優，高嶋政宏，森公美子，ソニン，別所哲也，井上芳雄，松田美由紀，彩吹真央，石丸幹二，浦井健治，南果歩といった著名人が出品協力してくれた。そして2012年1月の宮本亜門作・演出『アイ・ガット・マーマン』公演では，出品会場ともなった株式会社東宝の全面協力によって，「ミシンでお仕事プロジェクト」や「手に職・布ぞうりプロジェクト」の物販が行われた。その結果，ほとんどの商品が完売となり，仮設住宅や個人避難宅のお母さんたちに大変喜ばれた。

## 17. 緑でつながるプロジェクト

　元々被災地では花や野菜を育てていたひとは多かったが，仮設住宅では個人の花壇や畑を持つことができないため，入居者は植物を育てる楽しみを持てずにいた。また多くの地域では抽選で仮設住宅の入居者を決めたためにコミュニティがばらばらとなり，近所の人とコミュニケーションがとれないという問題があった。そこで2012年度になってからは，できるだけ多くのお花好き，植物好きな方々に，植物を育てる愉しみや，園芸を通してコミュニケーションする機会を提供する「緑でつながるプロジェクト」が立ち上がった。これも被災地三県の仮設住宅を中心に広がっている。

## 18. その他

　ふんばろうの活動やそれを支える考え方を広く広め，今後の防災教育にも役立ててもらうために，ふんばろう関連の書籍『人を助けるすんごい仕組み』[3]『被災地からの手紙　被災地への手紙――忘れない。』[4]の印税を全額支援活動に充てる「チャリティーブックプロジェクト」を立ち上げた。

　また関心が低下する中，継続的に支援を続けるための資金的なインフラを整備するために，毎月一口1000円からの継続支援が可能な「サポータークラブ」の仕組みも構築した。これにより「ふんばろう」の継続的な活動が可能になった。

　その他にも「命の健康」「マンガ・イラストチャリティーオークション」「箱モノ支援プロジェクト」「ふんばろう商店」といった様々なプロジェクトが活動しており，また2012年に入ってからは「大川きぼうプロジェクト」「ふんばろう山元町」といった地域特化型の復興支援プロジェクトも始動している。

　さらに，岩手，宮城，福島といった前線の支部だけでなく，また，府中，名古屋，京都，大阪，神戸，岡山，山口，九州，ロサンゼルスなどの後方支援支部も立ち上

がり，全国的な支援体制が整っていった。特に，岩手，宮城，福島の前線支部は各プロジェクトや後方支部と効果的に連携し，それぞれが地元のニーズに合った実効性の高い活動を行った。

こうした支援実績は日本赤十字社や日本経済団体連合会，参議院の憲法審査会，内閣府（防災担当）にも認められ公式シンポジウム等に招聘されるに至っている。こうして2011年4月1日にプロジェクトを立ち上げてから，2年足らずで「日本最大級のボランティア団体」といわれるようになったのである。

## 2節

### 変化する被災地のニーズにどのように対応し，多数のプロジェクトの運営を可能としたのか？

#### 1．プロジェクトの背景思想としての構造構成主義

しかしながら，私はこれまでボランティアをやったこともなければ，プロジェクトを立ち上げたことも事業を起こしたこともない。では，なぜ，まがりなりにもこのような大規模プロジェクトを運営できたのか。こうした支援プロジェクトのバックボーンには，人間科学の原理として体系化したメタ理論である「構造構成主義」（Structural-constructivism）が据えられており[5]，これにより現地の急激な状況の変化にも対応しながら，効果的な支援を実現できたという部分は大きい。つまり構造構成主義といういかなる状況でも適用可能な考え方を身につけていたことから，未経験の現場においても，その都度ゼロベースで実効性の高い方法を打ち出すことが可能になったのである。

もともと，構造構成主義はフッサールの「普遍学（Universalwissenschaft）」[6]の確立といった理念を継承発展させたものであり，"学"の根本原理でもあることから，最近では「構造構成学」（Structural constructology）と呼ばれることもある[7]。構造構成主義の思想的系譜は，認識論としてフッサール（Husserl, E.）の現象学[8]とそれを継承発展させた竹田青嗣[9]・西研[10]の「現象学」，存在論ではロムバッハ（Rombach, H.）の「構造存在論」[11]，記号学ではソシュール（Saussure, F. de.）の「一般記号論」[12]と丸山圭三郎の「記号論的還元」[13]，構造論や科学論としては池田清彦の「構造主義科学論」[14]といったものからなる。すなわち，現象学，存在論，認識論，記号論，構造論，科学論といったそれぞれの哲学分野の最高到達点というべき理路を有機的に統合，発展させることにより新たに開発した超メタ理論なのである（詳細を議論すると難解になるため，本稿ではそうした専門的な理路に関しては最小限に留め，適宜そのエッセンスを解説する）。

実際，2005年に構造構成主義の体系的な理論書が公刊されてから，医療，教育，

研究をはじめとする100を超える領域・テーマに導入・応用されてきた[15]。

## 2．方法の原理——方法がなければ作ればいい

　こうした汎用性は，領域やテーマを問わず有効性を発揮する構造構成主義の原理性によって可能になったと考えられる。しかしながら未曾有の震災という現場でその力を発揮することになるとは私自身夢にも思わなかった。特に「ふんばろう」を進めるにあたって有効性を発揮した理路は，「方法の原理」である。

　方法の本質とは，「特定の状況において，特定の目的を達成する手段」といえる。おそらくこのことに例外はない。だとすれば，この定義はあらゆる「方法」と呼ばれるものに共通する「方法の原理」ということができる。したがって，どのような状況で何をしたいかということ抜きに「絶対に正しい方法」といったものは成立しえない。そしてこの「方法の原理」に照らせば，方法の有効性は①状況と②目的から規定される，ということになる。したがって，その都度「状況」をみながら「目的」を実現するための有効な方法を打ち出していけばよい。

　以下，その使い方を具体例に則してみていこう。話は戻るが「ふんばろう」を立ち上げるきっかけとなったのは，震災発生から3週間後に支援物資を持って南三陸町に行った時に感じた「個人の力の限界」であった。物資は大きな拠点避難所には届いていても，小さな避難所や個人避難宅には十分な物資は届いておらず，持っていった物資はあっという間になくなった。そこで，「こうした状況に対応するためには，全国の何とかしたいと思っている人たちの力を結集して大きな支援の力にする仕組みを作るしかない」と考えたのである。

　「ふんばろう」で最初につくった仕組みはシンプルなものだ。私たちが現地で必要な物資とその数を聞き取り，ホームページに掲載する。その情報をTwitterで拡散し，全国の支援者から物資を宅配便で直送してもらう。「何をどこにどれだけ送った」という報告だけはしてもらうようにして，必要な個数が送られた時点で，その物資に線を引いて消していくのである。この仕組みなら，仕分ける必要もなければ，どこかで物資が滞ることもなく，必要以上に届くこともない。"いつでもどこでも誰でも，必要としている人に必要なだけの物資を直接送ることができる仕組み"を作ったのである。

　このように方法の原理により，被災地の状況に対応する新たな方法を作りだしたのである。

## 3．前例主義に捉われないためのツールとしての「方法の原理」

　この震災では，日本の組織が抱える構造上の問題が，さまざまな形で露呈したといえる。たとえば，被災地では，500人いる避難所に300枚の布団が届いたが，数が

足りないために誰にも配らないといった理不尽が各所で起きた。800人いる避難所に700個のケーキが届いても，人数分ないからといって断る。100人以上が暮らしている避難所にもかかわらず，震災から4ヶ月以上が経っても「問題が起きたら困るから」と洗濯機を1台も設置せず，扇風機の受け入れも断るといった不合理を目の当たりにしたこともある。あるいは，人数分ないからといって野菜を配らずに腐らせてしまう避難所など，行き過ぎた「公平主義」によるこうした不条理は被災地のあちこちで見られた。

　こうした不条理が起きてしまう要因の1つとして「前例主義」がある。特に行政のような組織では，たとえ個人的には良いことだと思っても，前例がないと，失敗した時に責任をとらなければならない，という思いが頭をよぎるのである。多くの場合アイディアが生まれないのではなく，アイディアを組織がつぶしているのである。

　たとえば，あるアイディアを提案した時，上司から「君，それは前例がないね。うまくいく保証はあるのかい？」「失敗したらどう責任をとるつもりだ。君だけの責任では済まないんだよ」といわれると，身動きとれなくなってしまう。これは，新たなアイディアをつぶす「必殺のセリフ」なのである。大きな組織になればなるほど，このような環境の中でアイディアを実行に移すのは容易ではない。

　これは「勇気を持って臨機応変に対応すべきだ」という正論を言って済む話ではない。なぜなら，これは突き詰めればアイディアの"正当性"を担保できるのか，という問題だからだ。よく考えてみると，「臨機応変」といえば聞こえはいいが，正当性を担保できない限り，「場当たり主義」「ご都合主義」と区別をつけることができず，そう言われても反論できないのである。だから行政のように税金で成り立っている公的な組織ほど「責任回避バイアス」が働き，臨機応変な対応が難しくなるという側面があるのだ。

　そもそも，組織が前例主義に陥りやすいのは，本来の「目的」をしっかりと共有せずに，「方法」を共有してしまうことが大きい。そのために，前提となる状況が変化しているにもかかわらず，従来の方法を遵守してしまうのだ。これを「方法の自己目的化」という。たとえば，先の例で300枚の布団が1枚も配布されなかったのは，自治体が「公平性を保つ」という平時の方法にとらわれていたためだ。それを守ろうとするばかりに，「被災者の生活を支援する」という本来の目的がないがしろにされてしまったのである。

　そこで必要になるのが，そのアイディアを実行すべき正当な理由を提示する方法だ。新たな方法が正当である理由を提示することができれば，「責任回避ゲーム」に終止する必要がなくなり，建設的に代案を出し合えるようになる。そのためにも「方法の原理」は役に立つのである。方法の原理を使えば，前例のないアイディア

でも，状況と目的から導き出された有効な方法である，といった形で提案することができ，周囲の批判や責任回避バイアスにとらわれずに，正当性を担保しながら実行できるようになるのだ．

## 4．「方法の原理」により状況に応じて柔軟に方法を変える

　私は「ふんばろう」のことを"市民意思機能"と捉えている．運営をフェイスブック上で行っている「ふんばろう」は，明確な境界線を持つ組織ではなく，「被災者支援」という目的のもと，企業や団体の壁を越えて，誰でも入ることができ，それぞれができる範囲でできることをしていくゆるやかな"機能体"である．そのもとには，機能しさえすればいい，という考えがある．

　立ち上げた当初から「鯨ではなく小魚の群れになろう」ということを言ってきた．つまり，行政や大企業といった大きな組織（鯨）のパワーは凄いが，当時の被災地のように状況やニーズが時々刻々と変わっていくような状況においては，機動性と臨機応変性が求められる．動きが遅いあまりにタイムラグが生じて，必要ではなくなったものが大量に届いても邪魔になるだけである．そうした状況では，小魚の群れのように一瞬で方向転換できるような"機能体"のほうが力を発揮しやすい．

　「ふんばろう」は，方法の原理をはじめとするこうした考え方に基づき，その時の被災地の状況を踏まえ，「被災者支援」という目的に沿って活動を進めてきた．一例として，状況の変化によって取り組みを変えてきた一連の「家電プロジェクト」を紹介しよう．もともと，仮設住宅には日本赤十字社から家電が配布されるのに対して，半壊した自宅に戻っている自宅避難民やアパートなどで暮らす被災者には家電が配布されないという理不尽な状況があった．そこで2011年5月には，こうした"支援格差"を埋めるべく，家庭で使われていない家電を回収して送る「家電プロジェクト」を立ち上げたのである．このプロジェクトは，東京を中心として各地で家電が収集され，岩手県の山田町，釜石市，宮城県の気仙沼市，南三陸町，石巻市，東松島市，仙台市，福島県の南相馬市，会津若松市などの被災者に届けられたのである．

　やがて夏になると，節電が求められ全国的に扇風機が品切れになる中，被災地ではまったく扇風機が手に入らず，扇風機が大量に必要になった．しかし，各家庭から中古家電を集めて被災地に送るという従来の方法では，実際に各家庭で扇風機が使われている中，大量に集めることはできない．そこで，専用のECサイトを立ち上げ，支援者に家電を購入してもらいそれを必要とする被災者に届ける新たな方法を開発したのである．

　さらに冬が近づくと，東北各地だけでなく全国にも未だに支援が受けられない被災者がいる状況を踏まえ，そうした被災者を見つけるために，地元メディアや全国

紙に大々的に告知を載せ，それを見た被災者に罹災証明書のコピーと希望の家電を書いて送ってもらい，支援が必要と判断された家に直接希望家電を送るという新たな方法を提案した。この方法なら，支援を必要とする人がどこにいても直接届けることができる。しかし，この方法は誰もやったことがなく，申し込みがどれだけくるのか読めないリスクがあり，内部でも反対の声はあった。それでも決行したのは，活動の目的がリスクを避けることではなく，自宅避難者などに支援が行き渡らない「支援格差」を埋めることであり，その目的に照らせばやるしかないと決断できたからだ。当初5000世帯分の予算に対して3倍近く申し込みが殺到したが，足りない分はさらに冬物家電のキャンペーンを行うことで，1万3000世帯に冬物家電を届けることができた。

こうした活動を可能にするために，「ふんばろう」では方法の原理の考え方をプロジェクトの基本的な考え方としてホームページに明示し，早い段階から共有するようにした。当初は，どこで何が起きているのか，誰にもわからない状況だったので，その時の状況を見て，「よい」と思ったことを現場判断で自律的にどんどん進めてもらうために導入したのである。状況と目的から最適な方法を導き出す方法の原理は，現場判断による臨機応変な対応を促進するためにも機能する。

今の日本の多くの組織は，方法の原理が根づいていないために，経験的に培った方法を踏襲することに偏りがちだ。そのため，本来の目的を重視するよりも，方法を遵守する「方法の自己目的化」に陥りやすい。だから，未曾有の災害や変化の激しい時代にうまく適応できなくなってしまうのだ。

これは被災地に限ったことではない。状況の変化は加速する一方であり，今年通用した戦略や方法が来年も通用する保証はない。状況が変われば，方法も変える必要があるのだ。方法の原理をリテラシーとして共有できれば，その組織は前例主義の硬直した状況を打開していくことができる。またそういう組織でなければ，これからの時代は生き残ることは難しいだろう。

## 5．「状況」の把握を間違えると必ず失敗する

震災から数ヶ月の間は，被災地全体の状況を把握している人や組織は，国も含めてどこにも存在しなかった。なぜなら何十万という被災者がいる中で，千を超える避難所の統合や解散が各地で起こっており，情報を集約するはずの地元自治体が壊滅的な打撃を受けたため，被害が酷いほど情報があがってこなかったためである。全体の情報を把握してコントロールするという従来の方法が通用しない状況だったのである。

そんなときはその場その場で「状況」をみて判断する他ない。そのため，方法の原理を共有することで，被災者支援という目的からぶれることなく，その都度状況

をみながら、どのようなやり方がよいかを考えて実行しやすくした。

　現場主義が大事だ、現場判断を尊重すべきだ、自分の頭で考えることが大事だとはよく言われる。しかし、現場判断を間違うこともある。「自分の頭を使って考えよう」と言われてもどのように考えればよいかわからない、という人もいるだろう。現場判断を大きく間違えないためには、「状況」と「目的」を見定めながら考えることが有効である。逆にいえば、大失敗するときは、状況把握を間違えたり、いつの間にか目的がぶれているものなのである。原理とはそれに沿っていれば必ず成功するというものではないが、それから外れた場合には必ず失敗する。

　実際に、某大企業は2011年の4月半ば頃、「新たな支援システムを開発しました」と高らかに宣言したが、これは結局何の役にも立たなかった。それはiPhoneにソフトをダウンロードして使う仕組みだったためだ。現地ではiPhoneを持っている人は少なく、ましてはソフトをダウンロードすることができる人はほとんどいなかったのである。被災者支援という目的は素晴らしかったが、状況を正しく把握できなかったのである。このように状況把握を間違えれば、何億円かけたとしてもアウトプットはゼロになる、ということもあるのだ。

　そうならないためにも、「方法の原理」を視点として、リーダー自ら「現場」に行き、その状況を肌で感じてくる必要があるのだ。

## 6．目的からぶれないためのアンカーとしての「方法の原理」

　また明確な「目的」を立てて、それを組織で共有することは、活動がブレないためにも重要になる。「ふんばろう」を立ち上げた時点で、目的は「被災した人達が前を向くための条件を整えることです」と宣言した。つまり「被災者の自立のサポート」が「ふんばろう」の目的である以上、なんでもかんでも支援すればよいというものではない、ということを意識しやすくしたのである。支援活動はやりがいがあるために、ややもするとそこに依存してしまうことは容易に想像できる。万が一にでも「被災者がいなくなったら困る」と思ってしまったならば、それは本末転倒以外の何者でもない。

　「目的からぶれない」、これも一見すると当たり前のことだが、それを徹底できることは稀と言っていい。実際、最初に「家電プロジェクト」を実施しようとしたとき、「ふんばろう」の現地スタッフから「公平に家電を渡せなければ、問題が起こる可能性があるからやめてほしい」と反対意見が出たことがある。私は「『ふんばろう』の目的は被災者支援です。問題を起こさないことが目的ではありません。被災者支援が目的である限りやめるという選択肢はないです」と説得して納得してもらうことができたが（後ほど詳述する）、このように「被災者支援」が目的なはずなのにいつのまにかそうではないことに「関心」がすり替わってしまうことはめず

らしくない。実際，某家電量販店は「家電プロジェクト」と同様のプロジェクトを行おうとしたものの失敗を恐れ，実施する前に中止してしまったのである。「方法の原理」は，「そもそも何ために？」と問い直すことで，目的に自覚的に立ち戻るためのリマインダーとしての機能も果たすのである。

## 7．「方法の原理」により組織の成長段階にあわせてあり方も変える

また当初，「5％理論」という考え方も共有するようにしていた。刻々と変化する被災地の現状に対応して迅速に動き続ける以上，失敗をゼロにすることはできない。また何をしても必ず批判する人はいる。失敗や批判をゼロにしようとすると，途端にリスク管理に膨大なコスト（時間と労力）がかかるようになり，その分，被災地支援に向ける力は大幅に減じられてしまう。そこで私は「『ふんばろうは』，被災者支援が目的である以上，5％以内の失敗やミスを気にしていたら何もできなくなるから，その範囲のものは気にしないでいこう。ただし，目的と状況をしっかり見据えて大きな失敗はしないようにして，よいと思ったことはどんどんやっていこう」と言い続けた。実際「まあそれは5％以内だからいいでしょう」といった会話が各所でみられたことから，本質的な問題かどうかを見定める視点としてかなり有効だったようだ。

その後「ふんばろう」は急速に大きくなり，日本最大級のプロジェクトといわれるようになり，注目度もあがってきた。それと同時に，被災地は食料や家電がないといった緊急的な状況ではなくなってきたため，組織のリスク管理に割くエネルギーの割合を増やしていった。知名度が高いということは足下を救われる可能性も高くなるということを意味する。また組織が大きくなってくると持続可能を担保するためには，被災地支援という機能を失わない範囲で，リスク管理に力を入れることも必要だ。ゲームにたとえれば，ほとんどを攻撃力に振り分けていたパラメータを，防御力にも一定程度振り分けるようにした，ということである。ここでも状況が変われば，どのようにしたほうがよいかが変わるという「方法の原理」を踏まえて，組織の力点を変えていったのである。

## 8．人間の原理——すべての人間は肯定されたい

組織運営で大切なことは，「人間の心」に反しないことだ。「ふんばろう」を運営するうえでも，そこから外れないよう心掛けた。たとえば，人間は肯定されることや，「快」と感じることは続けることができる。そのため，ほめたり，感謝するなど，快適な環境を提供することが大切になる。

間違えやすいのは，「こうすべきだ」と正しさでコントロールしようとすることだ。人間は必ずしも正しさに沿って生きるわけではない。このことは，人材育成の

原則でもある。行動主義の強化理論を持ち出すまでもなく，人間は認められたり，ほめられたりすれば行動するし，否定されれば行動しなくなる。これは至極「当たり前」のことである。しかし，当たり前のことがきちんと実践されることは少ない。たとえば，がんばって何かを成し遂げた直後に，悪かった点や足りなかった点にクローズアップする「反省会」はがんばったこと自体を否定することにつながる。だから「ふんばろう」では反省会はしない。どんなに反省してもやる気が失われ，反省が次にいかされる前にやめてしまったら意味はない。逆に，高いモチベーションさえ維持されていれば，自然と「よりよい活動にしよう」と改善されていくものだ。

　たとえば，ダイエットをしたことがある人は多いと思うが，なぜ続かないか。それはダイエットしているときに，「昨日はつい食べ過ぎてしまった，罰として今日は食べないようにしよう」とダイエットをがんばっている状態を否定するからである。こうしたことからも，実際はいかに望ましい行動を"しないように"マネジメントしているかがわかる。したがって，ダイエットを無理なく成功させるためには「いかにダイエットしている状態を肯定し，"快"にしていくか」という視点で取り組む必要があるのだ。

### 9．組織の最強のマネジメント方法は「感謝」

　特にボランティアをがんばっている人ほど，他人に対して「なぜもっとがんばらないんだ！」となりがちだ。仕事としてお金を払っているならまだしも，生活も仕事もある中で，時間と労力を割いて尽力しているのにそんなことを言われたら「感謝されたくてやっているわけではないけど，そんなこと言われるぐらいならやらないよ」となるのも自然なことだ。少なくとも無給のボランティアは"やる気が全て"である。やる気がなくなれば翌日からこなくなるのである。そうして多くのボランティア団体が内部崩壊していくことも珍しくない。

　では，どうすればよいのか？　「正しさ」を基準に「減点法」で相手の足りないところを見る思考パターンは批判の応酬を招くことになる。否定したら否定されるのである。だから，正しさによる減点法ではなく，「感謝」による「加点法」が大事だ。その人がしてくれたことに意識を向けて，まずは感謝することが建設的なやり取りや関係性につながっていく。

　人間は自己を肯定したい／されたいという関心を持っている。これはほとんどすべての人間に当てはまる"根本関心"，あるいは"本能的関心"というべき「人間の原理」の1つなのである。ボランティアは無料奉仕である以上，「やらない」がベースラインのはずだが，がんばっている人にとっては「やる」が当たり前で，やらない人に対してもっとやるべきだと思ったり，つい足りないところに目をむけがちである。そういうときは，自分が関心のない活動に関わったことを想像してみる

必要がある。そうすれば「やらない」がスタンダードであるとわかるはずだ。

　そう考えれば，少しでも尽力してくれる人は，有難い存在になる。そういう認識を持っていれば「そのぐらいやって当たり前だ」ではなく，「いつも忙しい中尽力してくれてありがとうございます」という言葉が自然に出てくるはずだ。それは個人レベルだけでなく，団体運営においても，他の団体に対しても，そうした大きな視点を持つことで，それぞれ志のもとにがんばってやっていること自体に目を向けることができ，寛容になれるはずである。

　人は感謝しながら否定することはできない。誰かに感謝しているとき，自分も「有難いなあ」という気持ちで満たされていることに気づくはずだ。その気持ちをそのまま伝えれば，感謝された人は，肯定されるわけだから，嬉しくないわけがない。感謝されたいからボランティアをしているわけでなくとも，人間はどこかで肯定されたいという気持ちを持っているため，感謝されて嬉しくない人はいないのである。すると「こちらこそいつもありがとうございます」となり，お互いを肯定しあいながら，それがエネルギーとなって気持ちよく活動が進んでいく。それがボランティアに限らず組織運営の理想的なあり方と考えている。

### 10. 定期的な休暇やボランティアのケアも仕組みとして必要

　また他人に寛容になるためには，自分にも寛容にならなければならない。あまり無理してがんばっている状態が続くと，コップいっぱいに水がつがれたような余裕のない精神状態になり，「自分はこれだけやっているのに！」とちょっとのことで過剰な怒りになるため，定期的に休んだり，リフレッシュすることも大切である。また個人の判断に任せると時々ブレーキが掛けられなくなる人が出てしまうので，ボランティアといえど定期休暇をとる仕組みにしておいたほうがよいだろう。実際「ふんばろう」ではそうしてきたし，CEJ（Cure East Japan）というボランティアのケアを無償で行う後方支援があったために，大変な時期も乗り切れたというところが少なくない（現在はCAJ（Cure All Japan）として活動を続けている）。

## ●◆● 3節 ●◆●
## ボランティア同士の信念対立をどのように解消していくか？

### 1. ボランティア同士の信念対立

　ボランティア活動を行う上で気をつけるべきことは，「信念対立」だ。異なる正しさをぶつけ合うことで，争い，消耗して，本来の目的を実現できなくなることは避けなければならない。しかし，組織が大きくなると，どうしても意見のすれ違いが生じて，相手を批判してしまうようなことも起きやすくなる。

またTwitterなどで，他の団体などに対して非難を繰り返す人もいるが，それが全体としての復興支援活動をみるとマイナスに作用していることは少なくない。支援者同士の争いや，ボランティア同士の争いは見るに堪えず，そうしたやりとりをみている支援者のエネルギーを大きく削いでしまうのである。

よく考えれば，自分が助けたい人達を助けている人を責めるのだから，不思議な感じがするかもしれない。では，「被災者支援」という同じ目的の下で行動しているにもかかわらず，なぜ意見の相違が起きてしまうのだろうか。なぜ起きるのかわからなければ，対策のしようがなく，「なんで仲間なのに仲良くできないんだ，みんな仲良くしようよ」といった類の正論をいうことしかできない。これでは，何ら根本的な方法を提供してはいないことになる。仲良くしたいのはやまやまだがなぜか仲良くできない，というのが問題の核だからだ。

この問題を構造構成主義の観点から根源的に考えていこう。

## 2．価値判断を根源的に問い直す——関心相関性と契機相関性

「それはよい／そんなの間違っている」というとき，それはすべて「価値」について言及しているといってよい。「よい／わるい」というのはすべて価値判断に他ならないからだ。

では，価値とは何に照らして見出されるのだろうか？　構造構成主義では，この問いに答えるために「関心相関性」という中核原理を基軸に「価値の原理」として定式化されている。

これによれば，「すべての価値は，欲望や関心，目的といったことと相関的に（応じて）立ち現れる」ということになる[16]。つまり，関心相関的観点からみれば「価値がある／ない」「よい／わるい」「賛成／反対」といった価値判断は，当人の関心や目的に応じて立ち現れている，ということを自覚的に認識できるようになるのだ。

では，その「関心」は何によって生じるのか。それは「契機」，すなわち何らかの「きっかけ」があって「関心」を持つようになるのである。これは桐田がロムバッハの議論を経由して定式化した「契機相関性」に基づく考えである[17]。

つまり，関心相関性と契機相関性によれば，何らかの「きっかけ（契機）」によって何らかの「関心」を持つようになり，その「関心」に応じて物事の「価値判断」をするということがわかる。これをボランティア活動に当てはめてみれば，活動の良し悪しが「経験」や「関心」に応じて判断される，ということになる。そして，なぜ同じ目的のもとで活動しているはずなのに，価値判断がずれてくるかといえば，同じ目的の下に活動していても異なる経験をする（異なる関心を持つきっかけがある）ためだ，ということがわかる。

たとえば，電話窓口班は避難所からの連絡をたくさん受けるという経験をするた

め（契機），避難所に一つでも多くの物資を届けたいという関心が生まれる。一方，支援者からの寄付を募る EC サイト班は，支援者の声がたくさん届くため，支援者の声に応えたいという関心を持つようになる。このように，きっかけとなる経験が少しずつ異なるために，価値判断の基準となる「関心」も異なり，そのことに気づかないために同じ方法について是非が分かれてしまい，衝突が起きてしまう，ということが起こるのだ。

　このような衝突を解決するには，互いの意見を「良い／悪い」という価値のフェーズに終止せず，その背景にある「関心」や「経験（契機）」のフェーズにまでさかのぼって理解することが大切だ。異なった経験からさまざまな関心を持ち，それがずれていることによってぶつかるということがわかれば，互いを頭から批判することなく，理解しあえる可能性が生まれる。互いの意見が異なったら，その意見がどういう関心から導き出されているのかを理解し，相手の関心を自分の中に取り込んだ上で，組織の目的に照らして両者の関心を両立させたり，あるいはより妥当な意見を採用すればいいのだ。

　たとえば，先に「家電プロジェクト」を実施する際に現地のスタッフから反対意見が出たといったが，その際に上述した「契機－関心相関的観点」から，次のように対応した。まず，なぜそのように思うのかを聞いていくと，どうやら現地で物資配布する中で争いが起きたりするのを目の当たりにしたことから（契機），「同じように並んだのに家電を貰えない人が出てしまうことでいざこざが起きたり，苦情がくることを避けたい」という関心を持っていることがわかった。そこでその関心を取り込んだ上で，事前に告知せずにゲリラ的に配布していくことで行列ができないようにして，それでも足りなかった時のために生活物資を用意しておくことを提案した。また行政からの配布ではなく貰えるのが当たり前ではないことをわかってもらえるようにアナウンスするなど工夫することで苦情が出ないようにして実施しましょう，と納得してもらった上で，被災者支援というプロジェクトの目的からぶれることなく実施することができたのである。

## 3．ボランティアエリートの弊害

　ボランティアは，「現場に行かない人は本物ではない」という偏った「現場主義」に陥りがちである。ある新聞社の記者が，休日に瓦礫の片付けのボランティアに行ったところ，長期間ボランティアに入っていた人から「たまにくるぐらいじゃダメだ」と言われて現地に行けなくなってしまった，という話をしてくれたことがある。そのボランティアががんばって100働いたとしても，たまにくるボランティアを否定することで，10働いてくれる人を20人こなくさせたら，全体としてはマイナス100になり，大きな損失になってしまう。これではその人は満足しても，俯瞰的にみれ

ばその人がいないほうが復興支援活動にとってはプラスということになってしまう。

そのような善意の空回りにならないためにも，契機－関心相関的観点から洞察することは有効だ。現地にボランティアに行くと，そこで困っている人をたくさん目の当たりにして，自分ががんばることで喜んでもらえるといった経験をする。それが「契機」となり，よりいっそう現場で働くことに「関心」を持つようになり，その関心に照らして現場で長期間働くことに「価値」を見出し，実際に長期滞在しながらボランティアを行うようになる。そうすると，たまに現場にくる「ボランティア」には価値を見出さず，「にわかボランティアはダメだ」とか「偽物だ」とか言い出すようになってしまうのである。このように自分の価値判断（確信構造）がいかにして形作られているか（構成されているか）を認識することができるようになれば，そうしたナイーブな批判をすることなく，全体的な視野からみてもより効果的なボランティア活動を行うことができるだろう。

## 4．関心の高さと正しいことをしているという思いが信念対立を助長する

ボランティアはそれが何であれ，必ず関心が高い人が集まる。関心が低ければやらないから当然である。人は関心に応じて価値を認識するため，関心が高いと微細な差にクローズアップするようになる。その結果，ちょっとした違いが許せなくなるということがあるのである。しかもボランティアは，「善意のボランティアでやっている自分は絶対に正しい」と思いがちだ。「自腹を切って困っている人達のための時間と労力を割いているのだから，自分が正しい」といったように自分の正しさを無自覚のうちに確信してしまう要因がたくさんあるためだ。

関心が低ければ，いろいろな考え方があっていいんじゃないかなと思えることも，関心が高いために強いこだわりを持ち，善意ゆえに自らを絶対視してしまいがちになる。そのために，マクロでみれば同じ志を持つ同志のはずなのに，違う考え方の人を非難してしまうということが起こる。かくいう私は，他のボランティア団体を批判したことは一度もないが，しかし他団体からいわれのない非難をされたときには，なぜこれだけ一生懸命やっているのに実情も踏まえず非難してくるんだ，と思い，痛烈な反論をしたこともある。そのときも上記のことはわかっていたつもりではあったが，後から思えば，「自腹を切って困っている人達のためのこれだけの時間と労力を割いているのだから自分が正しい」とどこかで思っていたことは否めない。そうした認識態度を持っていると，それは相手にも伝わるため，より批判してくるという悪循環を招く。

私が知る限り支援実績のある団体はほぼ例外なく批判を受けていることから，批判されること自体をゼロにすることはできないが，知らぬ間に入っていた「正しさの信念」から抜け出ることで，信念対立に陥らないようにすることは大切なことだ

ろう。

## 5．他のボランティア団体は競争相手ではなく，同志である

そもそもボランティアは競争ではない。他の団体と比較したり，他の団体の価値を下げて自分の価値を高めるといったことに意味はない。同じ「被災者」，すなわち自分が助けたい人達を助けているわけだから，どこに所属していようが同志のはずだ。自分の立場だけが正しいと主張する必要はなく，誰がどんな方法で助けたってよいのだ。また「被災者の自立につながる支援」「被災地の復興支援」が実現できるのであれば，自分（達）だけでやる必要もないのだ。

## 4節
## ボランティアの未来

上述してきたように，ボランティアには，多くの場合，関心が高く真面目に取り組むからこそ，善意のぶつかり合いにより消耗し，内側から崩壊していってしまうといった落とし穴がある。

先にも述べたように「原理」とはそれに沿えば必ずうまくいくという類のものではないが，それから外れると必ず失敗するというものであるため，「構造構成主義」は支援活動を行う上で少なからず役に立った。それを視点とすることで，そうした落とし穴に落ちないように意識的にマネジメントすることができたからである。

ただしこれらは「正しい考え」ではまったくない。そうではなく，状況と目的に応じて有効性を発揮しうる"思考のツール"なのである。以上論じてきた内容で使えるところがあれば，どんどん取り入れて自分の使いやすいようにカスタマイズしてもらえれば嬉しいし，足りないところがあればどんどん改善してよりよい支援を実現していってもらえればと思っている。

多くの人が，構造構成主義のような基本的な教養となる"ボランティアリテラシー"を持つことによって，気持ちよくボランティア活動を継続し，さらに大きな支援を実現することもできるようになるだろう。私も微力ながら「ふんばろう」以外にもこうした考え方を広く伝えていきたいと考えているが，そうしたボランティアリテラシーを高める活動は十分できておらず，それはこれからの課題である。より詳しくは『人を助けるすんごい仕組み』[18]も参照していただき，もし響くところがあればこうした考えを広めて行っていただければと思う。そうした草の根の活動が「ボランティアの未来」をさらに明るく照らすと信じている。

以上，拙論が少しでもボランティアに携わる皆さんのお役に立てたら幸甚である[19]。

付記：本論は2013年3月に掲載された以下の論文を大阪ボランティア協会の許可を得，再録したものである。したがってここに記載されている活動に関する情報はその時点のものである。

西條剛央　2013　日本最大級となった「ふんばろう東日本支援プロジェクト」は，どのような支援をどのように実現したのか？—構造構成主義を基軸としたボランティアリテラシーの射程　ボランタリズム研究，2，15-28．

## 【註および文献】

［1］西條剛央・ふんばろう東日本支援プロジェクトおたより班　2012　被災地からの手紙　被災地への手紙—忘れない。　大和書房
［2］田崎晴明　2012　やっかいな放射線と向き合って暮らしていくための基礎知識　朝日出版社
［3］西條剛央　2012　人を助けるすんごい仕組み—ボランティア経験のない僕が，日本最大級の支援組織をどうつくったのか　ダイヤモンド社
［4］［1］に同じ。
［5］西條剛央　2005　構造構成主義とは何か—次世代人間科学の原理　北大路書房
［6］Husserl, E. 1973 *Cartesianische Meditationen*. Haag：Martinus Nijhoff, S. 浜渦辰二（訳）2007　デカルト的省察　岩波書店
［7］西條剛央　2009　看護研究で迷わないための超入門講座—研究以前のモンダイ　医学書院
［8］Husserl, E. 1976 *Die Krisis der europäischen Wissenschaften und die transzendentale Phänomenologie: Eine Einleitung in die phänomenologische Philosophie*. Haag：Martinus Nijhoff, S. 192. 細田恒夫・木田　元（訳）2006　ヨーロッパ諸学の危機と超越論的現象学　中央公論新社
［9］竹田青嗣　1994　現象学は〈思考の原理〉である　筑摩書房
［10］西　研　2005　哲学的思考　筑摩書房
［11］Rombach, H. 1971 *Strukturontologie: Eine Phanomenologie der freiheit*. Verlag Karl Alber Gmbh Freiburg/München, Germany. 中岡成文（訳）1983　存在論の根本問題—構造存在論　晃洋書房
［12］Saussure, F., & Komatsu, E.（Ed.）1910-1911 *Troisieme cours de linguistique general*. Oxford：Pergamon. 影浦　峡・田中久美子（訳）2007　ソシュール一般言語学講義—コンスタンタンのノート　東京大学出版会
　　Saussure, F. 1910-1911 *Troisieme cours de linguistique generale: D'apres les chaiers d'Emile Constantin*. Pergamon Press. 相原奈津江・秋津　伶（訳）2003　一般言語学第三回講義—エミール・コンスタンタンによる講義記録　エディット・パルク
［13］丸山圭三郎　1983　ソシュールを読む　岩波書店
［14］池田清彦　1998年　構造主義科学論の冒険　講談社
［15］現在書籍／論文だけで200本以上が公刊されている。以下の構造構成主義文献リスト参照。
　　https://sites.google.com/site/structuralconstructivism/home/literature_database
［16］西條剛央　2011　構造構成的組織論の構想—人はなぜ不合理な行動をするのか？　早稲田大学国際経営研究, 42, 99-113.
［17］桐田敬介　2009　契機相関性の定式化へ向けて—構造構成主義におけるその都度性の基礎つけ　構造構成主義研究，3，159-182.
［18］［3］に同じ。
［19］東北出身の一人として，東日本大震災の復興支援に尽力してくださった全ての皆様にこの場を借りて心から御礼申し上げたい。

# 第Ⅲ部
## 参加体験記・書籍紹介

参加体験記*

## III-1　やらなきゃゼロだった。
――「冬物家電プロジェクト」リーダーが見た「ふんばろう東日本支援プロジェクト」

中谷　泰敏

覚悟。

震災以降の1年，覚悟を決めた人たちを何人か見た。覚悟を決めちゃった人は止まらない。突き進む。

覚悟＝リミッター外し。僕は外さない。たまに振り切れるが。

僕は，西條さんの案で始まる数々の支援プロジェクトを，最初はたいていうまくいかないと思っていた。最初の「家電プロジェクト」（2011年5月に東京などで中古家電を集め被災地で配るプロジェクト。その後，夏には6000世帯に扇風機を支援した）もうまくいかないと思っていた。

でも，それらはすべて成功した。僕は心配し疲れ，心配することが時間の無駄だと気づいた。うまくいかないんじゃ……と思ったときは口を出さないこと。建設的提案がなければ，ほっとくこと。で，うまくいく。

---

＊：ふんばろう東日本支援プロジェクト（以下「ふんばろう」）では2011年冬に，暖房器具が不足している避難宅にコタツかホットカーペットを支援する「冬物家電プロジェクト」（http://wallpaper.fumbaro.org/winter_electronics）を実施し，1万3000台以上の冬物家電を被災地に贈った。その後2012年2月に，同プロジェクトを率いた中谷泰敏さんが「活動秘話」として連続ツイートした。このツイートに対して，糸井重里さんも「危なっかしい道路をボロぐるまに同乗して走ってるような臨場感があります。」とコメントし，評判となった。以下はその抜粋である（一部改編）。

「冬物家電プロジェクト」は，もうやるしかなかった。リスクを負うと決めた人がいて，僕や川堀さん夫妻がマネジメントしなければプロジェクトは廻らない状況だった。万一失敗して，僕が責められて終わってもいいと思った（金銭リスク以外）。

結果，素晴らしい仲間が集まって，大成功。あのメンバーが集まったのはラッキーとしか言いようがない。奇跡。

「奇跡は自分たちで起こすもの。」

ありきたりに感じてきたこの言葉を体感することになった。

ポジティブなものはポジティブなものを生む。この連鎖は本当にすごかった。僕は誰も否定しないし，否定されなかった。後ろを向く必要がないのは楽だった。

途中，何度かしくじったけど，いつも誰かに助けられた。そんなことの繰り返しばかりだった。

自分の感覚でリスクを読んだら，そして失敗を恐れたら，そもそもできなかった。そこを考える必要がなく，「やらなきゃ終わってる」状況だったのは，むしろ楽だった。

「ふんばろう」の活動のほとんどが，おそらくこのパターンだった。

「やらなきゃゼロだった」

——今は，やらなかった場合のことを，こう考えるほうが怖い。

## 2011年11月11日，冬物家電キャンペーン開始

11月に支援金の募集を開始した。当初，冬物家電の支援先については「ふんばろう」に登録していた方々や協力関係のあった現地の団体などにリサーチをかけてもらい，順次出荷した。

おかげさまで，支援金も順調に伸び続け（その頃から僕が出荷管理を担当），支援先の拡大について考えるようになった。

この頃，西條さんはちょくちょく冬物家電の申し込みに関して公募案を口にするようになっていた。

避難所は解散し，仮設住宅以外の被災者はどこに住んでいるのかわからない状況だった。さらには福島第一原発事故のこともあり，被災者は東京をはじめとして全国に散っていた。

「同じように被災しているのに仮設住宅に住んでいないというだけで支援を受けられないのはおかしい。」

僕もすごくいい案だとは思っていた。ツイッターで呼びかけるがいいのか？　でも，そうすると，申込者がネットユーザーに偏ってしまう。

11月末，西條さんが内輪に宣言した。「どこに住んでいるかは関係ない。罹災証明書を持っているすべての人を対象に，あらゆる大手新聞，地元新聞，ラジオ等で

告知し，大規模展開する。」

## ボランティアスタッフと申込書が続々とやってきた

　12月1日夜。西條さんのツイッターでの募集に呼応した申込書の入力ボランティアの方々が早稲田に集まった。30人くらいだったか。
　まずは速攻で冬物家電キャンペーンをメディア展開することになっていた。ただ，この時点でどれだけ申し込みがあるか予想もできなかった。
　やる気に満ちあふれた方々だったので，作業が振れないときは暴動が起こるんじゃないかとさえ思った（しかしこれは杞憂に終わった）。
　同じくボランティアスタッフの川堀夫妻とは，事前に郵送申込の管理方法を相談していた。
　封筒に大きく連番を振る。50通1セットとしてビニール袋に入れる。入力ボランティアには，1セット単位で渡す。かなりラフな案だったが，このやり方は最後まで一貫することができた。
　ここから川堀さん夫妻は早稲田に通い続けることになる。
　12月4日以降。キャンペーンの告知文がFacebookの各グループで数回更新されているうちに混乱が生じ，いざ新聞に載ると，「申込書は，ふんばろう0570-＊＊-＊＊＊＊に依頼」と電話番号が記載されていたために，代表電話で応対する「電話窓口班」は大混乱。ボランティアスタッフは悲鳴を上げた。「トイレに座る暇もない！」
　それでも，新聞ラジオで情報は広がりまくり，冬物家電の申込書が早稲田に届くようになった。PC持ち込みで申込書内容を記録するボランティアスタッフが早稲田大学の教室で入力しまくってくれる。当初あまり想像しなかった封筒の開封，番号を割りあて記入していくだけでも1テーブル必要になった。
　ボランティアスタッフ約200人。延べ人数ではない。データ入力に実際に200人のボランティアが携わったのだ。西條さんがツイッターで呼びかけ，糸井重里さんら著名人がRTして拡散してくれたおかげだった。
　入力作業開始。
　封筒には，罹災証明書のコピーと申込内容を書いた便箋。その多くに苦境が綴られている。「全壊」「半壊」。それらは，津波を直接経験していな

**冬物キャンペーンの申し込み封筒**

い僕たちに，あらためて現実を突きつけた。少し手が震えた。皆，緊張していた。

入力作業は，ペアになって一人が入力し，もう一人が申込書を読みあげながらチェックしたり，一人だけで手際よく入力したり。それぞれの個性が表れているなと思った。

細かいやり方は統一しなくていいと思っていた。目標は「入力すること＝その世帯に支援すること」と，誰もが理解していたからだ。ペースが速い人，慎重で遅い人，どちらがいてもよかった。

そもそも，どれほどの応募があるか総量が見えないのだから，僕はノルマに関しては何も言わなかった。

早稲田に届いた申し込みの山

**希望宅すべてに冬物家電を。しかし，相次ぐ難問が……**

12月15日くらいだったか，申し込みが5000通を超える頃に頭の痛い問題になっていたのは，家電の購入資金と毛布の調達のことだった。応募要項では「上限は5000台で，希望数がそれを超えた場合は，被災状況を勘案し，選外の方には毛布を送ります。」としていた。

多くの申込書には手紙が添えられていた。まだ送ってもいないのに，「仮設住宅以外も対象にしていただいてありがとうございます！」

「個人避難宅には何の支援もない。同じ被災者なのに……」（と訴えているお手紙は多い。）

わざわざこうして郵送申込をしてもらっているのに資金がないから，と「選外」にはできない。これは，手紙を読んだメンバー間の暗黙の認識だった。

しかし，申込数がどこまで伸びるかわからない時点では，毛布の調達も必須だった。

冬物家電の支出と出荷は，「ふんばろう」の「会計班」から日々通帳の入金額を連携してもらい，僕が一人で管理していた。

あるとき，僕の出荷ベースの試算と「会計班」の支出ベースの試算で食い違いが出た。

会計班の試算のほうが使える金額が多い。多い分にはよかった‼　と思ったけれど，残念ながらその試算には誤りがあった。支援金の入金口がECサイト（クレジットカード決済）や銀行振込など数が多く，複雑だったのだ。

こんな話を西條さんの研究室でしていたとき，たまたま西條さんもいたので「現状で予算の1000万円ではまったく足りません」と伝えた。家電量販店各社と交渉し，企業側にはほとんど儲けが出ないほど格安で良い品を購入するよう進めていたが，すでに申し込み数は7000世帯以上になっていた。

「なんとかする。任せとけ。」と西條さん。

具体的なあてがあるわけでもなさそうだ。どこに根拠があるのかまったくわからない。本人曰く「なんとかできる自信だけはある」とのことだったが，僕は眉唾だと思っていた。

その夜，西條さんから着信があった。折り返すと，珍しくテンションが高かった。「1本いけましたよ。ありがたい！」

西條さんのMBAの授業を受講していたトヨタレンタリース栃木の新井将能社長が「ちょうど寄付の相談をしようと思っていた」とのことで，1000万円の支援を決めてくださったのだ。

2500世帯分に相当する1000万円は翌日の午前中に振り込まれた。一気に生き返った気がした。恐るべし「つじつま力」。

資金面では息を吹き返した……ように見えたが，2日後には申込数は8000件，8500件と増え，再び資金不足に陥った。

申込受付は12月14日が締め切りで，締め切り後もペースは落ちたが，申し込みの封書は届き続けていた。「14日消印まで有効」などとお役所対応をする気は誰にもなかった。

でも，あまりにお金がなかった……。またしても1000万円足りなくなったのだ。

西條さんはツイートで必死に呼びかけた。

### そのときの西條さんのツイート（社名個人名は一部改変）

　　当初は配布するコタツやカーペットを5000家族分に限定せざるを得ない，と考えていましたが，「同じように家も流され，寒さも同じなのに，なぜ支援を受けられないのか」といった手紙の数々を読むなかで，5000家庭分を超えても，できる限り全宅に希望された家電をお届けしようと決めました。
　　saijotakeo 2011-12-21 12：38：14

　　最終的に，新冬物家電配布プロジェクトで，申し込みがありかつ支援対象に該当する世帯は，累計13000世帯にものぼりました（すでに3000世帯以上配布済み）。これは国策規模の事業であり国や多額の支援金を保持してる赤十字が担うべき事業のように思いますが，今それを言ってもはじまりません。
　　saijotakeo 2011-12-21 12：39：10

1万通もの仕分けや入力は膨大な作業になりましたが，@itoi_shigesato さんの絶大なる RT 効果で，急遽150名ものボランティアの皆さんがかけつけてくださりました。そうしたスタッフの昼夜を問わないご尽力のおかげで，短期間で入力を終えることができました。
saijotakeo 2011-12-21 12：40：43

　また1万世帯を超えたことを受けて，トヨタレンタリース栃木の新井社長より1000万円（2500世帯分），○○の△△社長より100万円，○○の△△さんからも100万円のご寄付のお申し出をいただくといった幸甚に恵まれ，3000世帯分をカバーすることが可能になりました。
saijotakeo 2011-12-21 12：41：59

　それでもなお，お申し込みいただき支援対象に該当する全世帯にお贈りするためには，12／21現在1000万円（2500世帯分）足りず，家電を買いたくても買えない状況にあります（家電は入金しなければ発注することもできず，そうしているうちに物がなくなってしまうのです）。
saijotakeo 2011-12-21 12：43：16

　これまでの経験上，被災者の方は一度申し込まれると，買わずに待ってしまうものなのです。今被災地はマイナスの世界に入り相当厳しい寒さになっています。年内には全宅にお贈りして，お正月ぐらい温かく過ごしていただきたい，と思わずにはいられません
saijotakeo 2011-12-21 12：44：58

　この連続ツイートが多くの方の共感を得て支援金をいただくことができ，クリスマスまでのほんの数日で，1万世帯分を賄うめどがついた。
　ツイッターの拡散力，皆さんの想いは偉大だった。
　しかし一難去ってまた一難。クリスマスイブ頃だったか，今度は仕入れ側に問題が起きた。コタツがもう品薄で手に入らない。2000台以上不足したのである。さすがに，年内発送は無理か……。しかし正月はコタツで温かく過ごしてほしい。
　ヤケ気味に，翌朝，「ふんばろう」のFacebookグループに「コタツ2100台探してます。助けて」と書いてみた。すると，僕の書き込みを読んだ宮城支部長の小関勝也さんが，その日の夜，雨が降る中，仙台のアイリスオーヤマに直接注文書を持って行き，交渉し，成立させてくれた。
　小関さんが調達した2100台は，小関さんたち宮城支部チームが封筒貼りをしてすぐに佐川急便で出荷してくれたのだった（本当に頭が上がらない）。
　さらに埼玉では，家電プロジェクトのリーダーの一人であった，某家電量販店社員の銭谷彰さんがアルバイトと泣きながら出荷作業にあたってくれていた。1日600

台のペース，日によっては1000台以上の家電に宮城支部と同じく封筒貼りをしながら。

僕らは，12月28日に出荷すればきっとすべての冬物家電が年内に届くものと喜んでいた。

だが，その後，届いた「絆ハガキ」（後述）を読むと，「クリスマスに届いた！サンタさん！」という声が一番多く，「紅白を見てたら届いた！」とか，中には「元旦に届いた！」「3日に届いた。今年はいい1年になりそうだ！」という声もあった。

すべてを年内に届けることはできなかったが，それでもとにかくよかった。

**さらなる予想外の事態**

1万通も応募があると，中にはイレギュラーな件もあった。一番困ったのが，家電の送り先住所として，避難先ではなく，被災した元の住所と電話番号が書いてあるケースだった。そこには現在，家もないし，当然，人もいない。郵便は転送してくれるらしいが，宅配便はそうはいかない。

12月後半の「鬼出荷」の後，あちこちで宛先不明のケースがあることが発覚した。その数，数百件。

2012年1月末以降，家電プロジェクトのメンバーや「電話窓口班」のメンバーなどにお願いして現住所の確認作業を行った。

数百件。電話番号なしの申込書も多い。調べられる限り調べて再出荷した。

12月中はガーっと出荷すればよかったが，宛先探しはそれより繊細な作業。電話をかけて不在なら，履歴を残して他メンバーに作業を引き継いだ。

2012年2月中旬でも約30件は所在不明だった。

Googleマップで見ると原発20km圏内の住所もある。複雑な思いがした。どれほどのご苦労をされているだろう。なんとしても送りたい。しかし，ここまで絞り込むだけでも大変な作業だった。

**シンガポールからの電話**

2011年12月15日くらいにシンガポールのNGO「マーシーリリーフ」から連絡をもらった。「5000枚の布団か毛布の支援を考えています。」

毛布は，家電が足りなくなったときの代替品として告知していた。だからこの申し出は「渡りに船」だった。めちゃくちゃ欲しかったから，その夜に，連絡をくれたシンガポールのマーシーリリーフの担当の方とSkypeで会話した。たまたま2日後に東京に1日だけ滞在する予定だという。

その2日後の夕方，早稲田に来てもらい，入力作業を見学してもらった。シンガ

ポールから連絡もらってから、わずか3日目に東京で会い、毛布5000枚の調達の目処がついた。

どんな案件でもうまくいくときはスーっといくし、うまくいかない場合はどんなに粘ってもダメなケースが多い。流れや縁みたいなものをよく感じる。

元々毛布は、家電が足りなくなったときの代替品のつもりであったが、でも違った。「毛布だけ欲しい」「寒くて眠れない」という方もたくさんいたのだった。

筆者（左から2人目）、西條剛央氏（右から2人目）、宮城支部の小関勝也氏（右端）とマーシーリリーフのスタッフ

2012年1月後半になってしまったが、毛布のみを希望したお宅に良品の毛布を贈った。

また福島県の南相馬市に1500枚など、自主避難・借上げ住宅の方々にも新たに配布した。

### 僕が考える「リーダー」

申込書の入力作業が忙しくなってきた頃、僕に「ふんばろう」内の友達からFacebookでメッセージが来た。

現場を心配しての意見だった。

当日集まったボランティアの人数と作業量のバランスがとれず、他のプロジェクトの手伝いに回ってもらう以外は、僕から特に具体的な指示をしなかったことに対してだったかと思う。

「誰もが中谷さんのように臨機応変に対応はできないと思う。大勢の人間に有機的に活動してもらおうと思うなら、ルールをきちんと作り、リーダーとしてみんなを率いるべきだ」というような意見だった。もっともな意見だ。

僕はそれに対してこう答えた。

「リーダーが頼りないと、みんな模索しながら自立するんですよ。自発的にルールを作ったり、マニュアルを作ったり。結果的に入力ペースは変わらないと思いますよ。一番大事なことは"雰囲気"です。」

僕は、リーダーが強すぎるとメンバーは主体性を失う（場合がある）と考えていたし、管理しようにも、時間的に僕がすべての場にいることは無理だった。

僕のもくろみどおり（というべきか）、やがて、入力作業をするボランティアス

タッフは自立し始めた。

入力作業の現場で自然発生的にリーダーが増えたり，最初に従事してくれた人が旅行先から「入力マニュアル」を送ってくれたり，と。

「冬物家電プロジェクト」にボランティアとして集まってくる人たちのモチベーションは高かった。

圧倒的に30〜40代が多かったと思う。ボランティアとして作業に参加する前に抱いていたイメージとはかなり違ったけれど，皆さんすぐに順応していた。

モチベーションと目的だけ見えていれば，だいたいのことはうまくいく。

「入力することでその家庭に冬物家電が届く」。その活動の「意味」さえ共有できていれば大丈夫だと思った。

僕は「仕切る」のではなく「様子を見る」ことに徹していたように思う。というか，それしかできなかった。

実際は，僕が思っていたより，もうちょっと大変だったようだ。雰囲気がよくないときもあったし，離脱した人もいた，と後で聞いた。いつ終わるかもわからない「出口のないトンネル」だったしね。

でも，集まったメンバーがそのとき精一杯をやった結果なのだから，「それ以上」はなかったのだ。

### 被災地から届いたハガキ

2011年8月に行った「扇風機プロジェクト」の頃から，家電には「絆ハガキ」と名付けた返信ハガキを同封していた。

これらは，支援者へのメッセージ用（任意）で，個人情報を伏せて，一部の内容は「ふんばろう」の公式ツイッターやウェブサイトにも掲載した。僕も「扇風機プロジェクト」を手伝いながら，西條研究室に届いた「絆ハガキ」を読みに行くようになった。

「ありがとう！」のメッセージや，その中にも不安や窮状を訴えるものなど，紙にペンや鉛筆で手書きするとなると気持ちをぶつけやすいようで，気持ちがダイレクトに書かれてあった。

もちろん，家電を受け取った後なので，「ありがとう」のメッセージが前面に出ており，被災した方の想いすべてを推し量ることはできないが，なかなか現地に行けない僕にとっては，「生の声」だった。

「冬物家電プロジェクト」でも，たくさんの「絆ハガキ」やお手紙をいただいた。(http://t.co/Syom5Nsw)。

III-1 やらなきゃゼロだった。　231

以下のスペースにご自由にご記入ください。
山形に避難しています。同じ東北だから寒さも変わらないだろうと思っていましたが少し違ったようでした。
ホットカーペットをいただいたのですが足先まであたたかく、すごく嬉しく、ありがたく、感謝しかありません。
カーペットのスイッチをつけるたび、支援してくださっている方々にありがとうございます。の気持ちでいっぱいになります。本当に嬉しかったです。

以下のスペースにご自由にご記入ください。
電気カーペットが届きました。本当にありがとうございました。今度の冬も厳しそうです。全国のみなさんから応援して下さっている事にただただ感謝の気持ちで一杯です。月日がたつごとに涙もろくなって来ました。命が助かっただけでもありがたいのに心の底から笑える日が来ることを願うのみです。がんばって生きて行きます。ありがとうございました

以下のスペースにご自由にご記入ください。
いろんな事がありすぎて、何もかにも嫌いになり落ち込んでしまいましたが、未来になって荷物が届く時、本当にきにく、寒さを忘れるほど嬉しかったです。毎日、暖かさと、思いやりを感じながら生きようと思います。

以下のスペースにご自由にご記入ください。
今回、精神的にも生活面でも相当なダメージを受けて、もうどうしたらいいのか思い悩む日々が続きました。全国の皆様から届けられたあったか～い気持ち、どれだけ支えられたかわかりません。本当にありがたかったです。1人1人に会ってお礼を言いたいくらいです。ありがとう、何度でも言いたいです。

以下のスペースにご自由にご記入ください。
新年と言われても、そんな気分にもなれず迎えた平成24年1月1日。
皆様からのあたたかい心とコタツが届きました。有難うございました。
「私達は忘れられていないんだ」嬉しい気持ちになりました。
色々厳しい状況が続きますが、心を寄せて下さる方々がいることを励みに、前を向いて一歩ずつ歩んでいきます。
忘れないで下さい。お願いしますね。

以下のスペースにご自由にご記入ください。
震災で両親が亡くなり かつてないお正月を迎えることになります。そんな中"ホットカーペット"が届き、少し暖かい気持ちになったことは事実です。仮設で生活する被災者がとり上げられることが度々ですが、民間のアパートや自宅の2Fでの生活をしている人も多くいます。マスコミだけでなく地元の役所も分かっていないか、もう少し細部に目を向けてほしいと思います。今回は大変ありがとうございました
石巻市　♀43才

「絆ハガキ」の文面

## 一つの目的のために，大勢の人間が動いた

　このプロジェクトはどれほどの規模だったのだろう。

　2011年10〜11月，南三陸町では，「チームさかなのみうら」（鮮魚店「さかなのみうら」の店主・三浦保志さんは，自ら被災しながら震災直後から支援活動を行い，現地の方々とチームを組んで「ふんばろう」にもたびたび協力してくださった）のみなさんが仮設住宅を1軒1軒回って直接ニーズを拾い上げ，家電を直接届けてくれた。

　新聞・ラジオなどのメディア告知，大量の封書の管理，データ入力，家電の調達・出荷，会計，ECサイト（クレジットカード決済）の入金チェック，WEBサイトの構築・更新等々は，すべて無償ボランティアによるものだった。

　「少しでも暖かくして冬を乗り越えてほしい。」

　この共通した目的のため，プロジェクト参加メンバーはそれぞれが自立して動き，役割を果たした。

　さらに，「支援金」を託してくれた方，ツイッターで拡散された方など，すべてを含めたら，数千人規模だろう。家電を受け取られた方々を含めれば，2万人規模かもしれない。

　その結果。

　2011年10〜11月。宮城県南三陸町の「ふんばろう」登録宅に先行配布で支援した家電の台数：3106台

　2011年12月。全国展開。地元新聞・ラジオで，希望者を募集し，郵送受付。支援した家電の台数：1万9台

　約1万3000台の冬物家電を僕たちは被災した方々に贈ることができた。

## あとがき（2014年1月追記）

　冬物家電プロジェクトが一段落した後の2012年2月。僕は，返信されたアンケートハガキ（次ページ参照）の山を前にしていた。

　このアンケートハガキは「家電をきっかけに，話し相手が欲しい人，心や教育・仕事などで困っている人たちにこちらからアクセスしてサポートできるように」という西條さんの提案によるものだった。これを返信用の「絆ハガキ」とともに，家電に貼り付けたのだ。

　新たにこれらの「話し相手」や「心のケア」のニーズに応える活動「ふんばろう絆プロジェクト」を立ち上げた。物を贈るのとはまた違い，「より被災された方々と直接向き合うこと」に新たな緊張を感じたのを覚えている。

　約800通（絆ハガキを除く）。すべての方にボランティアスタッフが電話をし，ニーズに合わせて，ご様子伺いの電話やハガキ・手紙のやりとり，訪問・傾聴活動など

を続けてきた。心のケアが必要な方には，外部のメンタルケアの専門チームを紹介し，継続フォローしている。

そのプロジェクトも丸2年が経過した。

被災した方々とボランティアスタッフとのやりとりの中には，個人的なお付き合いに発展したものもある。むしろ，そうなったほうが関係はより長く続くのだろう。

その後の話を聞くたび，気づかされることがある。

僕らは「被災者と支援者」ではなく，「人と人」なのだ，と。

そして，それらのご縁も「冬物家電プロジェクト」がきっかけになったのだ。

たとえそのたった一人のためだけにでも，やった価値はあったのだ。そう思う。

震災から3年。現地の方々の闘いはまだまだ終わらない。なんとか立ち上がれた人たちと，立ち上がれずにいる人たちの差は開き，後者はどんどん埋もれてしまう可能性もある。

それでも，「人の心の温かさ」を知る多くの人たちが，忘れずに，現実に目を向け続けてくれたら，またひとり，またひとりと立ち上がれるのではないか，今もそう信じている。

アンケートハガキ返信例

参加体験記*

## III-2 2500人のボランティアがたった1つのゴールを目指す

—— ふんばろう東日本支援プロジェクトの舞台裏

編集：藤村　能光

　2011年3月11日に起こった東日本大震災。震災による被害を現地で目の当たりにした早稲田大学の西條剛央氏は，被災地支援を行う「ふんばろう東日本支援プロジェクト」（以下，ふんばろう）を立ち上げた（ふんばろうの支援活動の詳しい軌跡は，書籍『人を助けるすんごい仕組み』（西條剛央・著）が詳しい）。

　ふんばろうではさまざまな支援プロジェクトが同時に進む。「物資支援プロジェクト」では3000ヶ所以上の避難所や仮設住宅，個人避難宅に15万5千品目もの物資を支援。そのほかにも被災地の状況の変化に合わせて支援の幅を広げ，「冬物家電」「重機免許取得」「ミシンでお仕事」「漁業支援」など数十のプロジェクトが立ち上がっている。

　参加するボランティアメンバーは2500人超で，日本最大規模のボランティアグループだ。これだけ大きな組織が長期間にわたって整合性を失わずに活動を継続できる裏側には，チームをつなぐ独特の情報共有の仕組みがある。

　ふんばろうの舞台裏をメンバーの門松宏明さん，菊池大地さん，鈴木香住さん，

---

＊：この参加体験記は，2012年6月12日に「サイボウズ Live MAGAZINE」に掲載された記事（http://magazine.cybozulive.com/2012/06/fumbaro.html）をもとに許可を得て一部修正したものである。状況にあわせて柔軟に進める構造構成主義の考え方が「ふんばろう東日本支援プロジェクト」のメンバーに共有されていることを感じられることと思う。（なお，サイボウズ株式会社は「ふんばろう東日本支援プロジェクト」の活動初期から，「震災ボランティア支援プログラム」の適用，支援活動への寄付といった後方支援の後方支援としてサポートしてくださった。この場を借りて御礼申し上げたい。）

岡本直美さん，井上雄人さん，イズミカワソラさん，大矢朋子さんに聞いた。

## 得意分野と専門性を生かした被災地支援を
――皆さまがふんばろうに参加されたきっかけを教えてください。
井上：2011年4月下旬に西條さんの記事をmixiニュースで見て，ふんばろうのことを知りました。ところが「ふんばろう東日本支援プロジェクト」のWebサイト（http://fumbaro.org/）にアクセスすると，サイトが落ちている。これはまずいんじゃないかと思いました（笑）。

　私はデスクワークをしているので，被災現場ではなく後方で支援ができる機会をさがしていました。本職のエンジニアとして技術で復興に役立てるのではないかと連絡を取ったところ，サイトのインフラを支える「Web班」を私，菊池さん，門松さんの3人でスタートすることになりました。

　現在はそれに加えて，個人情報などを適切に扱うための内部統制的な作業も行なっています。

菊池：私も井上さんと同じころに参加しました。早稲田大学で開催されたふんばろうの被災地支援イベントに行ったことがきっかけです。

　ふんばろうはボランティア経験がなくても参加できる雰囲気で，別団体のイベントに参加した時に感じた「敷居の高さ」がありませんでした。最初は直接現地にかかわる活動をしたかったのですが，1番の目的は復興支援の役に立つことです。得意分野を生かした方がいいと考え，私もWebを中心に後方支援をしようと思いました。

大矢：私は2011年6月に支援物資の送付を手掛ける「物資班」に入りました。ふんばろうのWebサイトで物資支援システムのページを見て，その後Facebookグループを使って活動していることを知り，参加しました。

　今は被災動物を保護している方への物資支援を行う「動物班」を立ち上げ，プロジェクトを進めています。

岡本：私は足腰が悪く，後方支援でできるボランティアを探していて，2011年10月末にWebチームに参加しました。

　ふんばろうのスタンスは，「自分ができる時に，無理をしすぎずにボランティアを継続する」というもの。昼間や夜，週末など各自のできる範囲で支援を続けられるため，「私も参加できる」と感じました。

――現場支援，後方支援と自分のスキルを生かせるボランティアに携わっているのですね。ほかの皆さまはいかがでしょうか。
イズミカワ：わたしは普段，動物愛護の活動をしています。ちょうど被災地の動物

たちの情報が欲しいなと思っていた時に，西條さんがTwitterで第1回ミーティングの告知をしていて，「何か分かるかもしれない」と思って参加しました。

鈴木：きっかけは，岩上安身さんと西條さんの対談（http://fumbaro.org/about/achieve/2011/06/iwakami1.html）の文字おこしに応募したことです。子どもがいるため被災地に行くことは難しく，在宅で支援に携わりたいなと。「物資班」に参加していましたが，ふんばろうの方針が自立支援中心にシフトして，物資支援が実質的に終了したので，今は在宅でできる「動物班」に参加しています。

門松：私も鈴木さんと同じタイミングでした。直前までやっていた仕事が一段落した時期に，たまたま西條さんがTwitterで文字おこしの作業者を募集していたんです。西條さんとはその前から知り合いでしたし，私は普段編集の仕事をしているので，文字おこしなら力になれるかなと思って気軽に手を挙げました。

　でも実際にはそれだけでは終わらなくて（笑）。井上さんの話にあった初期のWeb班もそうですが，いろいろ手を出しているうちに全体をマネジメントするような役割になって，今は情報共有の仕組み作りに注力しています。

——西條さんのTwitterやWebでの発信をきっかけに，ふんばろうに参加されている方が多いのですね。

岡本：そうですね。「冬物家電プロジェクト」がその典型例です。1万世帯以上の申し込みがあったため，西條さんが，Twitterでボランティアスタッフを募集しました。

菊池：それでも人員が足りなくて，西條さんが以前対談した糸井重里さんにその情報をリツイートしてもらいました。これにより，たくさんの人がふんばろうに参加してもらえるようになりました（参加体験記Ⅲ-1参照）。

**ふんばろうという場所を使って，支援を続ける**

——ふんばろうには，総勢2500人以上が参加していますよね。これだけの大組織が整合性を持って活動できる理由は何でしょうか。

門松：自然に組織が動いているので普段は特に考えていませんが，おそらく理由の1つは単純に，メンバーの誰もが「西條さん」というフィルターを通っているからではないかと思います。

　結局，ふんばろうは代表の西條さんが示した理念や方針に共感する人たちが集まっているわけで，それに賛同できない人はそもそも参加していない。目指す方向がある程度一致しているので，誰かが過度な自己主張をしたり，活動の妨げになるようなことをしたりといった問題も起きにくいと思います。

　その反面，参加していない人からすると，西條さんが何を言っても無批判に受け

「ふんばろう東日本支援プロジェクト」組織図（2012年2月現在）

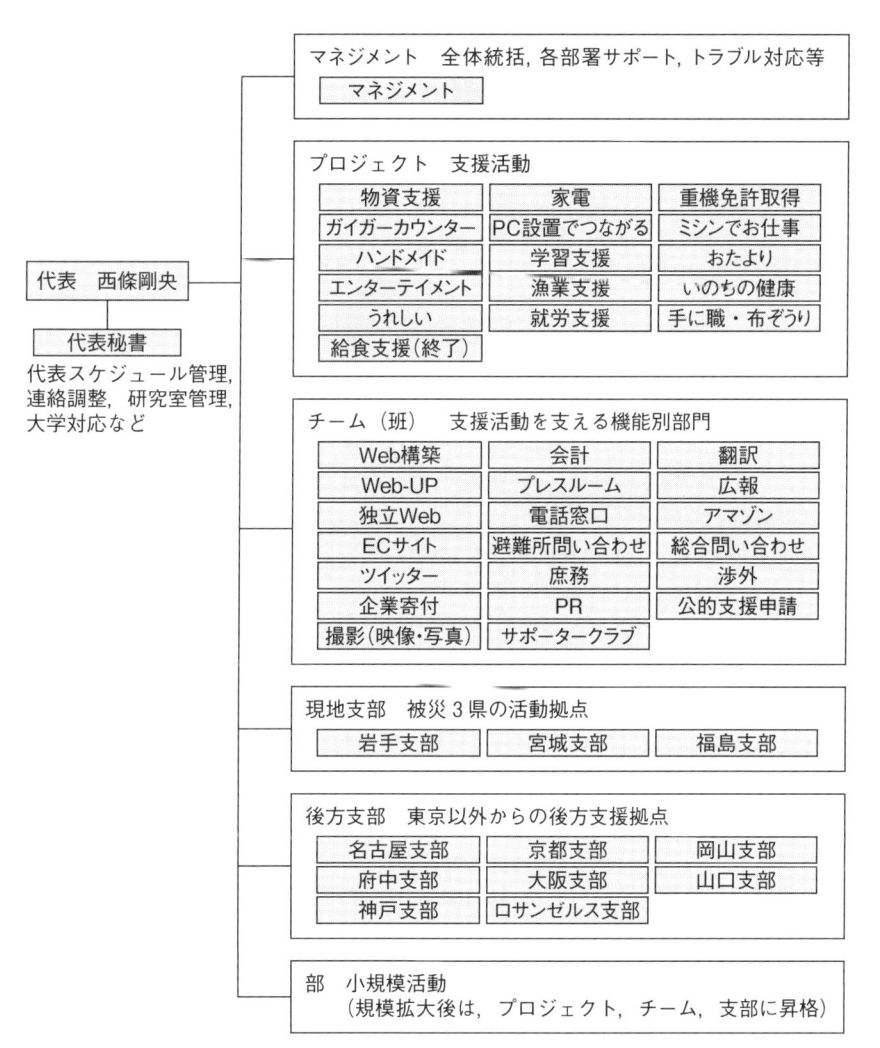

```
代表　西條剛央
  │
  ├─ マネジメント　全体統括, 各部署サポート, トラブル対応等
  │    └ マネジメント
  │
  ├─ プロジェクト　支援活動
  │    ├ 物資支援　　　　家電　　　　　　重機免許取得
  │    ├ ガイガーカウンター　PC設置でつながる　ミシンでお仕事
  │    ├ ハンドメイド　　学習支援　　　　おたより
  │    ├ エンターテイメント　漁業支援　　いのちの健康
  │    ├ うれしい　　　　就労支援　　　　手に職・布ぞうり
  │    └ 給食支援（終了）
  │
  ├─ チーム（班）　支援活動を支える機能別部門
  │    ├ Web構築　　　会計　　　　　　翻訳
  │    ├ Web-UP　　　プレスルーム　　広報
  │    ├ 独立Web　　 電話窓口　　　　アマゾン
  │    ├ ECサイト　　避難所問い合わせ　総合問い合わせ
  │    ├ ツイッター　　庶務　　　　　　渉外
  │    ├ 企業寄付　　PR　　　　　　　公的支援申請
  │    └ 撮影（映像・写真）　サポータークラブ
  │
  ├─ 現地支部　被災3県の活動拠点
  │    └ 岩手支部　宮城支部　福島支部
  │
  ├─ 後方支部　東京以外からの後方支援拠点
  │    ├ 名古屋支部　京都支部　岡山支部
  │    ├ 府中支部　　大阪支部　山口支部
  │    └ 神戸支部　　ロサンゼルス支部
  │
  └─ 部　小規模活動
       （規模拡大後は, プロジェクト, チーム, 支部に昇格）

代表秘書
代表スケジュール管理,
連絡調整, 研究室管理,
大学対応など
```

＊：組織図は2012年2月時点の状況。2014年2月時点では継続している各プロジェクトや支部は公認団体として独立し, 本部から資金を供給する仕組みにすることでより自律的な活動ができるようになっている。

2012年5月に開催された早稲田大学でのミーティング。100名を超えるボランティア参加者が一堂に会する会議は圧巻だ

入れて遂行する集団のように見えることもあるみたいで，一時期はそういう批判を受けたこともありましたね。
井上：「西條さんというカリスマに心酔した人が集まっている」という風に見えたのかもしれませんが，実際は上司・部下の関係ではないですね。
菊池：もちろん西條さんの一声で物事が進むこともありますが，違うと思ったらみんな遠慮なく口にします。
門松：西條さんも「じゃあ，それで行きましょう」とかすんなり受け入れたり（笑）。結局，メンバーと西條さんの間にしてもメンバー同士にしても，依頼し合う関係で成り立っている。
井上：ふんばろうはすでに知名度もある大きな組織ですから，そこにある仕組みをうまく使って，自分の得意領域を生かして支援をするスタンスの人が多いんじゃないでしょうか。西條さんの発言に違和感を持ったとしても，各々が嚙みくだいて自分なりに解釈している面もあると思います。
——復興支援という共通の目的のもとに集まっているということを，皆さんが意識しているのですね。
岡本：個人の思いはさまざまな方向に向いていても，「現地が復興し，幸せになってほしい」という思いを全員が共有しています。これがブレないことが，組織が自律的に活動できる秘訣かもしれません。
門松：例えばふんばろうでは，メンバー間の情報共有にFacebookを使っていますが，参加者の多くはそれまでFacebookなんて使っていなかった人たちです。
　これは"被災地の復興支援"という目的が先にあって，それを達成するための有効なツールとしてFacebookがあったからだと思います。もし"Facebookを使う"という手段が先にあって，それが目的化していたら，なかなか浸透しなかったかもしれません。
　それから，Facebookにはふんばろうのメンバー全員が参加しているグループが1つあって，そこを見ると全体がどう動いているのか，大体の雰囲気が分かるようになっています。
　実際にはチーム別にそれぞれの場所で詳しいやりとりをしているので，あくまでほんの一部が垣間見える程度ですが，全員がそうやって同じものを見て，大きな流れを共有することで活動が一体化している印象があります。
井上：そのグループに西條さんの"ふんばろうの7箇条（建設的な場にするために

### 「建設的な場にするために心掛けたいこと」
1. 質問は気軽に，批判は慎重に
2. 抱えてから揺さぶる
3. 集中攻撃に見えるような言動は慎みましょう
4. 初めての参加者も見ています
5. 電話や直接会って話しましょう
6. 休むこと
7. 被災地支援を目的にしている人はすべて味方です

ふんばろうの7箇条（『人を助けるすんごい仕組み』P.225より抜粋）

心掛けたいこと）"という文章もアップされています。この投稿に定期的にコメントが付き，そのたびに読まれることで，基本的な考え方を確認できるということもあると思います。

### チームに応じて千差万別　ふんばろう流サイボウズ Live 活用術
——無料で使える情報共有ツールはいくつかありますが，サイボウズ Live を選んだ理由は何でしょうか。

**門松**：ふんばろうで最初に使っていた情報共有ツールは，Google が提供している無料のメーリングリストでした。これは誰でもすぐに設置できるので，震災直後は有効でしたが，その後のメンバー増加に伴ってほとんど機能しなくなってしまったので，サイボウズ Live を使い始めました。

サイボウズ Live を選んだ理由は「無料ですぐに試せること」，そして「使い方が簡単だったこと」です。スマートフォンや普通の携帯電話からも操作できるので，その意味でも「誰でも使える」という利点を感じました。

その後，メンバーがさらに増えたため，1つのグループにより多くの人を登録できる Facebook に拠点を移しましたが，結果的にはそのおかげで用途ごとの使い分けができるようになったと思います。

**鈴木**：物資班では住所などの個人情報を多く扱うので，限られたメンバーでのクローズドな作業環境が必須でした。サイボウズ Live はその要件にかなっていたので，ふんばろうが Facebook を導入した後も，物資班は主要な活動場所としてサイボウズ Live を使っていました。

**井上**：内部統制の担当としては，Facebook グループの参加者増は懸念点の1つです。メンバー管理という点では，自由に出入りができる Facebook よりもメンバーごとに参加・脱退が明示されるサイボウズ Live の方が使いやすいですね。ビジネ

物資班のサイボウズ Live には50以上の掲示板が連なる。新しくプロジェクトに参加したメンバーは，掲示板を確認することで過去の経緯を把握できる

ス用途に由来したサイボウズ Live のメリットを感じました。

## 物資班の中でノウハウが共有できるようになった

——限られたメンバーで簡単に情報共有ができる点を評価いただけたのですね。物資班で特に使っていた機能は何でしょうか？

鈴木：主に掲示板です。物資班は大所帯だったので，班の中に複数のチームがあり，そのうちの3チームで1つのサイボウズ Live のグループを使っていました。掲示板には50以上のトピックがあって，コメントの返信がついていないトピックは対応が放置されていることが分かります。

初めのうちは，チーム内のコミュニケーションが必ずしもうまく取れていなくて，作業よりも意思疎通に時間がかかっていた部分もありました。それがサイボウズ Live の掲示板で自己紹介をしてみようということになって，雑談などもするようになってから，普段顔を合わせられないメンバー同士でもオンラインで意思疎通ができるようになりました。

神経を使う作業が膨大にあるので，最初はどうしても切迫感や緊張感が漂っていましたが，お互いがどんな実務を担当しているのかも分かるようになって，途中から雰囲気が変わったと思います。

具体的な作業に関しては，ノウハウの共有に効果が大きかったと思います。最初は Word で作ったマニュアルを1人ずつ配布して，新人の参加者が入るたびにメーリングリストで説明していましたが，サイボウズ Live に新人向けの掲示板を作ってからは，そこを見れば活動内容が分かるようになりました。

ボランティア団体ではメンバーが常に出入りしますから，参加者が増えるたびに

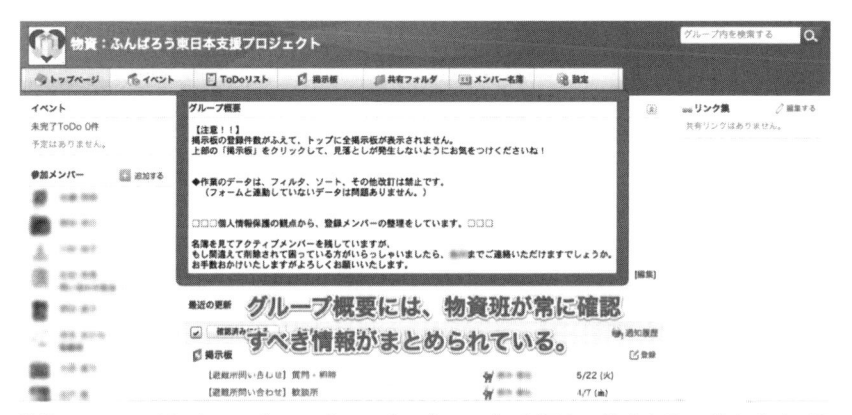

物資班のサイボウズ Live グループトップ。グループの利用上の注意を目に付く場所に記載している

同じ話をするのは非効率です。掲示板でマニュアルを共有することによって、同じ話をする必要がなくなりましたし、新人だった人が次に入ってきた人に教えるという流れも自然にできていきました。

## ToDo リストで Web チームのタスクの抜け漏れがなくなった

──物資班では掲示板でふんばろうの活動内容を共有し、溜まったノウハウをスムーズに引き継いでいたのですね。その他のグループでは別の使い方をされているのでしょうか？

菊池：私のいる「Web-up 班」では「ToDo リスト」をメインに使っています。この班ではサイト更新に関する複数のタスクが日々発生するのですが、その時に必要なのは「誰が・いつまでに・何をするのか」をきちんと把握することです。

一時期はスピード重視で、Facebook グループのドキュメント機能を使って管理していたのですが、タスクの数が多くどうしても取りこぼしが発生していました。

その後サイボウズ Live を併用して、ToDo リストに担当者と締め切りを明記するようにしてからは、メンバーがお互いのタスクを詳細に確認できるようになって、作業の抜け漏れがなくなりました。

岡本：「Web 構築班」は掲示板を使っています。メンバーはみんな本業が終わる時間が遅くて、時間を合わせて話し合うことが難しいため、2 週間ごとに Facebook のチャットでオンライン会議を行い、サイボウズ Live の掲示板にチャットログを載せています。会議に参加できなかったメンバーも、掲示板の議事録を見るだけで簡単に進捗をキャッチアップできます。

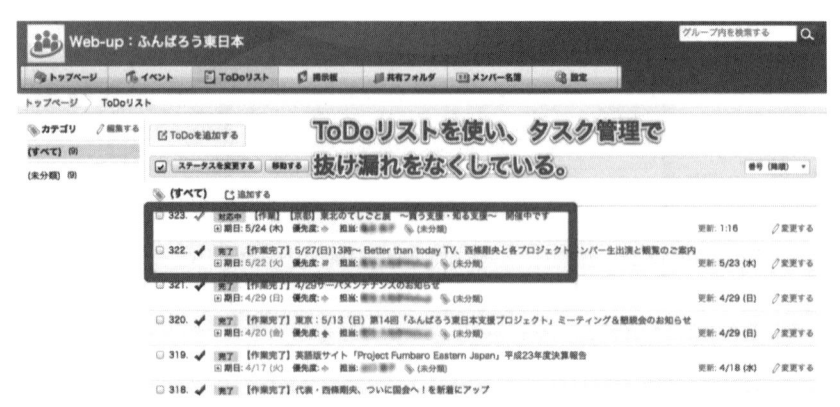

> Web-up 班ではきめ細やかな ToDo 管理により，多岐にわたるふんばろうの活動を，Web サイトでタイムリーに更新できるようになった

　掲示板に限りませんが，トピックをカテゴリに分けて整理できるのも良いと思います。Facebook グループだとスレッドがどんどん下へ流れてしまって，必要な情報を後から探し出すのが大変なので。

**門松**：Facebook は短期的で密度の濃いやりとりには適していますが，作業スパンが長くなると一気に不便になるので，情報の整理にはサイボウズ Live の方が適していますね。情報が「流れない」という安心感は大きいと思います。

### サイボウズ Live を生かし，ふんばろうの知見を別の復興支援に

——ありがとうございました。最後にボランティア団体のための情報共有ツールの

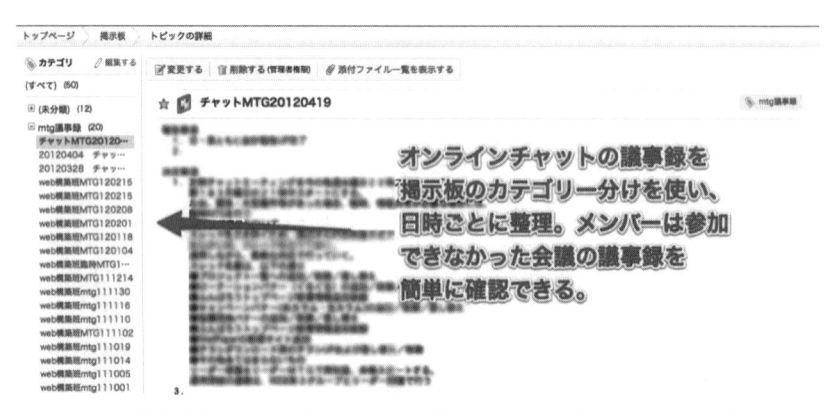

> チャットでの議論内容をサイボウズ Live に蓄積して，参加できなかったメンバーが共有する

在り方について教えて下さい。

門松：やはりボランティアというのは，みんなの貴重な時間を分け合って取り組んでいるものですから，その中で積み上げた知見やデータを安全に運用できるのか，言い換えれば「5年後もそのサービスが存在しているか」みたいなことはツール選択の上で重視しています。

サイボウズLiveにしてもFacebookにしても，今使用しているものはそういったことを考慮して使っています。

井上：「サービスの継続性」という点では，ほかのボランティア団体でも長期的に継続しそうなサービスを使っている傾向があると思います。それから，ボランティアに参加する人のITリテラシーには幅があるので，「誰もが簡単に使える」という点も大事で，サイボウズLiveはそれも満たしていると思います。

ただ，状況に応じてツールを使い分けることも大切だと思います。チームの適性に応じて好きなツールを選んでいい，ということは普通の企業ではなかなかできませんが，ボランティアプロジェクトであれば可能だと思います。

門松：「一度このツールに決めたから，それ以外は使わない」というのは"ふんばろう的"ではないですね。私たちがごはんを食べるときにフォークやスプーンや箸を料理によって使い分けるように，道具は目的や状況に応じて変えるのが自然だと思います。何を食べるときも先割れスプーンしか使わない，というのではかえって不便ですよね（笑）。同じような意味で，ふんばろうにはネットだけでなく，対面のミーティングを活発に行うプロジェクトも少なくありません。

ミーティングやFacebookグループでのやりとりが「口語」や「ローカル言語」的なものだとすれば，サイボウズLiveでのやりとりは「文章」や「国際的な共通語」のようなものだと思います。前者は複雑な生の情報を素早く交換することに向いていますが，後者はそれを汎用性の高い情報に置き換えて，後に残りやすい形で扱うことに向いています。時間や空間の隔たりを超えて，必要な情報にアクセスしやすいのがサイボウズLiveの特徴だと思います。

今後はそのように蓄積したふんばろうのノウハウを，別のさらなる災害に対しても役立てることができたら理想的だと考えています。

ふんばろう東日本支援プロジェクトを支えるメンバー。写真左より大矢さん，井上さん，門松さん，鈴木さん，イズミカワさん

参加体験記*

## III-3 マネジメント／ボランティア
### ——多様な個性を生かす組織づくりのために

門松 宏明

　ボランティアを始めて1年8ヶ月ぐらいである。
　時間もお金もとられるし，仕事にも支障をきたさないとは言えないけれど，これをやっていなかったらこんな経験はしなかったな，と思えることも多い。普段の仕事や生活を通してではきっと出会うはずがなかったであろう人たちと，対面でもネット越しでも，様々な意見を交換した。こんな考え方が，こんな反応があるのか！と思ったことも1度や2度ではない。というより，毎日がそんなことの連続だ。
　いやな気持になることもある。でもそれなら，ボランティア以外の時間でもあることだ。それよりは，新鮮な驚きを感じることのほうが多い。ぼくは新鮮な，知らなかったことを知ることが好きだから，そういう意味では体に合っているのかもしれない。
　といっても，ぼくがやってることは通常イメージされるような「ボランティア」とは少し違うかもしれない。ぼくはそれを，けっして立派な行為だとは言えない，言うつもりもない，あまりにも地味でささやかな行為であると思っている。
　具体的にやっていることは，ネットを通して，メンバーとただ雑談をするだけの

---

＊：この参加体験記は「ふんばろう東日本支援プロジェクト」の立ち上げから同プロジェクトのマネジメントを行ってきた門松宏明氏のブログに2012年12月22日に掲載されていた記事をもとに，加筆修正したものを寄稿していただいたものである。
http://d.hatena.ne.jp/note103/20121222/1356593218

ことだ（良く言えば，これによってメンバー間の意見交換を促進している）。だから，被災地やそれに近い現場で大変な思いをしている人の中には，「そんなのボランティアじゃないよ」と思う人もいるかもしれない。そういう見方があっても自然だと思う。

一方で，じつはぼくは，自分がやっていることは場所や道を作ることだと思っている。これに似ているな，と思ったのは，あるとき「ほぼ日刊イトイ新聞」を読んでいて見つけた水路のモデルだ。（http://www.1101.com/hubspot/2011-07-22.html）
ここで出てくるのは，組織マネジメント的な，けっこう専門的なモデルだけれど，ぼくの場合はただの「水路」だ。機能も名前も必要ない，それは人や部署同士をひたすらつないでいくだけの水路であり，つながっていなかったものをつなげ，つながってしまっていた（でも本来はつながるべきではなかった）道を閉じるような作業だ。

どこをつなげれば，より効率良く，情報が，人の気持ちが，適切な形で通じ合うかということを考えながら，そういう道を作っている。「道路」というよりも「水路」の方が近いと思うのは，そこに流れるものが他のメンバーだったり，現地の状況だったりという，ぼく以外の何かによってすでに規定されているものだからだ。そこでは引力のような，ある法則に従ってしか動くことができない，高きから低きへのみ流れる水のようなものを扱うことになっていて，その法則に手を加えることはできない。加えることができるのは，水が通る道だけ，という状況だ。

しかし，そのようにすでに決まってしまっていることがあるからこそ，やることが絞られて，シンプルに対応できるという利点もある。ぼくはだから，ひたすら適切な道をつくることだけに集中できる。

ぼくには，不合理とか非効率なものを見ると許せなくなるような性分があるようだ。もともとはこのボランティアに参加したのだって，文字起こしの作業があると聞いたからだったのに，それをやるうちに，目に入ってくる周りの不合理や非効率が無視できなくて，つい他の作業にもいろいろと手を出してしまった。それでまだやっている。文字起こしの作業なんて最初の数週間で終わったのに，それからさらに1年7ヶ月ぐらい経ってもまだやっている（その後，3年が経過しようという本誌掲載時点でもまだやっている）。

ぼくが許せなくなる不合理には特徴がある。それは，指示や判断をすべき人がしていないとき，そしてまた指示や判断をすべきでない人がそれをしているときだ。

戦争にたとえるなら，100人の優秀な兵士がいても，指揮官の指示が間違っていたら，その100人の優秀さは全く生かされずに皆死んでいくだけだ。オリンピック

にたとえるなら，自由形の金メダル候補が，監督の手続きミスで100メートル走に出場することになってしまえば，その選手は力を発揮することができない。そのような「機会を殺す状況」を許せないという性向がある。

「ふんばろう」では最初，メーリングリストでメンバー間の意見を交換していた。最初はそれで良かったが，その後のそのうちメンバーの急増にともない，メールの量が増えすぎてまったく使えなくなってしまった。

メーリングリストが機能しなくなったことは誰もが分かっていたが，解決策は誰からも出されなかった。それどころか状況は悪化する一方で，「深夜や早朝にメールを送るな」とか，「くだらない内容でいちいち送るな」という不平が飛び交うようになり，それがまた重要な情報を埋もれさせる原因にもなった。

たしかに，くだらないメールを送らない，というのもひとつの改善案ではあったが，そこでは「くだらない」の定義が成されていなかったし，それを定義することは難しかった。同様に，「些細なことで投稿するのはやめましょう」という通告がメンバーから出されたこともあったが，何をもって「些細」とするかの定義がないため，「重要なのか些細なのか区別がつかない情報はすべて投稿されない」という状況が生まれやすくなり，それもまた機会の損失につながっていた。

重要なのはむしろメーリングリストという場所からの移行であることは明らかで，だから「サイボウズLive」のようなグループウェアや「Facebook」への移動を提案し，それを実行した。西條さんは当初，Twitterで内外にメッセージを発信しており，Facebookを全然使っていなかったのだが，そのうちFacebookのグループ機能がいかに便利か気がついたようで「ふんばろうは今後Facebookで運営します」と宣言した。

たとえてみれば，ぼくが「ふんばろう」でやっていることはこんな感じだ。

毎日通る狭い道の真ん中に，大きな箱が置いてあるとしよう。それはすごく邪魔で，人々はそれを避けて歩くから，箱の左右には渋滞ができる。でも，誰もそれを動かさない。

ある時，ふと思い立って箱を少し動かしてみると，中には何も入っていないようだ。ちょっと時間をかければ片づけられるかもしれない。ぼくは時々その道ですれ違う，顔見知り程度の人に声をかけ，ちょっと片づけるから手伝ってくれと言う。その人は快諾し，自分もできればそうしたいと思っていた，とむしろ喜んでいる様子だ。ぼくらは箱を開け，何も入っていないことを確認すると，動かしやすいようパタパタと折りたたみ，二人がかりで道の向こうまで移動する。

別の顔見知りが通りすがりに，「それって，勝手に動かしてもいいのかな？　誰かが，何か理由があって置いていたんじゃないかな？」と言う。そうかもしれない。

だからぼくもしばらくそのままにしていたし，触ることすらためらっていた。

でも，そのままにしていれば解決するという保証もない以上，とりあえずリスクをとって動くしかない。問題が生じたらそれに対応すればいい。放っておいても問題は生じているのだから，まずは確実に改善できることをしてみたい。

よく分からないもののために毎日渋滞を我慢していると，痛みを感じる。でも，そのよく分からないものを変えようとすることにも痛みは生じる。いずれにしても痛いのなら変えてしまった方がいい，とぼくは思ってしまう。

ぼくは痛みを感じることは嫌いだけど，何よりも自由を奪われる痛みが嫌で，それを避けるために被る痛みなら仕方なく受け入れる，というところがあるのかもしれない。

別のたとえを出そう。

広い部屋の西側と東側に，50人ずつの人が固まって座っているとしよう。西の50人は100人分の食糧を持っているが，衣類や毛布がなくて今にも凍え死にそうだ。東の50人は衣類や毛布は大量に持っているけど，食べ物がなくて今にも飢え死にしそうだ。

しかし東西の間には分厚いカーテンが引かれ，その向こうに何があるかは分からない。そのような不合理で非効率な状況が，たとえではない現実の世界にも実際にある。このとき，ぼくがやりたいと思うのは，カーテンを開けることであり，互いのグループのリーダーに対して，双方の余剰物を交換するようアドヴァイスすることだ。

双方に余剰物があることを知るには，現場にいることが妨げになることもある。俯瞰的に状況を知るには，そこから離れていた方がいいこともある。でもそれは，現場を知らない方がいいということではない。現場に依存しすぎてはいけないという程度のことだ。

また逆に，双方に余剰物があることを知っているだけでは，両グループの余剰を交換させることはできない。それを実現するには現場へ行く必要がある。だから，俯瞰的に状況を見ながら，現場で目的を実現するというのは，矛盾していて難しい。

「俯瞰する」という行為は，食べ物を食べたり，地図を読んだりすることに似ている。エネルギーを蓄え，どこへ向かえばいいかを知る行為だ。それに対して，現場で「実行する」ということは，蓄えたエネルギーを燃やすことであり，地図で確認したことをもとに動くということである。だから難しいのは，「食べながら動くこと」であり，「地図で自分が今どこにいるのかを知りながら，目的に向かって動くこと」だとも言える。

たまにそういうことをできる人もいる。いわゆる「リーダー」とはそういう人だ。自分で判断ができて，自分で動くことができる。西條さんはこのタイプだと時々思う。

その点，ぼくは食べたり地図を見たりするだけ，というところがある。メンバーが限られている少人数の作業なら，リーダー的な役割をすることもあるけれど，ボランティア活動の全体から見れば，リーダー的なことはできない。だから地図を見て，どことどこをつなげればより効率的に，人や物や情報が行き交いやすいかを考え，できる範囲で提案する。

100人の優秀な兵士が無駄に死んでしまわないように，日々苦しいトレーニングを重ねた金メダル候補の水泳選手が誰かの判断ミスで陸上競技に出場させられてしまわないように，不要な道は遮断し，必要な道を広げ，あるいは新たに作る。構造構成主義風にいえば，状況と目的にあわせて有効な道筋を作っていく，ということになるだろうか。

ぼくはそういう姿勢でボランティアをやってきた。そしていつの間にか「マネジメント」と呼ばれるようになっていた。

最後にもうひとつ，たとえを出してこの文章を終わりたい。

沖縄に住む人が，北海道に向けてヒッチハイクをしているとしよう。通りがかるドライバーは，ヒッチハイカーとつかの間の旅をともにし，やがて自らの目的地へと走り去る。次のドライバーがまた彼を（あるいは彼女を）乗せて，それが繰り返される。ついには沖縄から北海道へと続く，うねうねとした一本の線ができあがる。

ボランティアとは，その時のドライバーのようなもので，いつ果たされるともしれない大きな目的を，小さく積み重ねてやがて達成するために，自らに見出したかすかな余力をつないでいく営みだと思う。

それはけっして，「最初に沖縄で乗せたからには，責任をとって最後の目的地まで連れていかなければならない」というような，大層な義務を負うようなものではない。もしそのようなものだったら，わずかであれ手伝えたはずの人も，責任の重さにひるんで手を挙げなくなってしまう。

ボランティアは，低リスクで行えるものであったほうがいい。迷惑がかからない範囲で，無責任にできるほうがいい。ヒッチハイカーが何を目的にしているのか，最終的にどこへ行きたいのか，それをドライバーが知る必要は必ずしもない。「少しでも北東へ進みたい」と言われ，今いる場所よりも東へ向かう人が，そしてその人を乗せられる余裕のある人が，ただそれだけの理由で乗せてやるのだとしても，ヒッチハイカーにとっては充分にありがたいことであるはずだ。

このような考え方は，ふつうはあまり許容されないかもしれない。「一人ひとり

が，もっと心をこめて活動するべきだ」と思う人もいるかもしれない（もちろん，そのように考える人がいてもいいと思う）。でも，「ふんばろう」には，こんなぼくでも活動できる自由な空気がある。だから長い期間にわたって，様々な環境に置かれた様々な年代の参加者が，活動を続けていられるのかもしれない。

　ぼくのスタンスがボランティアの最良のあり方だとは思わないけれど，ひとつの例として参考にしてもらえることがあれば，これ以上のことはない。

## [書籍紹介]

### III-4 『人を助けるすんごい仕組み —ボランティア経験のない僕が,日本最大級の支援組織をどうつくったのか』

西條 剛央
ダイアモンド社（2012年2月公刊）

紹介者：苫野 一徳

### はじめに

3.11—。日本中が,文字通り震え,悲しみ,憤った日。

著者の西條剛央さんは,早稲田大学大学院（MBA）講師。「構造構成主義」という新しい理論を構築し,学問の世界では早くから寵児として知られていた。

故郷は仙台。津波で伯父さんを亡くされた。

地震後故郷に戻った西條さんは,その言葉に尽しがたい惨状に胸を痛め,そしてまた,全国から寄せられた支援物資が,あまりに広域におよぶ避難所に,まったく届いていないことに憤った。

報道では,支援物資は「余っている」とさえ言われていた。倉庫一杯に物資を抱えた行政の中には,もう送ってもらう必要はないとさえ言っているところもあった。

しかし現実は,大きな避難所に物資が余っていることはあっても,無数に散在する小さな避難所や個人避難宅には,ほとんど物資が届いていなかったのだ。

西條さんはその現状をみて,「リミッター」をはずすことを決意する。自分にできることは,何でもやる。そう考えて,その日のうちから行動に出た。

本書は,それまでボランティア経験などなかったこの西條さんが,瞬く間に日本最大級の支援プロジェクトを作り,数々の画期的なアイデアによって被災地支援を成功させてきた,その奮闘記である。そしてまた,どうやってそのようなプロジェクトを考え出し,作り上げてきたのか,その痛快なほどに見事な「発想法」が述べられた本でもある。

さらに,西條さんのこの経験と発想をもとに,今後の社会のあり方を大胆に提言した書でもある。

時代を超えて読み継がれるべき,「名著」だと思う。

### 「ふんばろう東日本支援プロジェクト」の誕生

故郷の惨状を目の当たりにして西條さんが作り上げたのは,「必要としている人に必要な物資を必要な分量,直接送ること」を可能にするシステムだった。

ホームページを作り,そこに各避難所から聞き取ってきた必要な物資を掲載し,全国の人

からそれらを直接送ってもらうというシステムだ。ツイッターと連動して，全国に徹底的に情報を流していった。

この活動に共鳴した，津田大介さんやGACKTさん，猪瀬直樹東京都副都知事（当時），そして糸井重里さんといった数多くの著名人が，自身のツイッター等でも情報を流し，このシンプルなシステムは，あっと言う間に全国に広まっていった。

このプロジェクトは，「ふんばろう東日本支援プロジェクト」と呼ばれるようになった。そして，3000カ所以上の避難所，仮設住宅，個人避難宅に，計15万5000品目に及ぶ物資支援を達成した。

「ふんばろう」は，その後プロジェクトを拡大し，「家電プロジェクト」「ガイガーカウンタープロジェクト」「重機免許取得プロジェクト」「学習支援プロジェクト」等，次々と創造的で実効的なプロジェクトを成立させ，日本最大級の支援プロジェクトに成長した。

## 「ふんばろう」を可能にした考え方──構造構成主義

本書では，この「ふんばろう」の代表西條さんの奮闘記が語られると共に，このまたたくまに全国に支援の輪を広げた「ふんばろう」を可能にした，西條さん自身の柔軟で創造的な「発想法」も詳細に論じられている。

その根幹にあるのが，西條さん自身が体系化した，「構造構成主義」という理論だ。

その中心にある1つの発想が，「方法の原理」と呼ばれるものだ。方法の有効性は，(1) 状況と (2) 目的から規定される，というシンプルな発想。要するに，絶対に正しい「方法」などはなく，それはいつも，その時々の状況に合わせて柔軟に選択，あるいはなければ作ってしまえばいいという考えだ。言われてみれば当たり前，でも多くの場合，私たちはそのことを忘れてしまいがちなものだ。

数多くのボランティアを抱える「ふんばろう」は，被災者支援という過酷なプロジェクトに向き合う中で，多くの困難にも出会うことになった。見ず知らずの人がある時突然活動を共にする。人間的な摩擦もたくさんあっただろう。

そんな時こそ，西條さんはこの「方法の原理」を強調した。

目的は，あくまでも「被災者・被災地支援」。ここさえぶれなければ，細かい点でいがみ合い対立する必要なんてない。そしてこの目的を達成するために，その時々の状況に応じて有効な方法を柔軟に考えよう。

こうして西條さんは，多くのプロジェクトを成功させてきた。

## 西條さんについて

最後に，著者西條剛央さんについて，少しだけ書いておくことにしたい。

実は西條さんは，私の学問上の「兄貴分」である。何年も共に研究を続け，朝まで議論した日々も数知れない。震災が起こるまでの1年間は，早稲田大学の西條研究室に同居させてもらってもいた。お互いの発想や考えをすぐに交換したり議論したりできる，最高に密度の濃い時間だった。

西條さんが作った「構造構成主義」という新たな理論は，ちょっと大げさにいえば学問の革命でもあった。カリスマ性に満ちたリーダーシップも，昔から桁外れだった。

そして、ものすごく優しい。ものすごく、思いやり深い。

私はそんな西條さんの身近にいながら、この人はいったい「何者」なんだろう、とよく考えることがあった。そして、ある時分かったことがある。

この人は「赤ちゃん」なのだ。

私たちは、成長するにつれ、否が応にも「自我」が芽生えこれに固執するようになる。そしてそのことは、多くの場合、私たち自身を苦しめ、人間関係をこじれさせる原因になる。「こうありたい」のにそうあれない自分に苦しむ。嫉妬や自己不全感から、誰かを憎むこともある。

ところが西條さんには、そういうところがほとんど全くといっていいほどない（ように傍からは見える）。目標を見定めたら、「自我」に固執することなく、その目標を達成するためどこまでも柔軟に発想し、動く。興味を持ったことに、ただひたすら打ち込む赤ちゃんのように。

ニーチェは、「超人」とは「幼子」のことであるといった。ちなみに西條さんの博士論文のテーマは、「赤ちゃんの抱っこ」についてである。

……もっとも西條さんは、そうした「自我」についつい固執してしまう人たちに対する理解も思いやりも、とても深い。大人数のボランティアで成り立っている「ふんばろう」を率いてこられた最大の理由は、私は実は、この思いやりの深さなんじゃないだろうかと思う。

無償のボランティア。だからこそ、様々な「自我」がさまざまに交錯し、時にトラブルになる。西條さんはそんな時、そうした一人一人の「自我」をしっかり受け止めながら、その上でなお、「目的」にただひたすら、そして柔軟に打ち込むことを訴えてこられたのだと思う。

本書を読んで、そんなことを改めて感じた。

改めて、多くの方に手に取っていただきたい名著です。

本書評は、2012年に苫野一徳 Blog（哲学・教育学名著紹介・解説）に掲載したものに、若干の修正を加えて再録したものです。

## 紹介者：中谷 久子（民話の語り手）

**ふんばろう東日本支援プロジェクトの裏側**

すごい本を読んでます。

2011年5月、息子が「板橋の高島平で仲間と家電製品を集めて、使えることを確認し、綺麗にして被災地に送っている」と言っていました（その後、このやり方では人手がかかりすぎるので、送る人が実名を書き、品物に責任を持つ。相手にも贈り主が分かる、というやり方に変わりました）。

何でも、早稲田大学大学院講師の方が、被災地で、援助物資が届いていない避難者を探し

ては，必要な物を聞き取って，直接届けているのだと聞きました。
　西條さんというリーダーはすごいアイデアマンだと聞いていたので，きっと東京にいて，巨大化し続ける組織の指揮をとっているのかと思っていました。
　この本を読んで，その動き回り方に驚きました。
　はじめは友人たちと，個人で物資をレンタカーに積んで出発，仙台の実家からお父さんが加わり，南三陸町に行って見たことから始まって，現地に人のつながりを作り，個人や少人数で避難している人たちを探しては，必要なものを訊いて，ツイッターを駆使して支援を求め，直接被災者に送ってもらうことから始まったそうです。
　素晴らしく合理的で，実に素早い動きです。
　心理学や哲学の学者である西條さんが，「構造構成主義」と言う専門分野の理論を活用し，ツイッターやFacebookをつかって構築したシステムは，もの凄い早さで広がったのですね。
　哲学が現実の災害にこんなにも役立つなんて，ほんとにびっくりです。哲学がね〜？？？
とにかく彼の組織作り，人脈作りには目を見張るものがあります。
　時間の経過と共に支援の形を変化させ，失業者のためには，重機の運転免許取得を援助。手持ち無沙汰のお婆ちゃんたちには，ミシンを配って仕事を作り出し，寒さに向かうと，冬物家電の配布。仮設に入れなくて，家電の支給を受けていない人たちを探して，年内に配り終えました。息子が忙しがっていたのは，この冬物家電プロジェクトの中心にいたからだったようです。
　一円の給料も払わずに，巨大な組織を組み立てた西條さんはすごいです。裏のご苦労も書かれていますが，そこは心理学者，不協和音も巧みに鎮めて，素敵な仲間をどっさり作りました。
　我が息子がその中にいる，いいご縁につながったな〜と嬉しくてなりません。
　機会があったら読んで見てください。この理論と方法は，災害時だけでなく，どんな場合にも役立つと思います。商店街の活性化などにも使えそうです。

　本書評は「ふんばろう東日本支援プロジェクト」の「冬物家電プロジェクト」のリーダーの一人であった中谷泰敏氏の母である中谷久子氏の「八十代万歳！」のブログの2012年2月22日の記事から，許可を得て転載させていただきました。
（http://hisakobaab.exblog.jp/14722992/）
　なお，「冬物家電プロジェクト」については同名で検索できます。

## [書籍紹介]

### Ⅲ-5 『チーム医療・多職種連携の可能性をひらく —信念対立解明アプローチ入門』

京極 真
中央法規出版 （2012年9月公刊）

紹介者：寺岡 睦

**信念対立解明アプローチの再構築**

　私は，本書の著者であり恩師でもある京極先生とともに，信念対立解明アプローチを発展的に継承した「OBP2.0」という新しい作業療法理論の研究開発に取り組んでいる。OBP2.0とは，作業療法の専門性を発揮しながら，チーム医療を促進していく理論である。本書でも論じられているように，通常，専門性の発揮とチーム医療の促進はトレードオフの関係にある。信念対立解明アプローチは，そのデッドロックを克服するための可能性の原理である。そのため私は信念対立解明アプローチを発展的に継承し，作業療法領域で専門性の発揮とチーム医療の促進を同時に展開できる新理論の開発に取り組んでいる。従来の作業療法にはこうした理論はなく，当該領域において OBP2.0 が果たす役割は少なくないと考えている。この OBP2.0 の要諦を示した理論論文は原著論文として掲載が決定しており，来年春には書籍の出版も予定されている。

　私が信念対立解明アプローチを発展的継承したように，本書において京極先生は信念対立解明アプローチの発展的継承に挑戦していると思う。というのも，元々の信念対立解明アプローチは信念対立の克服に特化した理論であり，チーム医療の促進に特化した理論ではないからだ。実際，前著『医療関係者のための信念対立解明アプローチ』（誠信書房）を読めばわかるように，信念対立解明アプローチの技法のなかには一見すると過激な内容も含まれており，必ずしもそのすべての技法がチーム医療で有効に機能するとは思えないところがある。本書ではチーム医療の促進という観点から，信念対立解明アプローチから「毒抜き」したうえで再構築に挑戦している，と私には思われる。それによって信念対立解明アプローチは，信念対立の克服に加えて，チーム医療の機能を引き出す機能を備える理論に成長したと考えられる。

　日頃から京極先生は「信念対立解明アプローチにはまだ深化させるところがたくさんある」と熱く語っている。本書は京極先生が考える信念対立解明アプローチの深化の一例だと理解することができると思う。いったん体系化された理論が再構築されることはあまりないと思うが，すべての理論は関心相関的に構築されると考えると，目的に応じて理論の再構築が行われることは至極当然であると思う。私は本書を読んで，信念対立解明アプローチが深化しつつあるように，私も OBP2.0 の深化に取り組んでいきたいという気持ちになった。

では，どういったところに本書の読みどころがあるのだろうか。

## 本書の読みどころ

　信念対立は諸刃の剣である。この一言から始まる本書は，チーム医療で悩んでいる医療従事者に新しい視点を提供してくれるだろう。

　本書によると，チーム医療の悩みは「信念対立」という概念に集約することができる。チーム医療を行う時，私たちはしばしば他者の言動に耳を疑ったり，専門職の専門性を発揮したりすることに困難さを感じることがある。信念対立は，そうしたかたちで体験されるトラブルの総称であると言える。著者は，信念対立は葛藤，怒り，ストレス，疲労等のネガティブな情動体験を引き起こすという。そして長期間の信念対立を体験した結果，医療従事者は失望に至り，よりよい実践を行う気力も残されないと鋭く指摘している。本書ではチーム医療別に，さまざまな事例を通して信念対立によって生じる問題が具体的に示されており，この問題の深刻さが浮き彫りになる内容になっている。

　例えば，栄養サポートチームでは，栄養管理士が患者の栄養管理に精力的に取り組もうとしているのに，医師や看護師，薬剤師から煙たがられ，同僚に相談するも出過ぎたまねしたからではないか，とたしなめられる事例が紹介されている。また呼吸サポートチームでは，若手医師が主治医のベテラン医師の処置に疑問を持つものの，以前叱責された体験を思い出してしまい進言できない事例が紹介されている。本書では，他にもリハビリテーションチーム，糖尿病チーム，褥瘡対策チーム，感染症対策チーム，緩和ケアチーム等で生じる多くの信念対立事例が紹介されており，この問題に対する読者の理解を助ける内容になっていると思われる。

　そうした信念対立の対策として，本書では信念対立解明アプローチを導入している。信念対立解明アプローチは構造構成学（構造構成主義）を哲学的基盤に持ち，理論的基盤に人間の原理，実践の原理，解明論，解明条件論，技術論的基盤に解明術，解明態度，解明評価，解明交流法を組み込んでいる非常に大きな体系である。私が思う信念対立解明アプローチの魅力は，徹底して考え抜かれた理路を備え，それでいて人間が紡いでいく未来の不確定要素を織り込んだ人間の原理と実践の原理が加えられており，しかも理論を実質化する具体的でシンプルな技術まで組み込まれているところである。臨床では「目的」と「状況」に応じて実践を行っていくが，それでも時間の経過とともに，「契機」と「志向」を営む存在の人間が行う実践には不確定要素が加わってくるので，そこには必ず「やってみないとわからない」という側面がある。

　しかし，臨床で「やってみないとわからない」などと言っていると，問題の先送りにしかならないのではないかと思う人がいるかもしれない。それに対して信念対立解明アプローチでは実践の有効性は事後的に決まるものの，信念対立を克服するためには相対可能性と連携可能性をめがけていく必要がある，という解答を用意している。相対可能性とは，わたしとあなたでは考え方も感じ方も違うと気づくことであり，連携可能性とは，お互いの目標を共有できる条件を考えることである。信念対立解明アプローチでは相対可能性を確保するために，「何のために？」「どういう意図があるのか？」「関心の所在は？」「どういう状況なのか」「具体的に何が起こっているのか？」等の切り口から信念対立を紐解くよう勧めている。ま

た連携可能性については「共通目標は何か？」「関心の両立はどうすれば可能か？」「共通の視点はありそうか？」「状況に類似点はないか？」「置かれている状態に共通するところはないか？」という観点から信念対立を越えるためのきっかけを掴むように推奨している。信念対立解明アプローチはそうした切り口から様々な信念対立に対処していけるように構成されている。本書は，信念対立解明アプローチの実際を理解できるように，わかりやすい信念対立事例がいくつも載っている。それらの信念対立に対して著者の立場で考える信念対立対解明アプローチの実際が書かれているため，読者には信念対立解明アプローチの実践が感覚的に理解できる構造になっていると思う。臨床現場で悩んでいる医療従事者にとっては，目から鱗であろう。

　今後の臨床現場が少しでも良くなるよう祈念して，この本をさまざまな人に勧めたい。

## 編集後記

### 1．公刊の遅延に関するお詫びと感謝（編集委員長西條剛央より）

　構造構成主義研究5号の『よい教育とは何か』の公刊を控えていた2011年3月11日，マグニチュード9.0という超巨大地震が東日本を襲った。本誌の編集委員長を務めている私（西條）は親戚を津波で失い，2011年4月に「ふんばろう東日本支援プロジェクト」を立ち上げた。それは多くの人のご支援を受けて瞬く間に国内最大規模の総合ボランティアプロジェクトへと成長していった。

　そうしたことから私は，本務である大学院の授業以外のほとんどすべての労力をそのプロジェクトに割くことになったため，本誌の運営に携わることができなくなった。幸い副編集委員長の京極真氏が編集委員長代理となり本誌の運営を牽引してくれたことから論文の査読が滞ることはなかったが，構造構成主義研究5号の編集後記で言及したように，今号は本誌の今後の方針を示す重要な位置づけであったために本来の編集委員長が不在の状況で特集記事を作ることができなかった。そのため，本誌は実質2年もの期間ブランクをあけることになってしまった。

　編集委員長として，本誌への論文掲載が決まってから公刊までお待ちいただいた皆様，ならびに本誌公刊を待ち望んでいた皆様には深くお詫び申し上げるとともに，ご理解いただいた皆様に感謝申し上げたい。またこの場をお借りして，私が果たすべき役割をすべて担ってくれた京極真氏に心より感謝の意を表したい。

### 2．投稿論文の概要（副編集委員長京極真より）

　上記にあるように本号の掲載論文は副編集委員長である私，京極が主査として審査を進めた。

　今号の第Ⅱ部には，8本の論文が掲載されている（後述するように他2本は特別論文としてサイト上に掲載することとした）。本誌の査読では幾度もやり取りをして洗練していただくことも多く，厳しいものであったと思われるが，いずれの論文もそれを突破した質の高い内容になったと思われる。投稿者の皆様には，この場を借りて改めて御礼申し上げたい。

　白川論文は，「啓蒙論文」として構造構成主義を図的・絵的に展開することによって，初学者に説明しやすくするユニークな試みである。従来から構造構成主義の入門書には，西條の『研究以前のモンダイ』（医学書院）があったが，本論は工学の視点からさらにその全体像を描き出す内容になっている。構造構成主義を手短に

紹介する際はぜひ本論を役立ててもらいたい。

　瀧澤論文は，「子どもをとらえる視点」という事例研究法を，構造構成主義の観点から基礎づけ，新しく「構造構成的言語障害児事例研究法」の定式化を行っている。事例研究法は広義の質的研究法に含まれるが，本論で定式化した「構造構成的言語障害児事例研究法」は研究対象を言語障害児に特化した研究法である点に独創がある。今後，言語障害児研究への応用が期待されると同時に，研究対象に応じた研究法の開発のモデルになると思われる。

　桐田論文は，芸術解釈の信念対立に焦点化し，それを解き明かすための理路として「構造構成的芸術解釈論」を構築している。この理路の特徴は，特定の根本仮説に依拠せずに，解釈の妥当性を評価するための理路を備えることによって，芸術解釈の信念対立を克服していく点にある。本論は芸術の解釈を題材にしているが，解釈一般を基礎づける可能性も備えていると思われる。信念対立は解釈の仕方で生じるため，今後の研究を通して射程の拡張が期待されるだろう。

　浦田論文は，3.11後に西條がインターネット上で発表したテクストが契機になり，合理的な選択では割り切れない「生き方」の問題を捉えるための視点を導出したものである。本論では，構造構成主義の理路を拡張しながら，理性と感性の相互連関規定性を基礎づけている。これは構造構成主義に実存論的観点をもたらす理路であり，他者が志向する生き方への配慮を導出するものであると言える。構造構成主義は，医療・教育への応用が比較的進んでいるため，本論で示された理路の発展的継承が必要であると思われる。

　大寺論文は，音楽療法における信念対立を解き明かす理路を提示したものである。本論は音楽の存在論から出発し，音楽療法の臨床的アプローチと研究手法にいたるまで体系的に基礎づけている。また他の論文に比べた本論の特徴は，構造構成主義に加えて臨床現場で使用するために体系化された「信念対立解明アプローチ」を研究方法に導入している点である。それによって，本論は音楽療法における信念対立に合わせた解明が展開されたものになっている。今後の臨床領域における理論的研究の方策を広げるものになると考えられる。

　池田論文は，終末期理学療法における「構造構成的協同臨床教育法」の事例研究を通して，この教育法の意義と改善点を明らかにしたものである。構造構成的協同臨床教育法は，池田が『構造構成主義研究4』ではじめて開発し，次に『構造構成主義研究5』でこの教育法の方法論的拡張に挑み，今回の事例研究を通したさらなる洗練へと展開している。池田論文の特徴は，臨床現場にしっかり根ざしながら理路を開発・洗練しているという点であり，理論と実践をつなぐ優れたケースとも言えるだろう。今後の継続的な取り組みが期待されるところである。

また本誌には，他の学術誌に掲載された西條の再録論文が2本掲載されている。
　最初の論文は，構造構成主義による科学哲学の難問解明に挑んだものである。構造構成主義は2005年公刊の『構造構成主義とは何か』（北大路書房）において人間科学の原理として体系化され，その後2008年公刊の『質的研究とは何か——SCQRMアドバンス編』などで，あらためて池田清彦の構造主義科学論を用いて共通了解可能性の厳密な基礎づけが行われるなどその科学論は深化を続けてきた。しかしながら，明確に科学哲学史の文脈に位置づけた上でその理路が展開されることはなかった。本論は，科学哲学史を概観しながら，そこに通底する根本難問を同定した上で，構造構成主義によりそれを解き明かし，人間科学をあらためて基礎づける論文であり，その科学哲学史上の意義が浮き彫りとなっているといえよう。2010年に「科学基礎論学会」に投稿されたものではあるが，他の論者による構造構成主義の研究成果も踏まえており，今後，構造構成主義を理解するうえで外せない重要文献と言えよう。
　次の西條論文は「ボランタリズム研究」に掲載されたものであり，西條が立ち上げた「ふんばろう東日本支援プロジェクト」の活動概要を示した上で，構造構成主義の理路がそのバックボーンとしてどのように機能したかを論じた実践論文である。西條自身はこれまで，学問論に比重を置くかたちで構造構成主義を展開してきたが，本論では「ふんばろう東日本支援プロジェクト」の体験を踏まえて実存論としての構造構成主義とでも言うべき理路をスケッチしている。構造構成主義の発展的継承は，医療や教育といった実存が色濃く反映した領域を中心に展開していることから，この西條論文はそうした領域の発展に貢献しうるとともに，組織論やボランティア論にも一石を投じる内容であると思われる。
　なお，以下の論文はその論文の性質上本誌上には掲載せず，以下に述べる理由からインターネット上で公開することとした。

西條剛央・今野大庫・大泉智・大熊隆靖　大川小学校の悲劇はなぜ起きたのか？
　　——SCQRMによる構造化と再発防止案の提案　構造構成主義研究6　（特別号）

西條剛央　大川小学校事故検証「事実情報に関するとりまとめ」を検証する
　　——先行研究と科学性・公共性の観点から　構造構成主義研究6　（特別号）

　1本目の論文は，東日本大震災の津波により大川小学校において学校管理下にあった児童の約95%が死亡，行方不明となった未曾有の悲劇がなぜ起きたのかを，SCQRM（構造構成的質的研究法）により入手可能なあらゆる資料や現地でのフィールドワーク，インタビューなどにより多角的に検討し，その構造を明らかにしたも

のである。

　2本目の論文は，2013年2月に文部科学省主導のもと立ち上げられた「大川小学校事故検証委員会」で公募していたパブリックコメントに投稿したものである。検証委員会の最終報告を前に提示された「事実情報に関するとりまとめ」は，エビデンスレベルでの明らかな過誤がみられる点や，報告書作成の基点となる関心の偏り，さらに科学的報告書として構造的な欠陥が認められた。そのためより妥当な最終報告書作成の一助となるよう①一次資料に基づく内容の吟味と改善点の提案を行い，また②構造構成主義に基づき「とりまとめ案」の科学性が担保されているか，また他者が批判的吟味可能な公共性が担保されている報告書になっているかを検証したものである。

　これらの論文の目的は社会に広く役立ててもらい未来の命を救うことにある。したがって，これら2本の論文は通常の査読を経た上で，実験的な意味も込め，あえて本誌上ではなくサイト上に掲載することとした。関心のある方は論文名で検索してもらえればと思う。

## 3．今後の本誌の方針について

　次に構造構成主義研究5号の編集後記で予告した通り，今後の本誌の方針を示す。

　編集委員会では，学会を立ち上げ，より普及力のあるネット上の学術誌として展開するというアイディアもあったが，震災を経て，あらためて今後の本誌のあり方を検討した結果，本誌は一度休刊させるという結論に至った。その理由としては，第一に各領域の難問を解き明かし，新たな理論を提起するといった理論系の論文を中心に多数の論文が掲載されるなど，理論論文が掲載されにくい国内の状況を打破するために一定の役割を果たしたと考えたということがある。実際2005年に『構造構成主義とは何か』を公刊以来構造構成主義に関連する200本以上もの論文，書籍が世に出るなど，学術的に一定の市民権を得たようにも思われた（「構造構成主義に関する文献リスト」で検索）。

　本誌を続けることも，学会を作ることも，改めて学会誌にすることも難しいことではない。しかし，続いてはいるが形骸化し，新たな学的領野を切り拓く力を失っていく多くの学会を目にしているとなおいっそう，続けることよりも大事なことがある，と我々は考えた。また我々自身も一学徒として成長し続けていく必要があり，これまで培ったものに安住することなく，日々理路を深め，あらたな地平にチャレンジしていくことの方が重要と考えるに至った。

　また本誌に論文掲載された方々をはじめとした研究者・実践者により構造構成主義に関連するいくつもの書籍が公刊されたり，さらには行政において構造構成主義の考え方を軸に画期的な事業を展開された研究者が現れたことは我々編集委員の望

外の喜びであった。今後も本当の意味で役立つ枠組みを世に出していっていただければ大変嬉しく思う。

　本誌は休刊しても，本誌の目的である「学知の本質的な発展」からぶれることなく，今後も皆さんと一緒に歩みを進めていければと願っている。国内における理論研究そのものに対する逆風は依然として強いが，本誌をスプリングボードとして国内外の学会誌に多くの研究者がチャレンジすることで構造構成主義自体も鍛えられ，また学的な裾野が広がるのではないかという期待を込めて，またさらにスケールアップした構造構成主義研究で皆さんとお会いできる日を楽しみにしている次第である。

## 4．最後にあらためて謝辞

　最後に，改めて本誌を支えてくださったすべての皆様に感謝申し上げたい。そして編集委員の要望を極力汲んでくださった北大路書房の関一明氏，奥野浩之氏には特段の謝意をお伝えしたい。また震災後，復興支援のチャリティとして我々編集委員の印税全額寄付や4号鼎談の無料ダウンロードといった提案を受け入れて下さり，北大路書房には震災後から2013年の長期間に渡って本誌1〜5号の売り上げの10％を寄付していただくなど多大なるご支援を頂いた。北大路書房の皆様に心より御礼申し上げます。

『構造構成主義研究』編集委員会
西條　剛央・京極　真・池田　清彦

## 【編著者紹介】

**西條剛央**（さいじょう・たけお）　　　　　　［編集，Ⅰ，Ⅱ-7，Ⅱ-8］
saijotakeo@gmail.com
1974年，宮城県仙台市に生まれる。早稲田大学人間科学部卒業後，早稲田大学大学院人間科学研究科にて博士号（人間科学）取得。日本学術振興会特別研究員（DC・PD）を経て，2009年度から早稲田大学大学院商学研究科専門職学位課程（MBA）の専任講師。2014年度から同客員准教授に就任予定。著書に『母子間の抱きの人間科学的研究』『構造構成主義とは何か』『構造構成的発達研究法の理論と実践』『科学の剣　哲学の魔法』『エマージェンス人間科学』（いずれも北大路書房），『構造構成主義の展開（現代のエスプリ）』（至文堂），『ライブ講義・質的研究とは何か』（新曜社），『看護研究で迷わないための超入門講座』（医学書院）などがあり，その他にも分担執筆や学術論文多数。

**京極　真**（きょうごく・まこと）　　　　　　［編集，Ⅰ］
kyougokumakoto@gmail.com
1976年，大阪府大阪市に生まれる。作業療法士。首都大学東京大学大学院人間健康科学研究科博士後期課程にて博士号（作業療法学）取得。吉備国際大学大学院保健科学研究科・准教授。単著に『医療関係者のためのトラブル対応術』（2014年5月予定），『医療関係者のための信念対立解明アプローチ』，『信念対立解明アプローチ入門』，『作業療法士のための非構成的評価トレーニングブック　4条件メソッド』，編著に『作業療法士・理学療法士臨床実習ガイドブック』，『精神障害領域の作業療法　クリニカル作業療法シリーズ』，『構造構成主義の展開（現代のエスプリ）』などがあり，その他にも学術論文多数。

**池田清彦**（いけだ・きよひこ）　　　　　　［編集，Ⅰ］
1947年，東京都に生まれる。東京教育大学理学部卒業後，東京都立大学大学院博士課程修了。山梨大学教育人間科学部教授を経て，2004年4月から早稲田大学国際教養学部教授。構造主義生物学の地平から，多分野にわたって評論活動を行なっている。著書に『構造主義生物学とは何か』『構造主義と進化論』（いずれも海鳴社），『構造主義科学論の冒険』（毎日新聞社），『分類という思想』『他人と深く関わらずに生きるには』『正しく生きるとはどういうことか』（いずれも新潮社），『やぶにらみ科学論』『環境問題のウソ』（いずれも筑摩書房），『構造構成主義の展開（現代のエスプリ）』（至文堂）など他多数。

## 【執筆者紹介】

**浦田　剛**（うらた・つよし）　　　　　　［Ⅱ-1］
早稲田大学国文学会，横光利一文学会運営委員，日本文学協会　　tsuyoshi.urata@gmail.com
［研究関心］　文学研究，とりわけ横光利一をはじめとする近代（大正〜昭和初期）の日本文学。
［主要論文］　総合知としての文学の本義――構造構成的言語行為論に基づく言表価値性の立ち現われ体系　構造構成主義研究　第2号（分担執筆）北大路書房　56-87　2008年，横光利一の「時代感覚」――縦断研究法に基づく『上海』の生成批評へ向けて　繍　第20号　繍の会　19-35　2008年，『或る長編』から『上海』へ――雑誌『改造』を基軸とする外在的な考察の試み　繍　第21号　繍の会　72-85　2009年，横光利一「上海」における郵便制度――「古里の母」の「手紙」から　繍　第22号　繍の会　65-76　2010年，横光利一「持病と弾丸（「或る長篇」の第四篇）」――「神さま」の削除における「四人称」の発動　文藝と批評　第11巻第5号　文藝と批評の会　22-30　2012年，横光利一「春は馬車に乗って」論――ファルスの欠如と非性愛をめぐって　横光利一研究　第12号　横光利一文学会　2014年（印刷中），など

**桐田敬介**（きりた・けいすけ）　　　　　　［Ⅱ-2］
上智大学大学院総合人間科学研究科教育学専攻博士後期課程，日本学術振興会特別研究員DC1
keisuke.kirita@gmail.com
［研究関心］　美術教育学。特に，小学校図画工作科における教育内容である「造形遊び」に関する理論・実践研究と，教師の実践知研究。また，構造構成学2.0の体系化。
［主要論文］　図画工作科における表現・鑑賞を一体とする造形活動の理論化の試み――レヴィ=ストロース芸術哲学を援用して　日本美術教育研究論集47（印刷中）2014年，「光の空間」における造形遊びのエピソード記述――記憶とブリコラージュ　美術教育学研究46（印刷中）2014年，「感性を働かせながら」とは何か――カ

ント認識モデルによる小学校学習指導要領図画工作科解釈の試み　美術教育学：美術科教育学会誌34　161-175　2013年，美術教育における専門知のナラティヴ探求について　美術教育296　8-14　2012年，契機相関性の定式化へ向けて――構造構成主義におけるその都度性の基礎づけ　構造構成主義研究3　159-182　2009年，など

**大寺雅子**（おおてら・まさこ）　　　　　　［Ⅱ-3］
東北大学大学院医学系研究科音楽音響医学分野　　otera@med.tohoku.ac.jp
**［研究関心］**　音楽療法，臨床心理学，構造構成学。
**［主要著書・論文］**『医学的音楽療法の基礎と臨床』（仮題）（分担執筆）　北大路書房　2014年，Is the movement of Evidence-based practice a real threat to music therapy? 2013 *Voices : A World Forum for Music Therapy*, 13 (2), https://voices.no/index.php/voices/article/view/696. Exploration and application of dissolution approaches for belief conflicts in music therapy. 2012 *Voices : A World Forum for Music Therapy*, 12 (2), https://normt.uib.no/index.php/voices/article/view/664. など

**瀧澤　聡**（たきざわ・さとし）　　　　　　［Ⅱ-4］
札幌市立元町小学校通級指導教室　　takizawa1963@gmail.com
**［研究関心］**　構造構成学的発達支援の体系化。具体的には，特別支援教育（主に言語障害，発達障害）に作業療法学的アプローチを導入するための理路の整備・支援内容と方法の開発，日本におけるシェルボーン・ムーブメントの効果研究など。
**［主要論文］**　広汎性発達障害児（PDD児）における運動イメージ機能の特色　*Health and Behavior Sciences*, 6 (2) 49-55　2008年，学習障害児と健常学齢児における運動制御能に関する比較――平衡機能と運動イメージ機能の検討　博士（作業療法学）学位論文（札幌医大）2006年，など

**池田耕二**（いけだ・こうじ）　　　　　　　［Ⅱ-5］
大阪行岡医療大学　　koujif5@gmail.com
**［研究関心］**　理学療法士として患者の支援に役立つものは，すべて研究関心です。その中でも特に「人間科学」という視点を大切にしようと思っています。理学療法，理学療法士教育，地域・終末期医療，社会福祉，医療福祉工学，教育工学，構造構成主義，質的研究，など。
**［主要論文］**　構造構成的協同教育法の構築に向けて――理学療法臨床実習を通して　構造構成主義研究4　100-126　2010年，理学療法臨床実習における実習生の意識構造の変化――質的内容分析と数量化Ⅲ類による探索的構造分析　理学療法科学25 (6) 881-888　2010年，理学療法臨床実習を通じた構造構成的協同臨床教育法の方法論的拡張――臨床現場基礎力の欠如問題を通して　構造構成主義研究5　218-239　2011年，理学療法臨床実習における実習生の内面因子の経時的変化　日本教育工学会誌35　33-36　2011年，など

**白川健一**（しらかわ・けんいち）　　　　　［Ⅱ-6］
電気メーカー勤務　宇宙開発エンジニア　　sken@b08.itscom.net
**［研究関心］**　想定外の事象を想定した簡易バックアップシステムのありかた。人と計算機の役割分担。時代にマッチしたコンピュータの使い方。

**中谷泰敏**（なかたに・やすとし）　　　　　［Ⅲ-1］
システムクリエーター　　yasutoshi.jp@gmail.com
東日本大震災以後，「ひととひと」の繋がりの重要性を再認識しました。僕は，ひととひとを繋ぐ「ファシリテーター」でありたいと思います。僕達にできること，必ずある。

**藤村能光**（ふじむら・よしみつ）　　　　　［Ⅲ-2］
サイボウズ株式会社　マーケティング・ディレクター
サイボウズLive　http://live.cybozu.co.jp/
サイボウズ式　http://cybozushiki.cybozu.co.jp/

**門松宏明**（かどまつ・ひろあき）　　　　　［Ⅲ-3］
編集者　　Twitter：@note103
2008年，共編著『大谷能生のフランス革命』刊行。同年より坂本龍一総合監修による音楽全集シリーズ『commmons : schola（コモンズ・スコラ）』編集を担当。

**苫野一徳**（とまの・いっとく）　　　　　　［Ⅲ－4］
日本学術振興会特別研究員PD，早稲田大学非常勤講師，博士（教育），2014年4月より熊本大学教育学部講師
ittoku.t@gmail.com
［**研究関心**］　多様で異質な人たちが，どうすればお互いに了解し承認し合うことができるか，哲学的に探究しています。
［**主要著書**］　『どのような教育が「よい」教育か』講談社　2011年，『勉強するのは何のため？──僕らの「答え」のつくり方』日本評論社　2013年，『教育の力』講談社　2014年，など

**中谷久子**（なかたに・ひさこ）　　　　　　［Ⅲ－4］
82歳　民話の語り手
ブログ『八十代万歳！』　http://hisakobaab.exblog.jp にて，「96歳の遺言・戦争だけはやっちゃダメ」を発表。ふとしたことから知り合った96歳のおばあちゃんの一生をを聞き書き。この物語は電子絵本化されようとしている。

**寺岡　睦**（てらおか・むつみ）　　　　　　［Ⅲ－5］
吉備国際大学大学院保健科学研究科博士後期課程，医療法人慶真会大杉病院，修士（保健学），作業療法士
mutsu13t@gmail.com
［**研究関心**］　作業療法の超メタ理論であるOBP2.0の体系化，作業機能障害の種類と評価（CAOD）の開発，予防的作業療法，信念対立解明アプローチ。
［**主要論文**］　作業機能障害の種類と評価（Classification and Assessment of Occupational Dysfunction, CAOD）の試作版作成　総合リハビリテーション41（5）2013年，予防的作業療法のための作業機能障害の種類と評価（Classifiationand Assessment of Occupational Dysfunction, CAOD）の予備尺度の開発　日本予防医学雑誌8（2）53-57　2013年，大学生への自記式作業遂行指標（Self-completed Occupational Performance Index, SOPI）の転用可能性の検討　作業療法（印刷中），作業に根ざした実践と信念対立解明アプローチを統合した「作業に根ざした実践2.0」の提案　作業療法（印刷中），チーム医療と生活支援のためのOBP2.0──信念対立解明アプローチと作業療法の統一理論（仮題）（2015年出版予定）など

### 構造構成主義研究6
### 思想がひらく未来へのロードマップ

2014年3月10日　初版第1刷印刷　　定価はカバーに表示
2014年3月20日　初版第1刷発行　　してあります。

編著者　　西條　剛央
　　　　　京極　　真
　　　　　池田　清彦

発行所　　（株）北大路書房
〒603-8303　京都市北区紫野十二坊町12-8
　　　　　　電　話　(075) 431-0361(代)
　　　　　　ＦＡＸ　(075) 431-9393
　　　　　　振　替　01050-4-2083

©2014　　　　　　　　　　印刷・製本　亜細亜印刷(株)
検印省略　落丁・乱丁はお取り替えいたします。
　　　　　　ISBN978-4-7628-2852-2　Printed in Japan

・ JCOPY 〈(社)出版者著作権管理機構 委託出版物〉
本書の無断複写は著作権法上での例外を除き禁じられています。
複写される場合は，そのつど事前に，(社)出版者著作権管理機構
（電話 03-3513-6969, FAX 03-3513-6979, e-mail: info@jcopy.or.jp）
の許諾を得てください。